安全和装备

德国登山协会攀岩全攻略

[德] 克里斯·泽梅尔 著
张世胜 李令文 施璐璐 译

北京体育大学出版社

策划编辑：孙宇辉
责任编辑：田　露　井亚琼
责任校对：吴　珂　刘艺璇
版式设计：嘿森林青创

北京市版权局著作权合同登记号：01-2022-0042
Title of the original German edition:
Alpin Lehrplan 5: Klettern - Sicherung und Ausrüstung

图书在版编目（CIP）数据

德国登山协会攀岩全攻略．安全和装备 /（德）克里斯·泽梅尔著；张世胜，李令文，施璐璐译．-- 北京：北京体育大学出版社，2022.10

ISBN 978-7-5644-3600-1

Ⅰ．①德… Ⅱ．①克… ②张… ③李… ④施… Ⅲ．①攀登（登山运动）Ⅳ．① G881

中国版本图书馆 CIP 数据核字 (2022) 第 010004 号

德国登山协会攀岩全攻略　安全和装备
DEGUO DENGSHAN XIEHUI PANYAN QUANGONGLÜE
ANQUAN HE ZHUANGBEI

[德]克里斯·泽梅尔　著
张世胜　李令文　施璐璐　译

出版发行：北京体育大学出版社
地　　址：北京市海淀区农大南路 1 号院 2 号楼 2 层办公 B-212
邮　　编：100084
网　　址：http://cbs.bsu.edu.cn
发 行 部：010-62989320
邮 购 部：北京体育大学出版社读者服务部 010-62989432
印　　刷：北京瑞禾彩色印刷有限公司
开　　本：710mm × 1000mm　1/16
成品尺寸：170mm × 240mm
印　　张：12
字　　数：233 千字
版　　次：2022 年 10 月第 1 版
印　　次：2022 年 10 月第 1 次印刷
定　　价：116.00 元

写在“嘿森林户外运动丛书”第一辑出版之际

（代前言）

2022年4月，教育部印发《义务教育课程方案和课程标准（2022年版）》，规定全国九年义务教育学校各年级均须开设体育与健康课，占总课时比例10%～11%。由此可见，体育的价值越来越得到重视。

“嘿森林户外运动丛书”是嘿森林（北京）体育科技股份有限公司（简称嘿森林）引进的一套关注户外教育和体育运动前沿领域的图书，专业性、实践性是“嘿森林户外运动丛书”的特色。德国登山协会攀岩全攻略系列五种图书是“嘿森林户外运动丛书”的第一辑，是从德国引进的攀岩教材，也是德国登山协会教练获取行业资质的指定教材。全系细分为人工岩壁、自然岩壁、攀石技术・策略・科学训练法、安全和装备、技术・策略・心理五个主题，既权威专业，又贴近实践，代表了德国攀岩领域的较高水平。我们本着将德国登山攀岩运动多年的经验和成熟的体系介绍给国内读者和攀岩爱好者的目的出版该系列图书，这不仅能为国内攀岩运动在基层推广创造有利条件，而且能为青少年户外攀岩项目提供专业支撑，助力中国攀岩运动的发展。

嘿森林致力于发展中国户外素质教育，并向社会提供优质专业的户外教育体验服务，陪伴孩子快乐成长，同时利用自身资源引进国外的户外素质教育方法和教学手段，致力于为中国青少年构建自然、和谐、阳光的素质教育成长环境，让他们“融入自然、快乐成长”。

作为一家从事户外教育的企业，重视生态文明和可持续发展是嘿森林的企业文化基础，我们坚持国家倡导的绿色发展观，从娃娃抓起，让青少年在户外运动中欣赏祖国的大好河山，用科学的方法使其与大自然友善相处，并和谐地融入大自然，帮助他们树立环保理念、提升环保意识，将爱护祖国绿水青山的理念根植于心。

在引进德国登山协会攀岩课程体系并使之落地的过程中，嘿森林与北京青少年营地教育协会、体育院校、攀岩馆等相关方进行深度合作，共同研发了“中国青少儿攀岩九级训练及评价体系”。采用分级训练有助于提高青少年儿童的攀岩技能和对攀岩运动的兴趣，培养其特长，使他们感受锻炼的乐趣，提高他们脑、心、手并用的能力，挖掘自我锻炼的潜力，从而使其养成良好的锻炼习惯，为终身体育打下良好基础，最终达到促进青少年身心健康成长的目的。

作为专业的户外运动教育机构，嘿森林将继续推出新产品，不断丰富“嘿森林户外运动丛书”。欢迎各方关注、指正，让我们一起为素质教育和健康中国贡献力量！

序

活到老，学到老——这一口号也同样适用于攀岩学习！只有不断进行理论知识学习和实践训练，不断更新对前沿攀岩装备、前沿保护技术、攀岩技巧、策略以及攀岩心理的知识储备，才能安全地攀岩。

“安全攀登”也是德国登山协会的要求。攀岩爱好者的数量呈逐年上升趋势，据统计，如今仅德国已有大约四十万的攀岩爱好者。同时，德国登山协会安全调查显示，即使是经验丰富的攀岩者也会在实际攀登中犯错，所以终身学习对保障生命安全尤为重要！学习的方式多种多样——理论学习（听、看、读）、实践训练等。从阅读学习这种方式来看，此系列丛书是您极佳的选择：无论您是攀岩培训师、教练还是业余爱好者，都可以从中找到有关安全攀岩的重要信息。

本书作者作为一名培训师，将自己积攒的丰富培训经验与德国登山协会指导思想相结合，通过本书呈现给读者，但这本书并不能替代德国登山协会组织的个人培训。在此，我衷心祝愿您安全、成功地完成室内或户外攀岩。

德国登山协会主席
约瑟夫 · 克伦纳

系列丛书导论

培训能再现现实中出现的各类情况，指明不同技术的应用和差别。本书既是培训师的工作指南，又是受读者欢迎的参考书，其中的内容并不是刻板的规范，而是预先确定了一个培训师可以自由发挥、使用者可以进行不同应用的框架。

对德国认证的登山滑雪向导来说，本系列丛书为如何正确应对各种情况提供了专业指导。应该注意的是，不存在一个普遍适用于不同场景的正确做法。更确切地说，学员必须学习不同装备的用途和差别，以便应对不同环境的不同情况。我们只有认真权衡不同的攀岩技术的优缺点，并且不会对所有培训意见不加思考地盲目模仿，才能将学员培养成“对自己负责”的攀岩者，即可以及时做出适应眼前情况的行为。以这样的思想为主导的培训被称为实践学习。

德国山地和滑雪向导协会主席
米歇埃尔 · 朗特罗特

目 录

导言

攀岩时必须在易发生冲坠的区域设置安全保护设施。保护形式有多种，原则上都是为了防止出现冲坠和撞到岩壁。个人能力（包括攀岩技术及条件）和合适的装备都有助于防止出现冲坠。但即使有这样的保护，仍不能完全避免冲坠，那就必须进行第二重保护——防止撞击岩壁。比如，在攀石时使用可以减弱碰撞力度的攀石垫并进行攀石保护，或在结组攀岩时使用可以抵挡冲坠的绳索保护系统，头盔也能发挥保护作用。《德国登山协会攀岩全攻略 技术·策略·心理》和《德国登山协会攀岩全攻略 安全和装备》中，前者讲解了运动技术和策略，是安全攀岩的基础知识。后者着重于讲解如何防止坠落撞击，包括对不同安全保护技术的优缺点和使用范围，合适装备的正确使用方法以及装备的使用极限进行讲解。无论攀登者在室内、室外岩壁攀岩还是攀冰，这本书都会指导他们根据不同场景进行正确的安全保护。本书共分为两个主题，即“保护技术”和“装备”。第一章“保护技术”中介绍了登山运动中尤为重要的绳结技术，并过渡到连接主绳和不同的安全保护技术上。例如，设置保护站、设置顶绳攀登顶点或从岩壁下撤的多种方法。攀岩运动中的正确安全保护、攀岩规则以及一些简单的救援技术也是本书的重要内容。第二章“装备”中详细描述了所有装备领域。《德国登山协会攀岩全攻略 安全和装备》是经由登山专业协会——德国登山协会和德国山地和滑雪向导协会（VDBS）共同认证的图书，展现了德国优秀的攀岩安全保护技术。

克里斯·泽梅尔

保护技术

基础知识

在此，简单介绍攀岩中的基本力学关系是很有必要的。

攀岩是对抗地球引力的探索运动。地球引力导致人体具有重力且在自由落体时速度会越来越快。由于引力作用，物体自由落体的加速度是9.81 m/s²，也叫重力加速度（g）。为方便计算可取整，即g=10 m/s²。重力加速度与物体质量无关，重力加速度在55 kg和80 kg的人身上是相同的，但重力是不同的。根据公式：力=质量×加速度（$F=m\times a$），重力等于质量与重力加速度的乘积（$G=m\times g$）。力的单位是牛顿（N）。若一个人重80 kg，那么他的重力为800 N（$G=80\ kg\times 10\ m/s^2$），而55 kg重的人的重力为550 N（$G=55\ kg\times 10\ m/s^2$）。因此冲坠高度是冲坠中的一个重要因素，它对冲坠产生的功的大小具有决定性作用。冲坠产生的功等于力与距离的乘积（$E=F\times s$），单位为焦耳（J）。冲坠中的力即重力（$G=m\times g$），冲坠距离可以理解为自由落体高度h。试想，攀岩者冲坠了10 m后被保护装置拉住，他就产生了80 kg×10 m/s² ×10 m = 8000 J 的功，即冲坠能。冲坠能与质量、地球引力以及冲坠高度有关（冲坠能=$m\times g\times h$）。

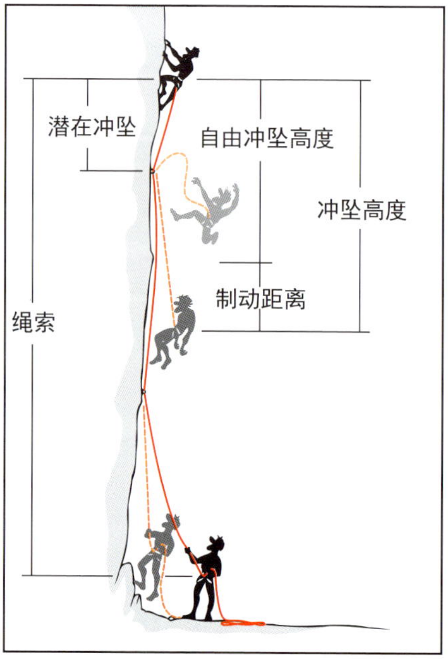

冲坠

功等于力与距离的乘积

攀岩者爬得越高，冲坠能越大。冲坠过程若被制停，能量便会发生转化。比如，若安全装置是绳索，那么必须通过拉伸绳索、接触安全装置制造摩擦力，并且通过中继保护点吸收能量。若攀石时出现冲坠，那么冲坠能便会转化为攀石垫的形变能。普遍情况下冲坠过程中的冲坠能会转化为制动能，即形变能及制动过程中产生的摩擦能，冲坠能=制动能，这被称为能量守恒定律。功是力和距离的产物（$E=F\times s$），因此冲坠制动过程中，力发挥的作用取决于制动距离。制动力的最大值被称为冲击力峰值。制动距离越长，攀岩者越舒适。每个人都能从驾驶或乘坐汽车中明白这一点，登山及攀岩时也同样适用。试想，攀岩者制动距离为2 m，而攀石者则将其在攀石垫上的制动距离设置为30 cm。据上述描述可知，一个重量为80 kg的人自由落体高度为10 m，那么他的冲坠能为$E=m\times g\times h$=8000 J。现在，坠落能E= 8000 J，必须通过超过2 m的制动距离或30 cm的形变（例如防撞垫）吸收。现在我们再将上述设想套入公式$E = F\times s$中，那么力$F=E/s$ =8000 J / 2m或8000 J / 0.3 m。第一种情况下，绳索上的力为4000 N，其与400 kg物体的重力相等。因此在这个例子中，安全保护装置（如绳索、安全设施、安全带）必须承担约4000 N的力。而为什么冲坠发生的中继保护点要承受更大（几乎是1.5倍）的力，将在“冲坠模型”中（见第8页）进一步解释。第二种情况下，攀石者若坠落，有极大可能会受伤，只能通过使垫子形变加大制动距离，因为他的身体必须要承担26666 N的力，那相当于要承担2666 kg物体的重力。即使冲坠距离只有1m，也会产生800 N的力，这与重266 kg的物体制动距离30 cm时的重力相等。若攀岩者用脚着地，那么由于腿部肌肉缓冲可以减缓一部分冲坠能。专业的攀岩保护者会做其他的事来使制动距离更长。坠落设置不好，即冲坠距离太长以至制动距离太短时，例如向上攀岩时出现冲坠，会产生很大的力。为应对产生的力，攀岩动力绳索会发挥约12%的延展性，直至绳索断裂。若将这样的1m的有效绳长用作攀爬的安全保护装置，便会产生以下的力：冲坠距离为3 m，体重为90 kg时，产生的功为2700 J。必通过12 cm的有效绳长的延展性制动。而其力为22500 N（22.5 kN），与2250 kg或2.25 t产生的力一致！但因为标准绳索“只能”承担22 kN的力，所以在这样的攀岩过程中出现冲坠的话，必须要额外给出绳索长度。而且必须考虑固定到安全带上的绳结。绳结在正常情况下可以使绳索的抗拉强度下降60%（见第16页）。对于在安全绳索中出现的力重要的是制动距离的长短。因此安全保护装置的形式、制动及保护器的选择、保护者的正确操作以及合适的安全设备材料的选择都起着非常重要的作用——所有这些具有说服力的论据，皆是为了能更进一步了解安全技术以及必要的安全装备。

潜在的能和形变能

风险评定

“攀岩极具风险！”这句警告经常出现在攀岩用的产品说明书中。这里所说的风险高，并不是说从事这项运动的人为了满足自己的一时之快，不爱惜生命，掉以轻心。事实上，攀岩是一项相对来说风险小，有益身体健康的运动。并且，它的事故发生率也很低，据统计，平均1000个小时里发生事故数为0.08起。这比足球、手球或越野跑的风险低得多。

攀岩的好处很多，除了强身健体，还能提升专注力。因为在攀岩过程中，攀岩者需要有高度的执行力、耐力、责任感和忍受力。攀岩者必须自己决定每一步该怎么走，并且坚持到底。

“向左还是向右，我能够坚持到下一个中继保护点吗，够安全吗？”简而言之，攀岩是一项对精神层面要求很高的运动，这也正是这项运动的魅力所在：通过这项运动，攀岩者可以更好地认识自己，探知并挑战自己的极限。通过与攀岩搭档密切配合，还能增强双方的责任意识。

攀岩运动虽有益健康，但也存在难以预测的风险。大多数事故的起因并不是岩壁陡峭或有落石，而是攀岩者自己操作失误。众多登山协会的相关事故数据和国际登山救助委员会提供的数据都可以证实这一点。德国登山协会的数据表明，2008~2009年的攀岩事故中，98%是攀岩者自身操作失误造成的。据统计，2008~2009年高山攀岩中，仅有13%的事故是由落石或落冰造成的。这些数据表明，在相应的知识储备和恰当的行为准则下，登山和攀岩是非常安全的活动，前提是攀岩者能有效地应对风险。

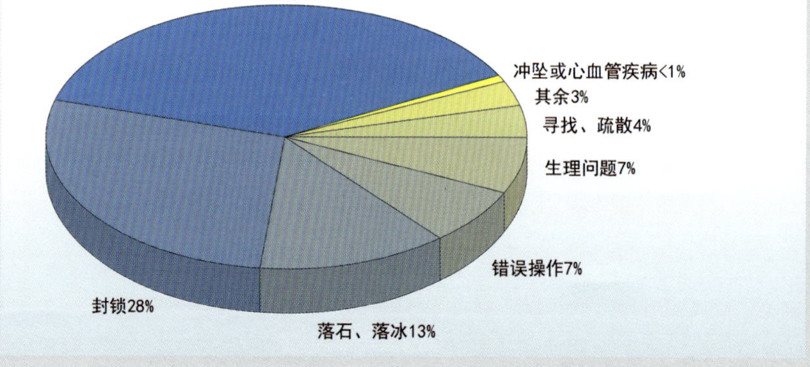

2000~2009年高山攀岩事故起因（据德国登山协会统计）

风险三步

风险决策的核心是风险三步：辨别危险—评估风险—最终决定。

辨别：为了能够辨别危险，攀岩者不仅需要掌握有关潜在危险和可能的事故成因的理论知识，还需要了解天气、保险、危险位置等知识。

评估：在评估危险时，应紧紧围绕“这对我来说有多危险？”这一问题，例如该怎么踩点和这么踩的后果是什么。通常情况下，冲坠的可能性取决于攀岩者对自身能力的真实评估（自我确认），然后与可能造成的后果对比（后果分析），这时攀岩者正处于做决定之前的阶段。

决定：判断危险系数和带来的成功概率是否成正比？在不增加风险的前提下，能力越强的人，越能承受更高的难度。

作为决定标准，需要考量个人的主观性风险，此外，还需要重视攀岩者和保护者的关系。

专家意见信号灯

在登山运动中，不会仅存在一种适合的方案。通常情况下，攀登者可以运用很多不同的技术达成预定目标。对与错之间有多种解决方案和保护技术。有人认为“只有专家意见是正确的，其余的都是错误的”，这种观点太肤浅。我们可以借助红绿灯思维模式来更好地说明这一点。根据攀登者实际掌握的技术知识水平，有些技术和方法看似是理想的（绿色=最佳），而有些行为方式应被避免（红色=危险或不合适）。红、绿之间存在大片的灰色区域，这一区域从浅绿（适合）过渡到黄色（可以接受）再到橘色（有问题）。在这个红绿灯系统中，红色并不意味着攀登者使用该技术必然发生事故，而仅仅说明按照德国登山协会现今的“专家意见”，运用这种技术的风险太高了。

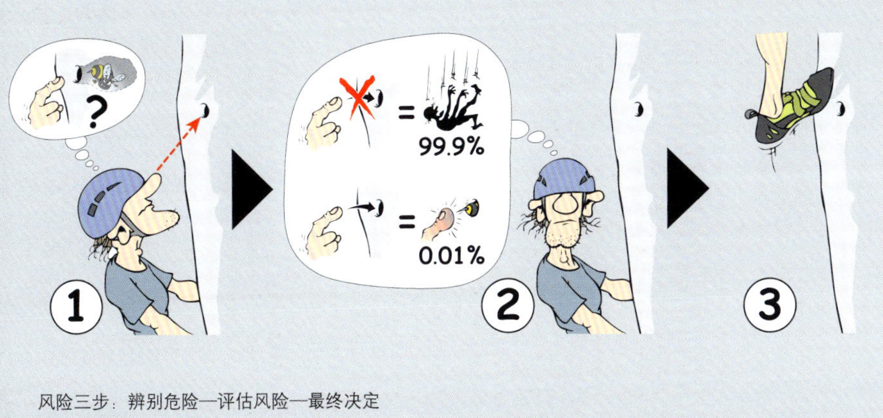

风险三步：辨别危险—评估风险—最终决定

专家意见信号灯

安全保护

在登山运动中，无论是攀爬，还是冲坠到岩壁上或冰川裂隙中，保护措施都需要有动态缓冲。依靠攀登主绳冲坠时，也需要发挥主绳的延展功效。制动路线的长度是冲坠时的缓冲长度。正如“基础知识”（见第4页）中描述的那样，作用力太强不仅会伤害攀岩者的身体，还会损害装备。在攀登过程中，唯一要运用静态保护技术的情况是攀岩者在保护站位置进行自我保护时。

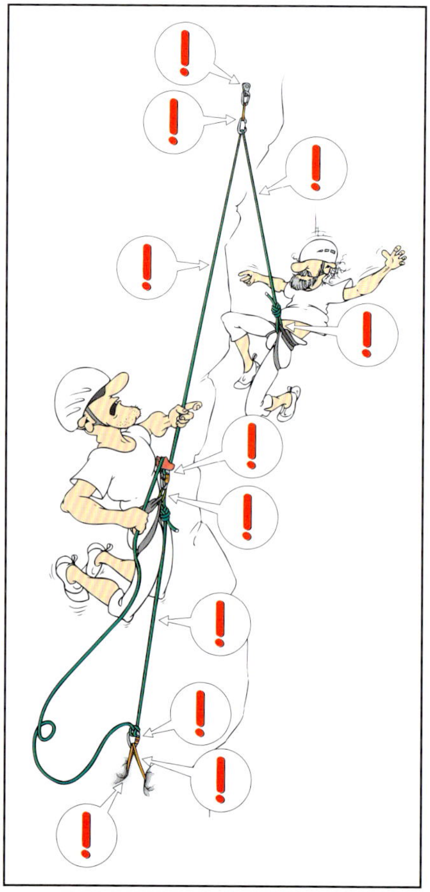

绳索系统安全要素

冲坠模型

冲坠时，冲坠者先加速，在制动阶段再减速，在此期间绳索系统受到负荷。绳索系统是在冲坠过程中所需的一切，包括冲坠者、安全带，用于转向和在到达中继保护点过程中产生摩擦的绳索，安全装备和保护点。

最大冲击力、保护者受力、摩擦力、制动路线和冲坠系数

最大冲击力是作用在冲坠者身上的力。保护者受力是在保护点的保护者所受的力。

在保护点进行冲坠时，受力向下作用在固定点上。在中继保护点进行先锋冲坠时，一般情况下保护者受力的方向是向上的，如果存在横向受力，保护者受力的方向则为两侧。冲坠系数是理论数值，根

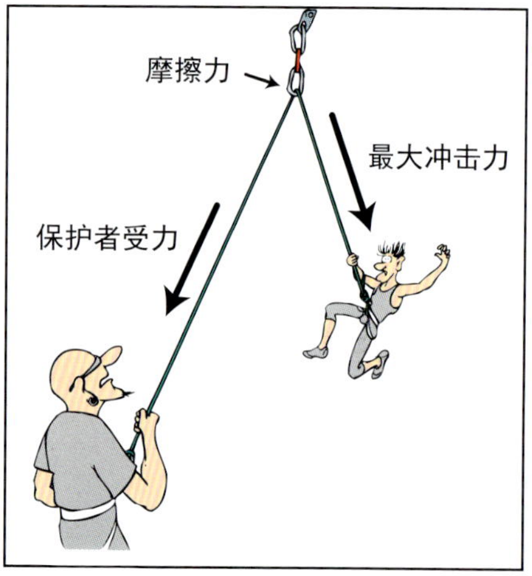

冲坠时的作用力

据有效绳长和自由冲坠距离计算而来（见第4页）。

冲坠的安全性取决于绳索轨迹、使用的保护器、保护方法和保护者行为。保护者如果在受力方向上有意识地利用身体进行积极地缓冲保护，会将制动过程中所受的力减小到2~4 kN。在间接保护时，除了延展主绳外，保护器的选择也很重要。冲坠高度和制动距离的比例在安全冲坠上起着决定性的作用。

攀岩者冲坠到中继保护点时，会产生一种作用于最大冲击力和保护者受力的力——摩擦力。保护者受力必须与冲坠者产生的力（最大冲击力）进行对抗，如果没有摩擦力的话，两种力（最大冲击力和保护者受力）都将很大。仅靠在中继保护点产生的摩擦力就可以削弱大概三分之一的最大冲击力，这意味着只有66%的力作用到了保护者身上（见第80页的图）。在没有恰当地放置绳索的情况下，摩擦力还会更大，作用到保护者身上的力就更小了。在这种情况下，原本计划好的动态保护不再具有足够的缓冲。因此，安全冲坠的决定性因素是制动距离，它由绳索伸长量、绳索在安全装置中的通过量以及身体处于安全装置下时，保护者被向上拖动的距离组成。

动态保护和静态保护

由于保护者的握力不同，每种保护器在不同的保护者那里会产生不同的制动功效。冲坠被暂停时，保护者受力会转化为保护器中主绳的滑动制动。如果作用力足够，这个系统是动态的；如果作用力不够，则是静态的。下面的表展示了典型的保护器所需的作用力。

保护器类型	力
意大利半扣	2.2 ~ 3.5 kN
管式保护器(ATC)	1.5 ~ 3 kN
8字形保护器	1.2 ~ 2.5 kN
GriGri半自锁保护器	3.5 ~ 6 kN

困难在于不能预知哪种力是冲坠者通过冲坠产生的。通常情况下，需要保护器参与的、有意义的制动力在0.1~4 kN之间。大多数情况下，在冲坠时，保护器晃动剧烈，但在大幅度长距离冲坠时，情况刚好相反，1.5 kN的制动力对大幅度冲坠来说太小了，这会导致攀岩绳迅速穿过制动器，保护者的手被剧烈摩擦产生的热烫伤从而下意识地完全放开制动绳。为了避免这一情况的发生，应该选取恰当的冲坠高度并且使用合适的制动手套。

使用攀岩保护手套在进行动态保护时很有必要

绳结

攀岩需要使用各种各样的绳结。许多绳结最早使用于航海中，如意大利半扣、双套结或布林结（单布林结）。基本上，每种绳结都会削弱绳索和扁带的抗拉性能（见第15页，绳结强度）。许多绳结可以通过外形（环形或水滴形）、系结方式（编织或相互穿插）来区分。环形指被系结的绳圈形成了一个环，水滴形意为形成了一个水滴形状。环形绳结由两端绳索相互穿插的方式系成，水滴形绳结则可使用编织或穿插方式系成。

攀岩中使用的绳结可分为三种类型：人绳连接结、连接结和套结。制作所有绳结时遵循的原则：留出足够长的绳尾并收紧绳结。

人绳连接结（连接攀岩者与固定点）

最适合连接主绳的绳结是8字结和双布林结。系法简单的单结不宜连接主绳，因为这种绳结在崭新、光滑的主绳上极易解开。攀岩者使用单结连接两条绳索进行

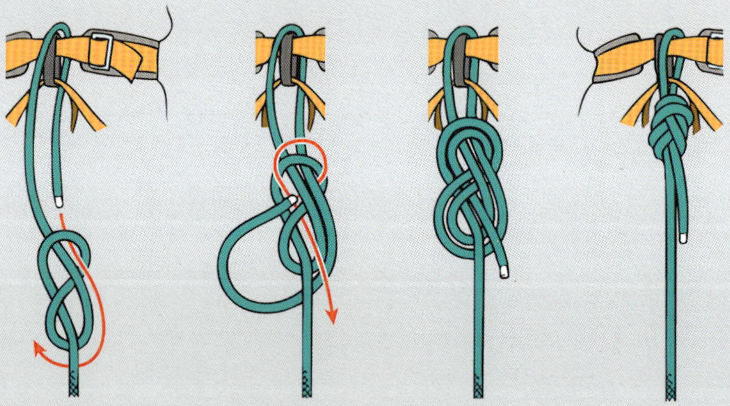

8字结系法

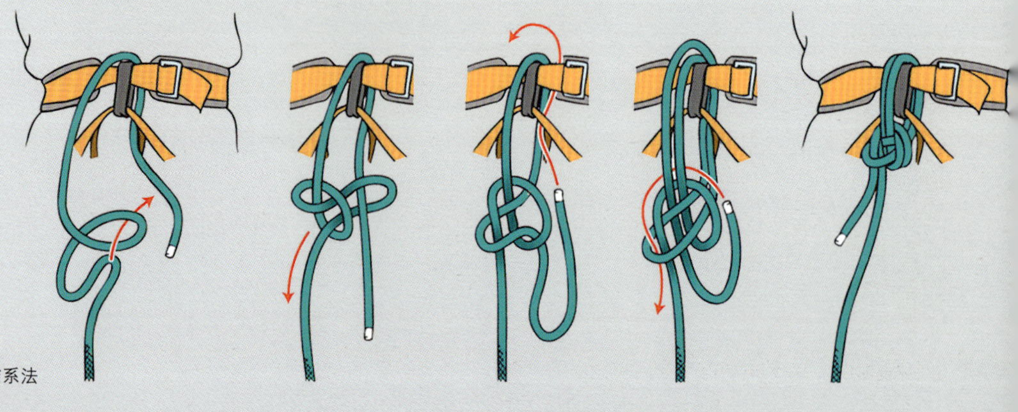

双布林结系法

攀登是异常危险的，具有极大的坠落风险。8字结和双布林结可以提供安全余量，即使错误地解开绳尾结后仍具有足够的强度。

连接结（连接绳索）

连接扁带和主绳的绳结类型最丰富。由于每种绳结都会削弱材料强度，因此攀岩者必须将其视为潜在的薄弱点（见第17页、第18页）。虽然缝合的成型扁带圈在任何情况下都是最佳选择，但是绳结在某些情况下也必不可少，如沿双绳下降时、将辅绳连接到主绳上或者在紧急的山地营救中用于延长绳索。

并非每种绳结都适用于所有情况。选择绳结前必须区分绳结的受力程度，弄清楚攀岩者处于何种情境以及应连接哪些材料的绳结（见第17页、第18页）。

单结和8字结

对尼龙（聚酰胺）材料的绳索或扁带与圆形绳索的连接，建议使用8字结。这种绳结可以确保绳结牢固，避免意外

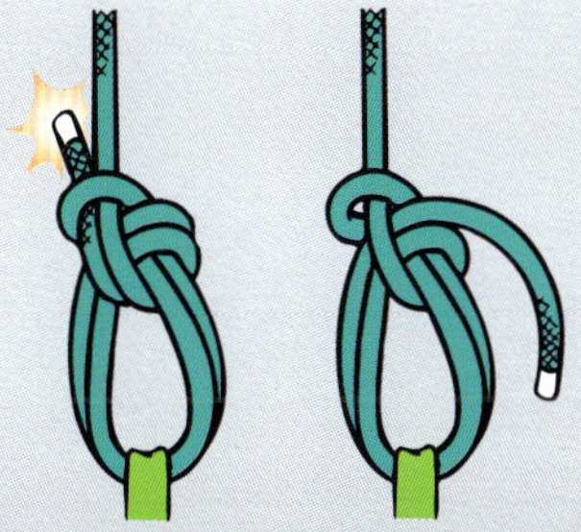

绳尾过短导致双布林结绳头处松开时，绳结仍可承受一定冲击力

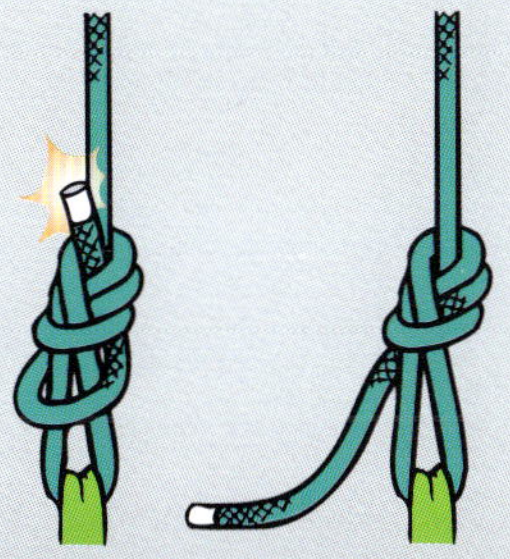

绳尾过短导致8字结松开时，绳结仍可受力

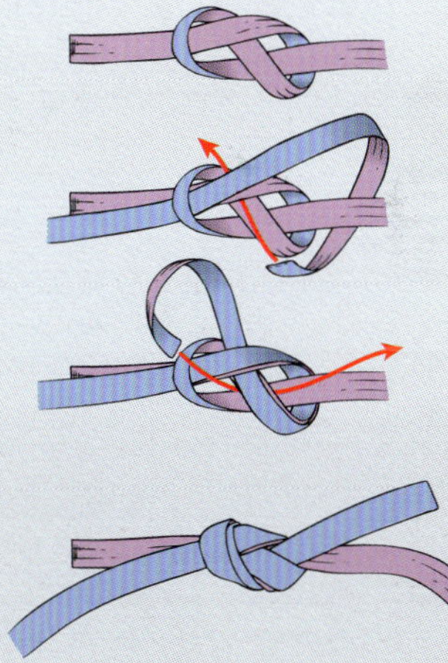

用8字结系成一个绳套

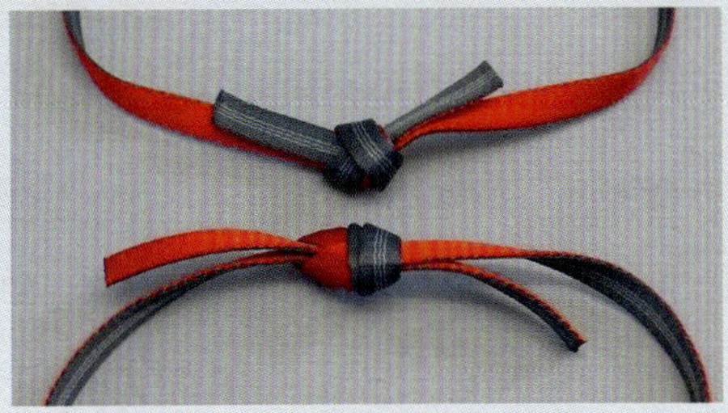

上：水滴形单结，也称扁带结　　下：渔人结

在岩壁用于保护点设置的单结连接结意外松开

松开。

传统的“扁带结”（水滴形单结）并不是牢固连接扁带的最佳方式，因使用这种绳结引发事故的情况频频发生。

对重量在攀岩者体重3倍以内的较小负荷（绳降，利用普鲁士抓结上升）或用于保护点设置（沙漏型岩点的绳圈）时，可以使用水滴形单结。这种连接结虽然强度小，但是由于绳尾较长完全足够受力，攀岩者也可以在攀爬时更快地系结。

渔人结和接绳结

要连接迪尼玛（聚乙烯）材料的辅绳，制造商建议系三重渔人结。凯夫拉（聚对苯二甲酰对苯二胺）辅绳最好使用双渔人结或接绳结相连。绳皮为尼龙、迪尼玛和凯夫拉的辅绳利用水滴形单结连接。

双合结

双合结是一种非常简单的绳结。使用双合结的目的在于连接绳套或将绳套固定在树上。主锁也可借助双合结（或借助双

水滴形单结可迅速系好。注意绳尾要预留出足够的长度

三重渔人结

固定单结

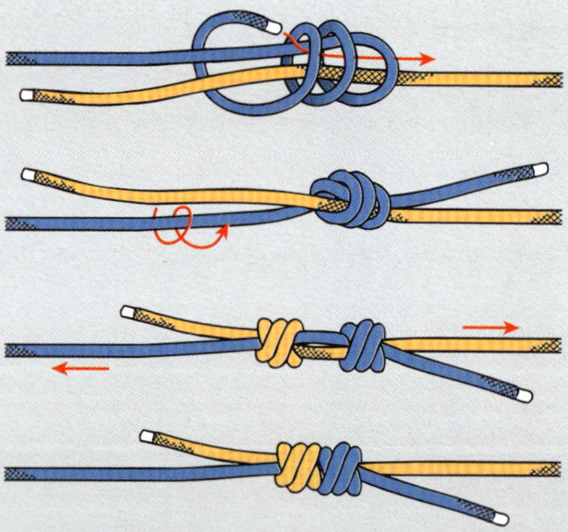
针对迪尼玛辅绳的三重渔人结

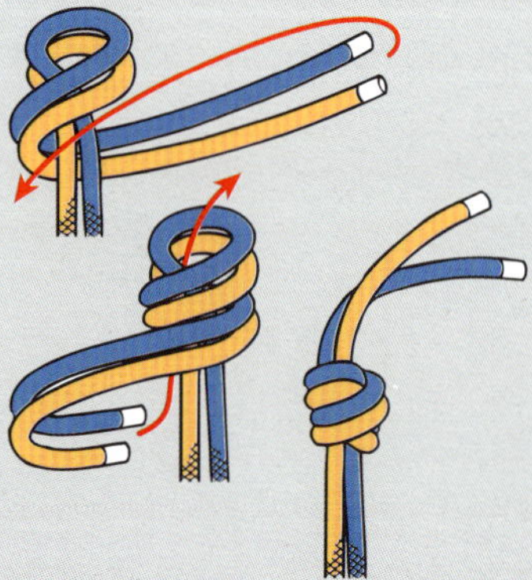
固定单结的系法

套结）进行固定。攀岩者需要格外小心连接结因受重剐蹭岩壁的情况，这会很快导致绳套被严重磨损。

套结

双套结

在保护站中心点，攀岩者可利用绳索系双套结完成自我保护。为此需使用一把带锁定装置的主锁。

攀岩者可通过放松双套结绳结，并将绳索向目标方向拉动来调整双套结的长度，带锁定装置的主锁保持闭合状态。此时，在位置移动过程中攀岩者的安全可以得到保障。双套结还可用于收紧保护站的固定点。攀岩者最好能够单手系双套结。

意大利半扣

对于同伴保护而言，意大利半扣保护（配合梨形锁）是一种多功能的保护技术。

使用双合结连接扁带（套）

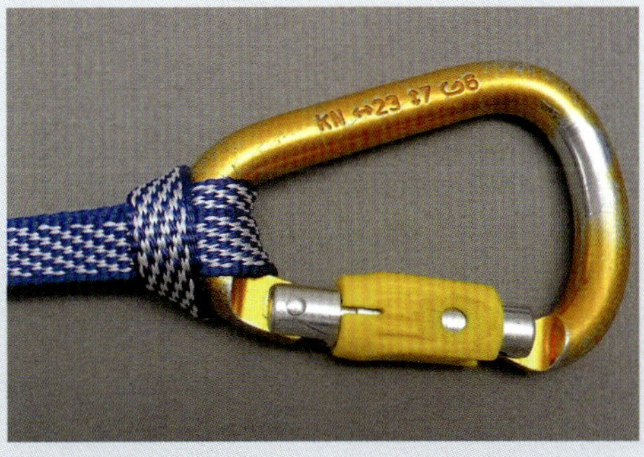

使用双合结固定主锁

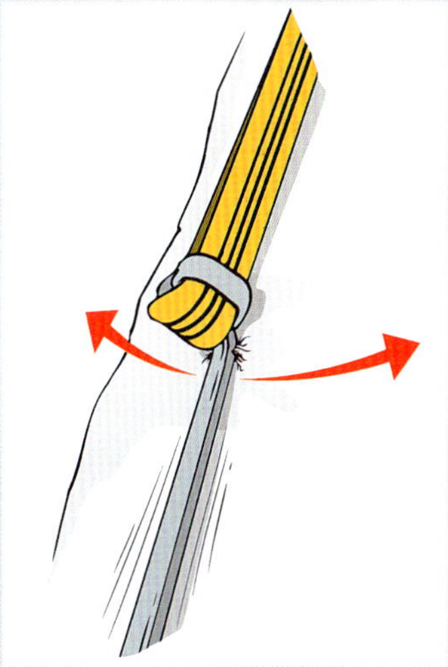

岩壁上的双合结绳圈在负荷发生变化时受到磨损

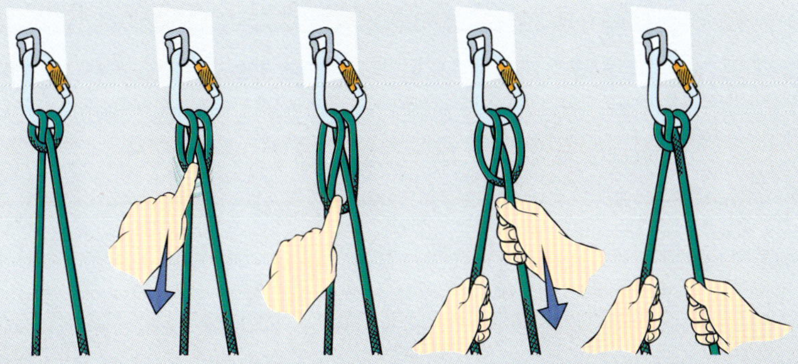

在不取下双套结的前提下移动其位置

攀岩者借助在安全锁上的意大利半扣可保护自己前方与后方的同伴（见第34页，意大利半扣保护）。

保护器锁定结

此结用于锁定梨形锁或管式保护器（见第38页）。在紧急的山地救援中，该结很重要（见第128页）。

普鲁士抓结和克氏抓结

人们称“抓紧”主绳的绳结为抓结，它可以在不受力时自由滑动，也可在受力时“抓紧”主绳。抓结中使用范围最广的是普鲁士抓结，此时辅绳要围绕主绳缠绕两至三圈。需要解开时，可用拇指推开连接点并松开抓结。

根据主绳和辅绳的直径比例，或者将普鲁士抓结缠绕在一条或两条主绳上（沿绳下降时的副保护）时，攀岩者可将普鲁士抓结缠绕两圈或三圈。在登山运动中，人们一般选择直径6 mm的辅绳作为普鲁士抓结绳圈。为了在双绳上（绳降）实现抓紧效果，攀岩者可将绳子缠绕两圈。单绳则要缠绕三圈才能获得足够的抓紧效果。

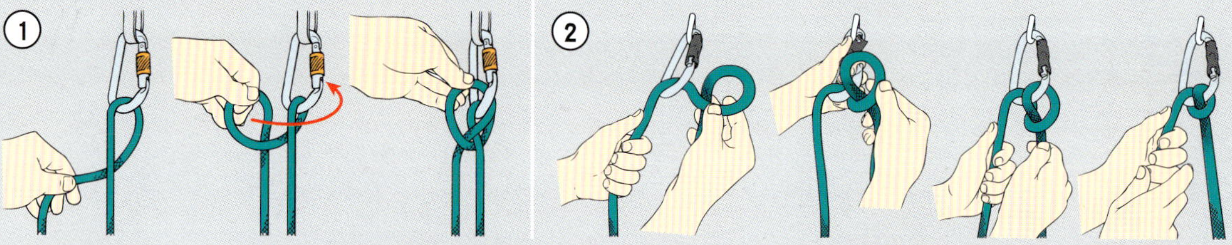

① 单手系双套结
② 意大利半扣的系法

左图：意大利半扣保护

右图：吊环上的主锁为梨形锁上的活结提供安全保障

若攀岩者想利用扁带沿主绳向上攀爬或者系一个抓结，通常会选择克氏抓结。这种抓结只在一个方向上保持最佳固定状态，在另一个方向上则可自由移动。如果攀岩者要同时在两个方向上都实现抓紧效果，可将扁带系成普鲁士抓结。

反手结

反手结可用于绳结之后的绳尾结部分。反手结与单渔人结功能相似（见第16页右上图）。

绳结强度

每个绳结都会降低主绳或扁带的强度。折转角度越小，强度消耗得越多。此外，快速收紧绳结或系结时绳索交叉也会降低某些绳结的强度。

静力材料（迪尼玛和凯夫拉）在动态受力（冲坠）下的强度低于在静态受力时的强度。用这些材料系成的绳结更加凸显这一特点。此外，因为迪尼玛和凯夫拉

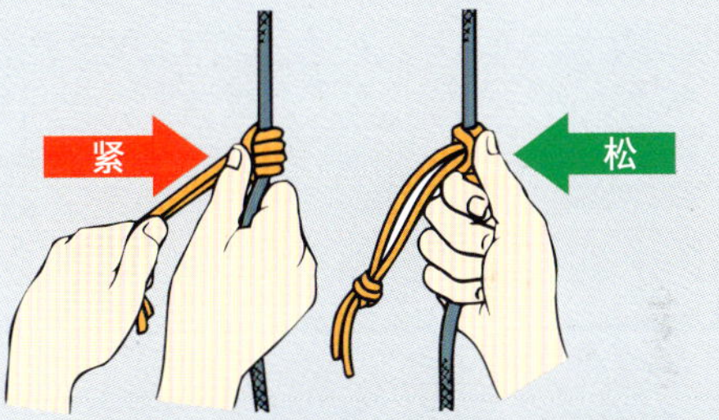

左图：单绳上绕两圈的普鲁士抓结

右图：夹紧效果的拉紧和放松

左图：单绳上绕三圈的普鲁士抓结

右图：扁带连接结

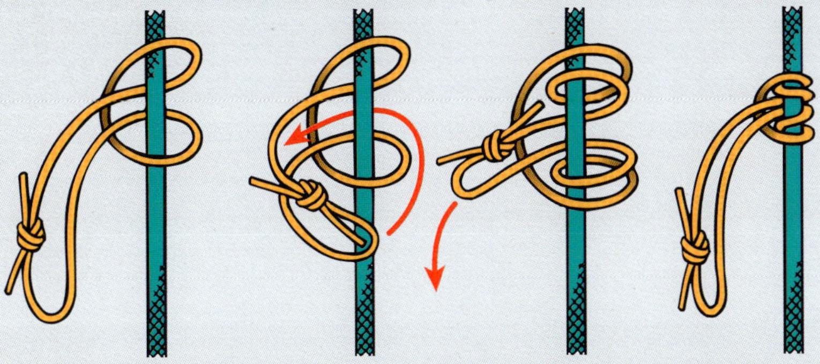

普鲁士抓结系法

材料的摩擦力较低，所以用这些材料系成的绳结比用尼龙材料系成的绳结更容易解开。第17页和第18页中的表格介绍了用不同材料制成的扁带和辅绳系好绳结后的强度。对登山中使用的绳索，欧洲标准(EN 564)要求根据直径确定其最低强度。最低强度可根据公式$\varnothing^2 \times 0.2 = x$ kN计算。一条7 mm粗的登山绳在干燥、全新的状态下，最低强度必须达到$49 \times 0.2 = 9.8$ kN。根据经验：尼龙材质的辅绳上的单个绳结可能会降低50%的强度，扁带上的一个绳结降低60%的强度，所以将辅绳或散扁带通过系结制成的环套的强度相对较低。

这种经验法则只适用于尼龙材料和静态受力的情况下。因为在登山运动中发生冲坠时绳索会突然受力，所以攀登者应预留出一定的安全余量。

除了绳结类型、材料和受力方式（静态或动态），其他因素也会对绳结强度产生影响。例如，潮湿的尼龙绳套的动态受力强度会降低多达25%。此外，扭曲和摩擦磨损会削弱所有材料的强度。太阳光的紫外线照射，冷热、干湿交替，高温和氢化物等导致绳套老化，影响绳套强度。

左图：用12 mm宽的混纺织物材质的扁带在单绳上系普鲁士抓结

右图：反手结

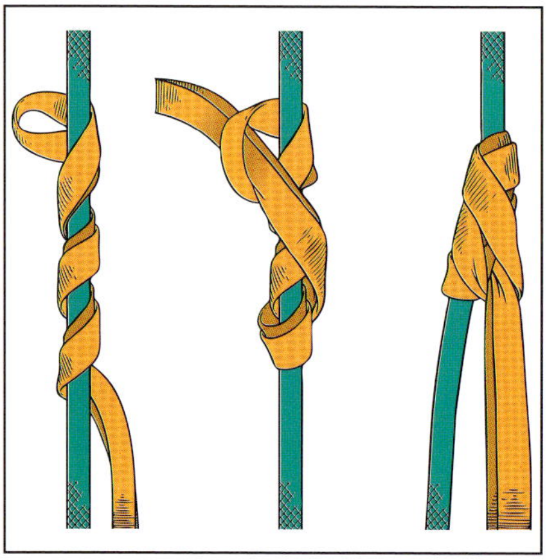

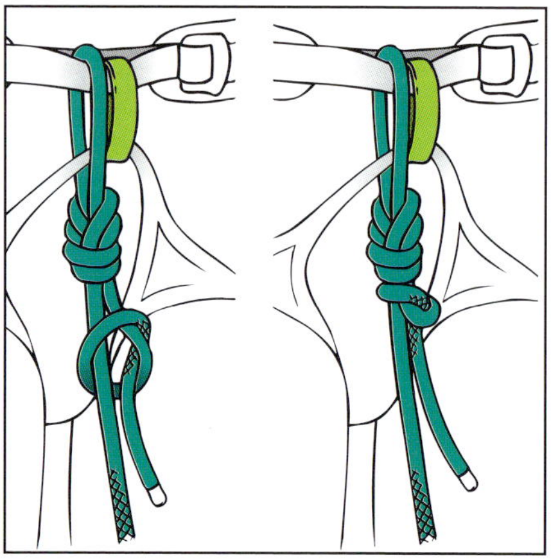

左图：扁带连接结

右图：8字结再加上反手结可增加额外保护

扁带（静态测试）

受力方向	绳结	材料强度		
		19mm宽的尼龙	12mm宽的混合纺织物	8mm宽的迪尼玛
	无绳结，单股	16 kN	18 kN	16 kN
	成型扁带	30 kN	28 kN	23 kN
	成型扁带单结	18 kN	18 kN	11 kN
	8字结（水滴形）	15 kN	15 kN	(6*)/13 kN
	单结（水滴形）	(4*)/13 kN	(4*)/16 kN	(2*)/11 kN
	8字结（连接形）	27 kN	—	—
	单结（连接形）	23 kN	—	—
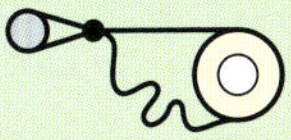	8字结绳圈（单绳）	13 kN	10 kN	6 kN
	单结绳圈（单绳）	11 kN	9 kN	7 kN
	双布林结绳圈（单绳）	11 kN	10 kN	9 kN
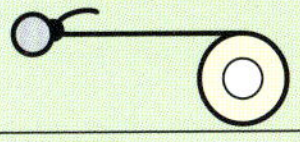	单绳上连接主锁的双套结	9 kN	(4*)/10 kN	(2*)/9 kN
	双合结	18 kN	14 kN	12 kN
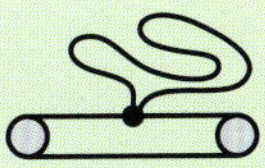	双布林结绳圈	34 kN	21 kN	(5*)/24 kN
	单结绳圈	(5*)/13 kN	(4*)/18 kN	(2*)/11 kN
	8字结绳圈	15 kN	15 kN	(2*)/17 kN
	连接绳结绳圈	16 kN	(6*)/19 kN	(2*)/12 kN
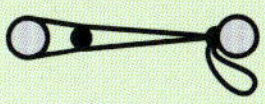	双布林结绳圈+双绳上的双套结（串联）	11 kN	11 kN	11 kN
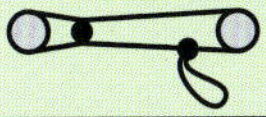	双布林结绳圈+单结（串联）	(4*)/12 kN	(4*)/17 kN	(2*)/11 kN
	单结绳圈（单绳）	11 kN	—	—
	8字结绳圈（单绳）	11 kN	—	—

（*）代表绳结中的绳索开始滑动。

辅绳（静态测试）

受力方向	绳结	材料强度			
		7mm粗的尼龙辅绳	10.5mm粗的尼龙主绳	5.5mm粗的迪尼玛辅绳	5.5mm粗的凯夫拉辅绳
	无绳结 单股	12 kN	27 kN	20 kN	18 kN
水滴形 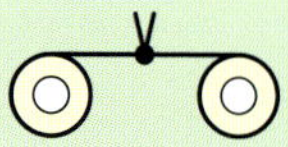	单结	6 kN	12 kN	8 kN	5 kN
	8字结	8 kN	15 kN	9 kN	7 kN
	接绳结	8 kN	15 kN	9 kN	6 kN
环形 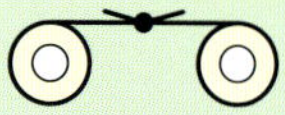	编式单结	7 kN	15 kN	6 kN	7 kN
	编式8字结	9 kN	15 kN	7 kN	8 kN
	单渔人结	7 kN	13 kN	6 kN	6 kN
	双渔人结	10 kN	16 kN	8 kN	8 kN
	三重渔人结	10 kN	17 kN	9 kN	9 kN
连接主绳 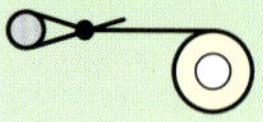	8字结	9 kN	15 kN	11 kN	9 kN
	单结	8 kN	14 kN	10 kN	8 kN
	双布林结	8 kN	18 kN	10 kN	9 kN
	布林结	9 kN	17 kN	9 kN	8 kN
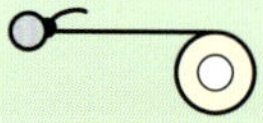	连接主锁的双套结	9 kN	13 kN	8 kN	8 kN
	双合结	16 kN	—	24 kN	12 kN
孔中的环形受力 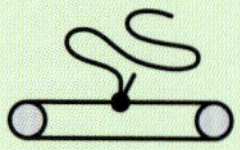	双布林结绳圈	18 kN	54 kN	18 kN	12 kN
	单布林结绳圈	17 kN	32 kN	14 kN	11 kN
	单结绳圈	13 kN	22 kN	8 kN	10 kN
	8字结绳圈	18 kN	32 kN	13 kN	10 kN
	连接绳结绳圈	18 kN	29 kN	18 kN	12 kN

在实际使用中，绳套是易磨损的装备材料，使用约5年即应丢弃。人们应谨慎对待老旧的绳套，使用前必须检查是否存在机械损伤（磨损痕迹、熔烧）。如果有任何疑问，应用新绳套替换旧的。

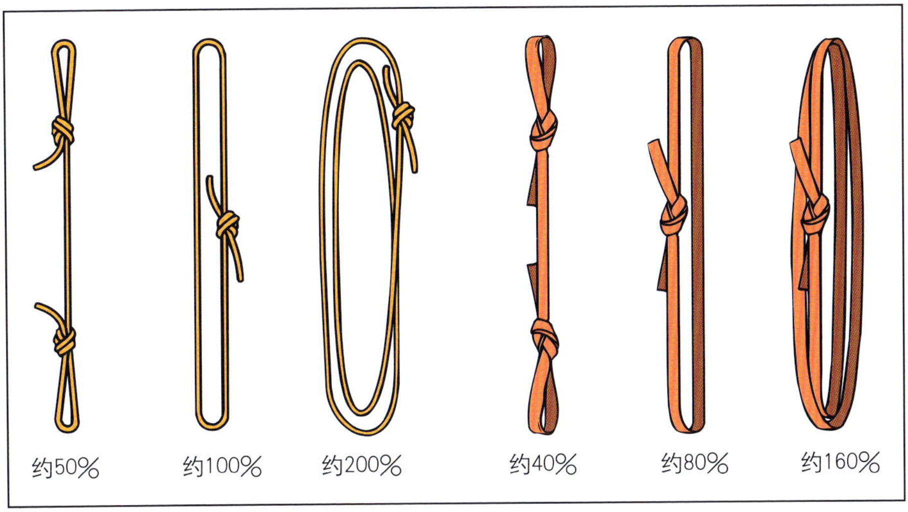

按照标准要求估计出的绳套强度占绳索原有强度的比例

奥地利施索卡尔山上被扔掉的老旧绳套

连接主绳

连接主绳时应尽量在主绳和安全带之间使用直接连接方式。利用主锁连接主绳和安全带是有风险的。常见的主绳连接结有8字结和双布林结（见第10页两组图）。

连接主绳的方法

连接主绳的方法有两种：坐式安全带连接主绳，胸式和坐式组合安全带（或全身式安全带）连接主绳。

一般来说，这两种方法是等效的。因此，攀岩者可以在二者中选择自己更偏爱的方式。由于全身式安全带悬挂的舒适性较差，所以不建议使用。

穿戴坐式安全带时，合身尤为重要，腿环应最多提供四指宽的空间，腰带应牢固地紧贴骨盆上缘。儿童和超重的人应使用胸式和坐式组合安全带，若单独使用坐式安全带，攀登者在翻落时有滑落的风险。由于4岁以下的儿童的身体重心位置较高，建议使用儿童专用全身式安全带或胸式和坐式组合安全带。

攀冰时，建议单独使用坐式安全带，以便尽量降低绳索连接点的高度，减小冲坠时冰锥脱出的风险。绳索连接点越高，在冲坠时由于冲坠距离增加，保护点脱出的风险越大。

佩戴三种不同的安全带系统（坐式安全带、胸式和坐式组合安全带、全身式安全带）的悬挂位置

坐式安全带连接主绳

用坐式安全带连接主绳时，主绳要么穿过上下两个攀登环，要么只穿过安全带上的保护环。

胸式和坐式组合安全带连接主绳

用胸式和坐式组合安全带连接主绳时，可直接与主绳连接或借助一条至少有三条色标线的扁带连接。

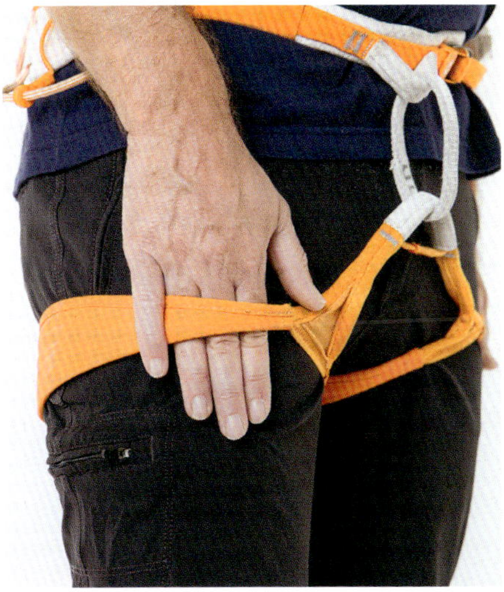

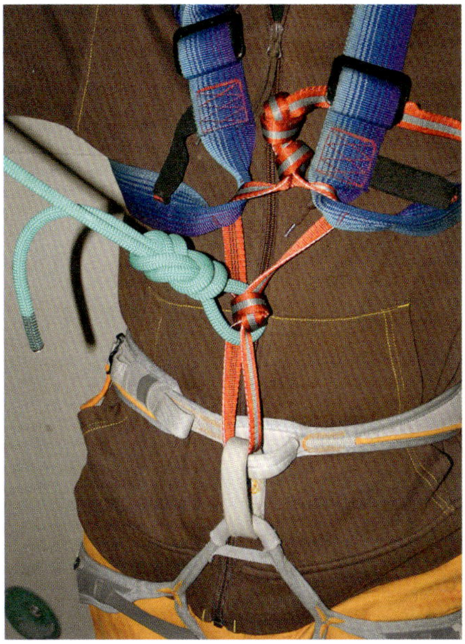

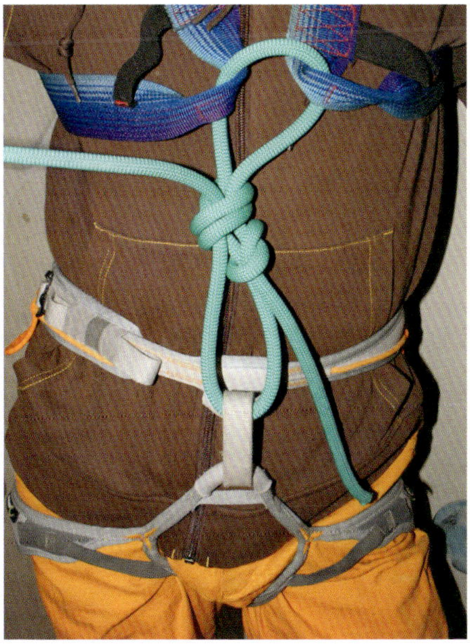

左上图：成人和4岁以下的儿童身体重心的不同位置

左中图：腿环要合身。若过大，冲坠时易受伤

左下图：穿过保护环和穿过攀登环连接主绳的方法

右上图：借助8字形扁带圈连接主绳

右下图：将胸式和坐式组合安全带直接与主绳相连

直接连接主绳时，攀岩者要在坐式安全带的保护环上系上一个绳尾较长的单结，再在绳尾部分系上单结、接绳结或双接绳结固定绳尾。坐式安全带可以吸收冲坠时产生的能量，胸式安全带可以防止攀岩者向后倾倒。

借助8字形扁带圈连接主绳时，攀岩者要将1.5 m长的扁带穿过坐式安全带的保护环。此时，在穿过保护环后的5~10 cm处系上一个单结形成第一个绳套。紧接着，绳套末端要穿过胸式安全带上的两个环并用另一个单结相连。在上下方扁带上的单结两侧穿入连接主绳。

通过上下调节绳索连接点可改变悬挂姿势的垂直程度。

连接双主绳

连接双主绳时，两根主绳要分别用8字结或双布林结与安全带相连。因为双布林结在连接攀登环时必须穿过安全带四次，攀岩者通常会选择与保护环相连。

如果不想使用这种方式，也可系8字结或单布林结。

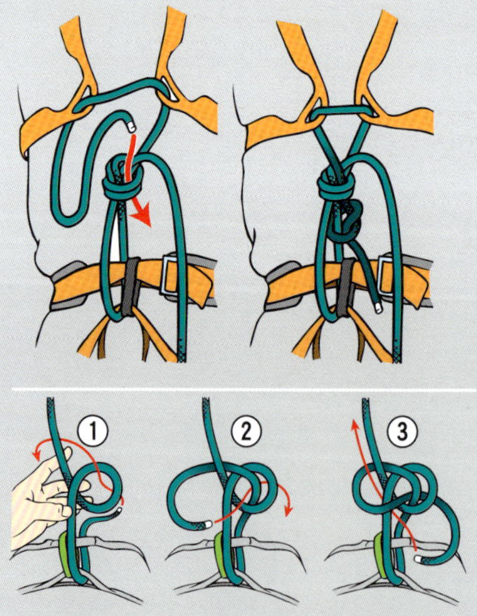

胸式与坐式组合安全带直接连接主绳

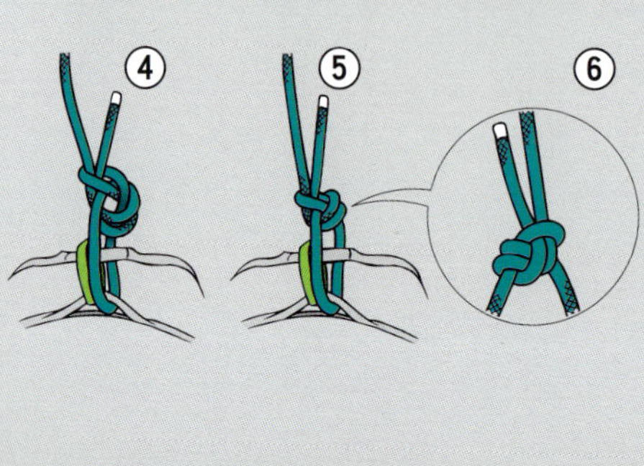

①~⑥为尤塞米林布林结，也被称作一个半布林结（⑥为另一个角度的绳结外观）

连接双主绳

安全带连接主绳

在绳索上连接安全带时（一条绳索上有两个跟攀者），要在最后一个跟攀者上方3 m处用死扣系一个长度为50~100 cm的分向器，在分向器的末端要系上一个小的“单结绳圈”。这样的绳结可将带安全锁定装置的主锁或两个反向悬挂的主锁与主绳连接。因为两个跟攀者间的距离是“固定的”，所以这个系统也叫作“固定绳中连接”。

当跟攀者的攀登速度不一致时，也可选择“可移动绳中连接”。要做到这一点，第一个跟攀者要使用一个合适的上升器和一条短扁带与主绳连接。上升器有一些易于运行的型号，如“Shunt”（Petzl生产的一种手柄式上升器）或“Ropeman”（Wild Country生产的一种上升器）。没有弹簧导向装置的上升器（如Petzl生产的小型上升器Tibloc）和带有倒齿的上升器不宜使用，因为在冲坠时会严重损伤绳皮。

攀登冰川时连接主绳

由于攀登者在冰面上不能将自己固定在绳尾上，所以攀登者必须借助主锁与主绳连接，为此可在主绳上系上距离适当的单结绳圈或8字结绳圈。带有安全锁定

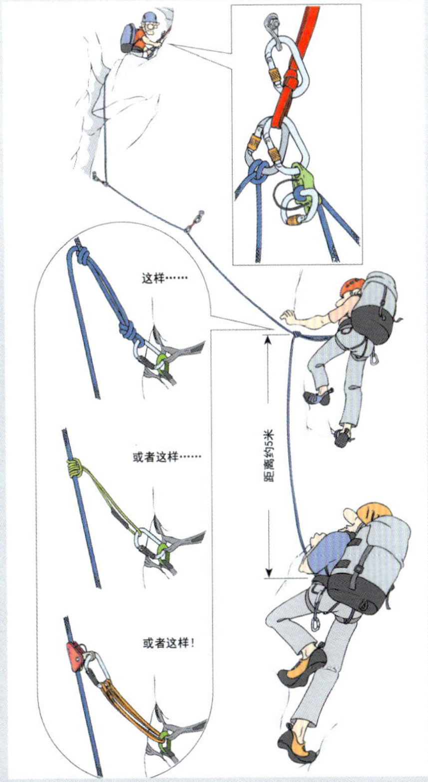

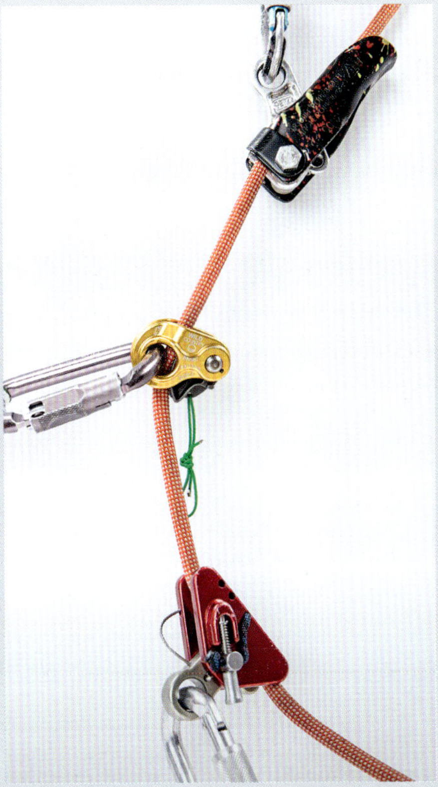

左图：与主绳连接的几种绳结，有固定式和可移动式

右图：适合的上升器有Shunt上升器和Ropeman上升器

结构的主锁（见第154页，封闭系统）或两把反向悬挂的主锁最适合做连接装置。虽然在攀登冰川时，用一把拧紧的丝扣主锁连接主绳是可以的，但在攀岩中是不够的（见第23页，安全带连接主绳；第154页，使用方法）。

在索道攀登中连接主绳

在索道攀登没有缓冲器的情况下，冲坠是致命的，冲坠3 m会使连接主绳的绳索动态延展，如果攀登者的体重为80 kg且1m长的绳索有10 cm的延展长度，作用于攀登者身上的最大冲击力将高达2.4 kN（冲坠能为$m \times g \times h = 80 \times 10 \times 3 = 2400$ J，最大冲击力$F = E/s \approx 2400/0.1 = 24$ kN）！这样的冲击力会使系结的绳索断裂，人的骨盆骨折。登山装备会将最大冲击力限制在6 kN以内，在这个范围内攀登者可以承受住冲坠时产生的冲击力。

连接安全带时，攀岩缓冲器上的连接环可借助双合结与主绳连接点（保护环或8字形扁带圈）相连。

左图：双合结连接保护环
右图：扁带缓冲器

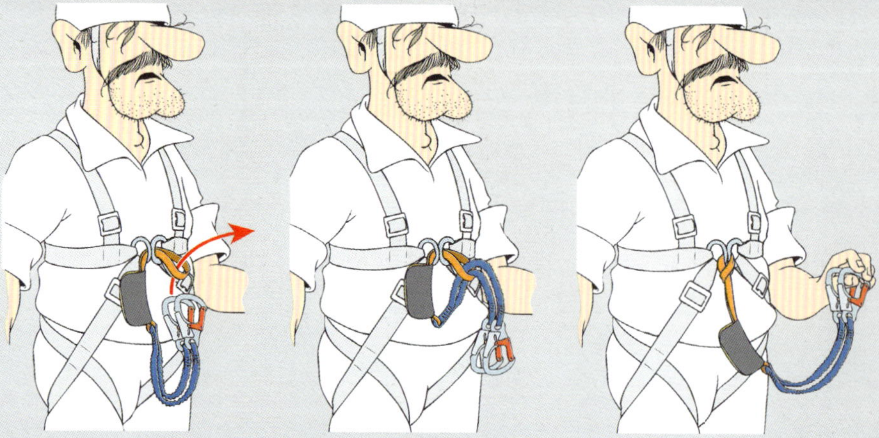

用双合结连接时，装备要穿过绳环

自我保护

攀岩时，攀岩者除了保护者给予的保护外，还有很多不同的自我保护方式，可以是静态的，也可以是动态的。静态方式包括攀岩者静态地停留于保护站，在下降中进行保护制动，以及在攀绳和绳降时的自我保护。静态的自我保护只有在没有冲坠时才有意义（有可以稳定站立、悬挂的位置，在固定绳上上升，绳降）。

在攀岩和攀石时宜使用动态保护。此处不包括单人攀爬安全技术。“在索道攀登中连接主绳”（见第24页）、“索道攀登”（见第112页）、“势能吸收器”（见第173页）中会介绍攀岩时的保护技术。

在稳定位置上的自我保护

通过攀岩绳系出的双套结（见第13页）可以实现在稳定位置的自我保护。双套结有可不解开绳结随意伸长或者缩短的特点。如果用两条半绳攀岩，一条绳系出双套结就足够实现自我保护了。使用双绳的时候，两条绳都需要制作双套结。

右上图：在双绳上的自我保护

左图：利用单绳的自我保护

右下图：在沿绳索下降时用带有主锁的扁带进行的自我保护

在绳降或者三人结组攀登时，攀岩者通常将保护站上的自我保护系统设置在固定好的自我保护扁带上，通过双合结连接安全带上的保护环。对用于帮助攀岩者悬挂的设备要配备安全锁扣。如果登山锁是用橡胶圈或线圈固定的，那么在使用自我保护绳套时要当心。注意，主锁的固定位置很重要，要避免主锁扭转和横向受力，如果两条扁带中的其中一条意外插入主锁，会带来致命后果！更好的办法是用双套结或双合结固定主锁。

在固定绳上的自我保护

在攀绳或绳降时的自我保护是用抓结、连接结或下降器来完成的。在固定绳上攀登时，也需要使用绳夹或夹扣（用普鲁士抓结方式系结）。

根据倾斜度不同，使用一到两个上升器。如果要安全地从固定绳索上下来，就必须使用普鲁士抓结或止坠器。这些器材装备可以保证攀岩者在松开双手时被锁定保护。

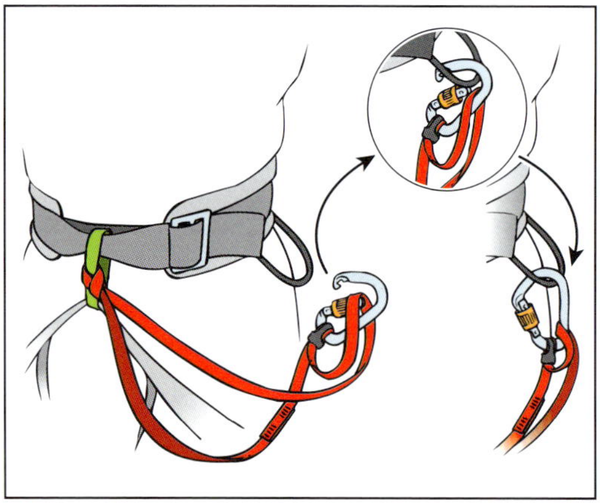

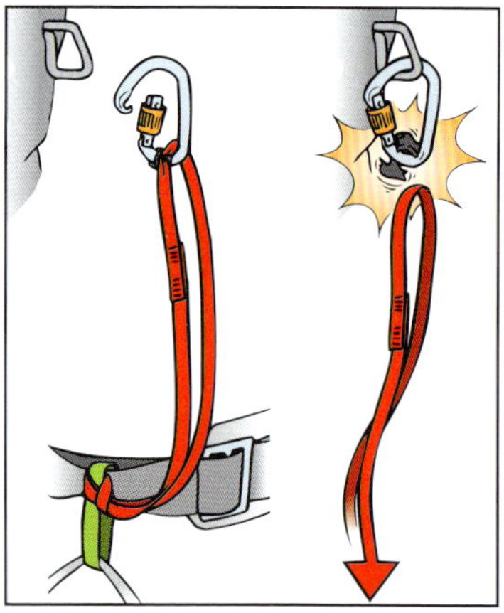

左图：危险！一个用橡胶固定的主锁锁门可能会意外地悬挂在扁带环上

右图：如果登山锁是用橡胶圈或线圈固定，那么在使用自我保护绳套时要当心

左图：用双套结固定的主锁

右图：沿固定绳向上攀爬时最好使用丝扣锁，用普鲁士抓结和60cm长的扁带进行自我保护

在不太陡峭的区域下降时，可以不使用止坠器等复杂装备。为了更快地移动，攀岩者只需要在固定绳索上挂一把自由滑动的主锁，通过自我保护扁带连接安全带来进行保护。制动方法：绳子可以绕在穿着长袖衣服的前臂上。这种方法（也称为俄罗斯法或衣袖制动）可以迅速地下降，但会严重磨损衣服。所有在固定绳上的自我保护方法中，动态保护不是必须的，因为发生冲坠的可能性不大。

在登山路绳上的自我保护

相对而言，登山路绳是水平的，不会出现大的冲坠危险，因此不需要保护器或动态保护。因为攀登者大多在多个保护点的中间相对固定的距离内利用登山路绳移动，这就如同攀登者悬挂在具有保护功能的绳索上。为了确保安全，攀登者最好在安全带上使用两根自我保护扁带。

绳降时的自我保护

下降过程中的自我保护通常是通过短的普鲁士抓结实现的，在“绳降”一节中有所描述（见第102页）。如果在多绳距上绳降，必须在每个保护站进行自我保护。下降中的保护站设置是通过准备好的自我保护扁带来实现的，到达下一个下降位置时就立即挂在那里进行自我保护（见第25页）。

在山区使用绳索，最好用两个自我保护扁带

短的普鲁士抓结

止坠器

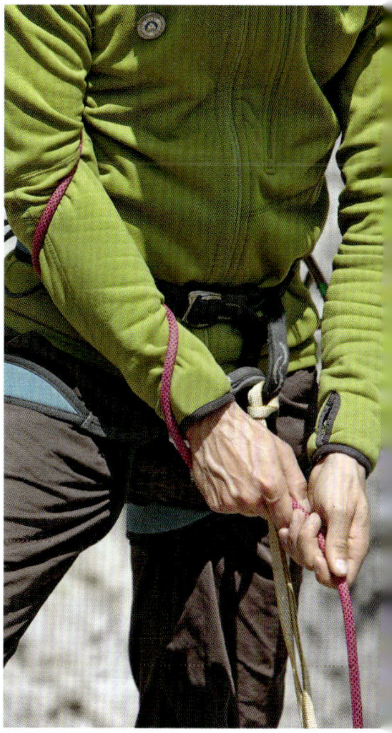
装有自我保护扁带的纺织制动器在固定绳上作为下降保护装置

另外，在一条长扁带中间系一个结，便可以得到不同的悬挂长度，或者用双合结连接两条30 cm短扁带形成一条60 cm的长扁带。

可以用单结或者双合结将自我保护扁带连接，形成一条60 cm的长扁带

伙伴保护

伙伴保护包含了所有的保护方式，这些安全方式都是通过一个或多个伙伴来保障攀登者的冲坠安全（从冰川结组行进到岩壁和攀冰结组）。

动态保护

如果有更大的冲坠高度（先锋攀登），那么必须保证每个伙伴都处于动态保护之下。动力通过保护技术（动态保护器或者直接保护）和主绳延展来保证。只有在对跟攀者的保护中确定其不会发生明显坠落的情况下，才可以采用静态保护。在保护者保护中，原则上只使用动力登山绳，通过绳索的延展性吸收能量。扁带和辅绳只在不发生任何坠落的情况下使用，或在不需要主绳延展的情况下使用（例如，在固定绳索上的手式上升器上）。

冰川结组攀登

结组在冰川上移动时，除了使用传统的结组攀登保护技术（即一个人总是固定在一个位置上）以外，也可以用固定的绳索移动。在冰川上，绳索搭档必须通过自身重量来保护同伴以防其在冰川裂缝中坠落。

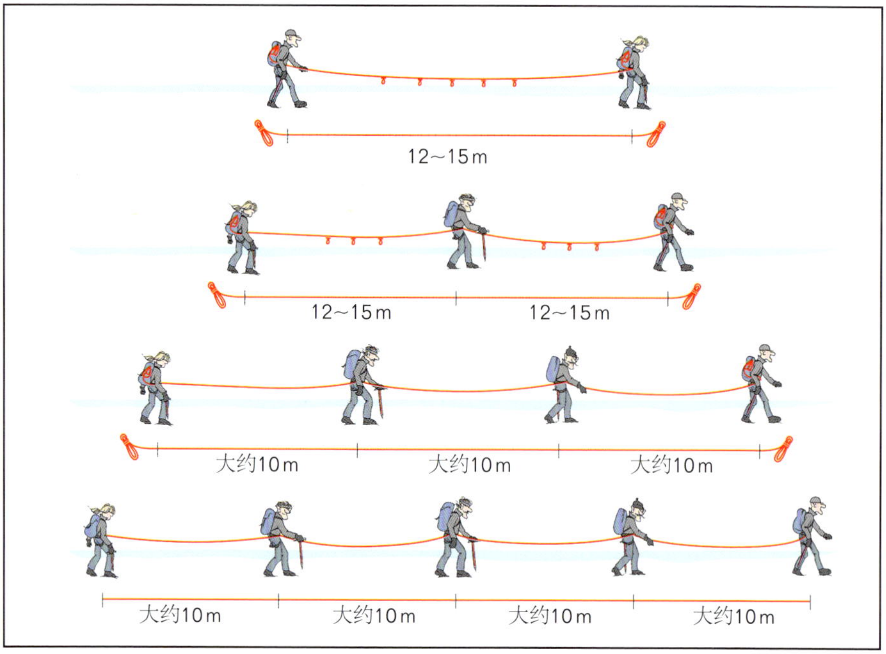

在冰川结组攀登的推荐距离

用固定的绳索移动的可能性有限，很大程度上受路途的情况和积雪的软硬程度的影响。如果同伴在冰川裂缝中坠落，而固定绳索的难度过大时，就必须采用传统的结组攀登保护技术。

余绳处理

在山脊、平坦地区、冰川的攀爬路线上进行行进间保护时，通常不用整条绳索，而是把绳索缩短到理想长度。

可以把多余的绳索放在背包里，或者放在你的身体上：后者的优点是剩余的绳索可以随时使用，因此你可以灵活地调整长度以便收绳和给绳，但是需要保护时，绳索负荷必须在半身式（坐式）安全带上，绳圈不能仅绑在脖子上，因为这不安全。最简单的方法是用一个在保护环上的主锁双套结来固定绳索。为了固定多余的绳索，高山向导们还会使用“余绳处理”技术。

- 盘绳圈需要套入脖子和一侧胳膊，所以盘绳圈不应太短，否则会限制行动自由，也不要太长，否则可能从肩膀上滑下来，也有被钩住的风险。盘绳圈最低点以人体最低的肋骨位置作为参考点。
- 熟练或稍加练习的人可以把绳索从头上扔过去。如果不熟练，最好把绳索盘在头和手之间，然后钻进去。
- 从后面绕在身上的绳索穿过盘绳圈用连接结固定好。然后，利用渔人结把盘绳圈固定好。
- 最后，把所有的绳索都绑起来，再检查一次是否把余绳放置好了。要保证系好的结不会自动脱落，末端绳环也不能太短，最佳的方式是用主锁把末端绳环固定住。

如果你想换衣服或想把背包拿下来，以这样的方式放置的余绳可以随时“被取下来”。

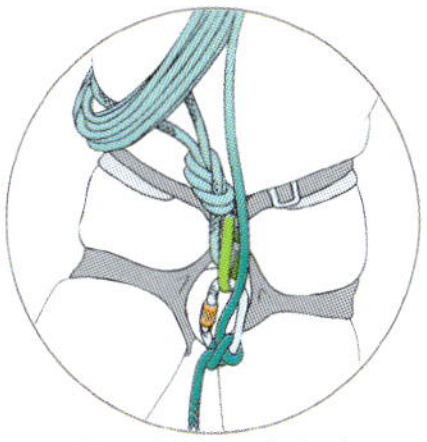

用双套结和登山锁扣固定绳索

余绳的分步演示

行进间保护

利用绳索的两人行进间保护攀登是效率非常高的攀登方式。这种保护方式只有在不太陡峭，有中继保护点的山脊上才可以使用。通常使用的是被缩短的攀岩绳，绳索长度可根据不同地区进行调整，一般使用15~30 m的绳索。在冰雪山脊上使用跳绳技术，然而在山崖山脊上，为了避免因保护失败而坠落，攀岩绳要一直悬挂在中继保护点处。具有巨大冲坠危险的攀岩路线不可以使用跳绳技术。

行进在垂直岩壁或在冰壁上攀登时，可以利用带有单向锁定的装置提供保护。因此，使用一个可靠的固定点（冰锥）固定主绳，并将一把带单向锁定装置的主锁（如Tibloc）直接悬挂在固定点上。在冲坠情况中，通过后继攀登者的体重来保障先锋攀登者安全，后继攀登者通过单向锁定装置或止坠器保证自身安全。需要保证主绳不会因为随攀者的冲坠从保护点上扯下来。这就是单向锁定装置必须不加延长地直接挂在固定点上的原因。这项技术是所谓的“快速固定”技术的变体形式，也是由速度攀岩专家推广的。对于普通登山者来说，是否使用行进间保护技术，与岩壁情况和固定点是否可靠有关，使用不当就有可能面临坠落的危险。

结组攀登时的保护

有保护的单人攀登方法是在易冲坠地形中移动最安全的方法，也是最耗时的。攀登中，特别是在长时间的攀爬中，速度意味着安全，此时个人技能的熟练程度，如在保护站的绳索操作，至关重要。正确的保护方法必须与地形崎岖度，结组攀登人员的攀岩技术能力和保护位置的岩石质量相适应。在较平坦的地形中，为了节省时间和避免因不必要的拉绳动作导致落石，就可以使用行进间保护技术。在更难攀爬的地形或岩壁上，相邻攀岩者之间相隔20~30 m，这种形式被称为“多绳距结组攀岩”。

左图：在有柱状岩石保护体的山脊地区的行进间保护

右图：Tibloc作为行进间保护装置

保护器的使用

2012~2015年，管式保护器使用最广泛，至少58%的攀岩者使用此种保护器。自2016年起，因为登山协会的推荐，半自锁保护器，如GriGri保护器（Petzl生产的一种辅助制停保护器）、Ergo半自锁保护器（Salewa生产）、Jul半自锁保护器（Edelrid公司生产的一种单绳保护器）、Smart半自锁保护器（Mammut公司生产）和ClickUp保护器（一种用于运动攀岩的保护设备）广泛流行起来。管式保护器的使用人数明显下降到33%。

根据调查问卷，市场上其他保护器（Fish、Eddy、Zap-o-mat、Cinch）被称作罕见使用的保护器。接下来只介绍一些目前流行的保护器。这些保护器的优缺点对比列在了德国登山协会的安全研究主页上，只是这些保护器的使用说明不同，导致大概有30%的攀岩者不能很好地掌握它们的使用方法。德国登山协会的事故调查数据显示，在人工岩壁攀登中因保护器使用不当造成的事故占三分之一。

较大的绳索摩擦力会抵消一部分冲坠能量，此类冲坠和在攀岩馆中发生的冲坠相比更安全一些，因为攀岩馆的快挂间缺少摩擦，即使冲坠高度明显下降，保护者也必须使出更大的力来稳定攀岩者的下降速度。可见规范使用保护器至关重要。保护器的使用分为四个步骤：收绳——给绳——顶绳保护下降——保护器锁定。另外，每个保护器都有一个“制动机制”，防止攀岩绳受力后滑动。

三大原则

保护器的使用需坚持以下三个原则：保护器的制动原则、制动手原则、抓取反射原则。

制动手原则，即始终有一只手控制好制动绳端。保护器的制动原则对其发挥作用至关重要。

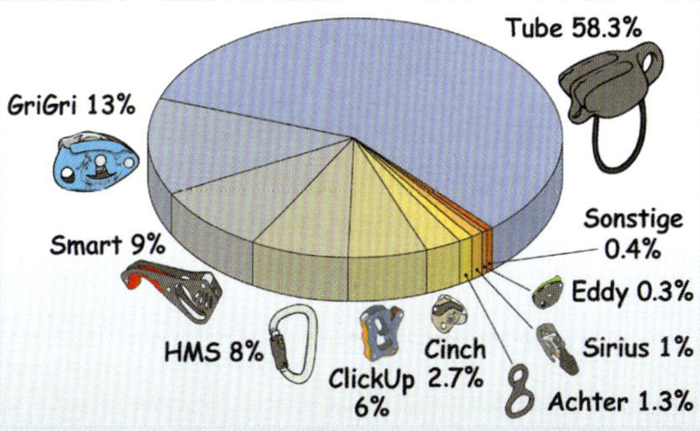

半自锁保护器和动态保护器使用情况分布（2016年）

三大原则：适用于每个保护器

例如，在管式保护器中，制动机制只有在制动手位于制动绳端且绳索与保护器摩擦时才能起作用。如果制动手位于设备上方，利用管式保护器保护冲坠也是不可能的，因为在制动过程中没有“回折绳索”，回折可以保证将绳索放入管式保护器的摩擦关键区域，从而带来保护冲坠所必需的摩擦力。

人的反射是以抓取反射为特征的，也就是说，当突然冲坠时，保护者的手会本能地抓紧并拉向身体一侧。该反射在使用管式保护器时非常有用，可以有效制动坠落的攀岩者。但是制动手需要时刻位于保护器下方，如果错误地将制动手放于保护器上方，当开始制动时，绳子会通过保护器，而制动手本能地将制动绳端拉近保护者的面部，此时管式保护器将完全失效。

因此，这三个原则决定了一个保护器是否适合使用。在操作设备时，制动手原则是否总是易于实现？在操作时，设备的制动原则能否始终有效？该设备的工作原理能否与人类的本能反应相适应，还是恰好相反？

确切地说，半自锁保护器的半自动锁定功能比动态保护器更有安全性。因此，在运动攀岩和攀岩馆中推荐使用半自锁保护器。

保护器的制动力

动态保护器的制动力取决于主绳直径、绳皮状态、保护者的手劲以及制动装置的制动机理。一根细且光滑的绳索会很难制动。如果制动手的力量也不大，把这样的绳索和一个动态的制动装置组合在一起，在冲坠时会有非常长的绳索在制动停止前通过保护器使坠落的距离更长，更危险。

在德国登山协会的安全研究中，测量出梨形锁（搭配意大利半扣）、8字形

值得推荐的半自锁保护器：ClickUp、GriGri 2、Smart、Mega Jul、Ergo与Jul²

不同的管式保护器，左下和右下为意大利半扣

保护器、管式保护器和XP管式保护器在不同直径的主绳下的制动值均很低（见本页表）。细绳、管式保护器、8字形保护器的制动值证明了这种组合效果有限。半自锁保护器证明了，不依赖于手劲也可以有很大的制动力，适用于对身体的直接保护。因此，手劲小的攀岩者更应该使用半自锁保护器，如“Ergo半自锁保护器”“GriGri保护器”“ClickUp保护器”。

近地面保护

攀岩馆内，在攀岩者挂入第五把快挂前，保护者都必须处于近地面直接保护的站立位置。最佳站立位置在第一个中继保护点下方1 m半径内。在规范操作下，直接保护的冲坠长度可能是攀登到达点到最后一把扣入的快挂间长度的4倍。例如，如果距离前一把快挂位置很远，在快挂间距标准的攀岩馆中，就有可能使攀岩者在第五把快挂处冲坠到地面。

主绳直径	抓绳的手劲	制动值			
		梨形锁(搭配意大利半扣)	8字形保护器	管式保护器	XP管式保护器
8.9 mm	约 237 N	2.2 kN	1.7 kN	1.9 kN	2.2 kN
9.5 mm	约 250 N	2.2 kN	1.9 kN	1.7 kN	2.2 kN
10.5 mm	约 284 N	2.3 kN	2.0 kN	2.0 kN	2.3 kN

左图：最佳站立位置在第一个中继保护点下方1m半径内

右图：正确的意大利半扣保护预备位置是制动手在下方。注意！把丝扣锁的锁门放在制动手对侧除了正确使用保护器外，正确的站立位置和恰当的预留给绳量以及合适的近地面保护行为都至关重要。

意大利半扣保护

在20世纪60年代末，动态的意大利半扣保护法开始流行，取代了肩膀或胸部十字保护。它主要在德语区流行，而在英美地区，更常见的是管式保护器。

意大利半扣应该只使用梨形锁连接，因为这款锁的梨形设计保证了插绳和放绳转换时，制动环可以有效活动。如果使用的是普通的D形锁，可能会导致制动环在改变方向时卡住。

基本位置

使用梨形锁的手部位置：制动手在上方或下方。通过制动绳索的摩擦，制动手的两个位置（上方或下方），都会产生2~4kN的制动力。制动手所处的两个位置没有很大的制动力差异。有趣的是，细的主绳在进行意大利半扣保护中对制动力的影响，不像在其他动态制动设备中那么大。引导手作为感知手，是第一个感受负荷的部位。

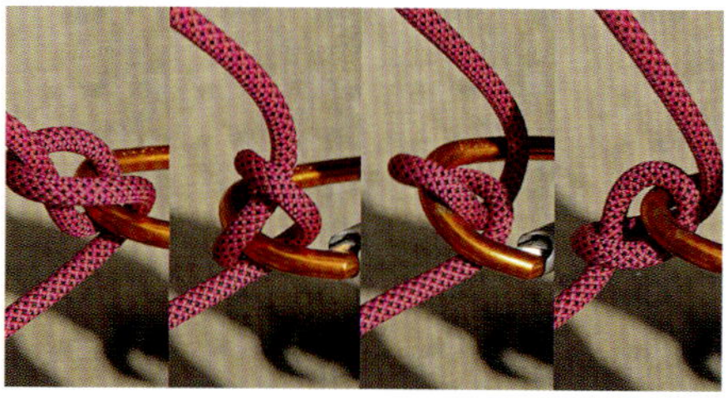

意大利半扣典型的绕绳方式，从给绳下降到给绳的转换

使用梨形锁正确的手部位置——制动手在上方

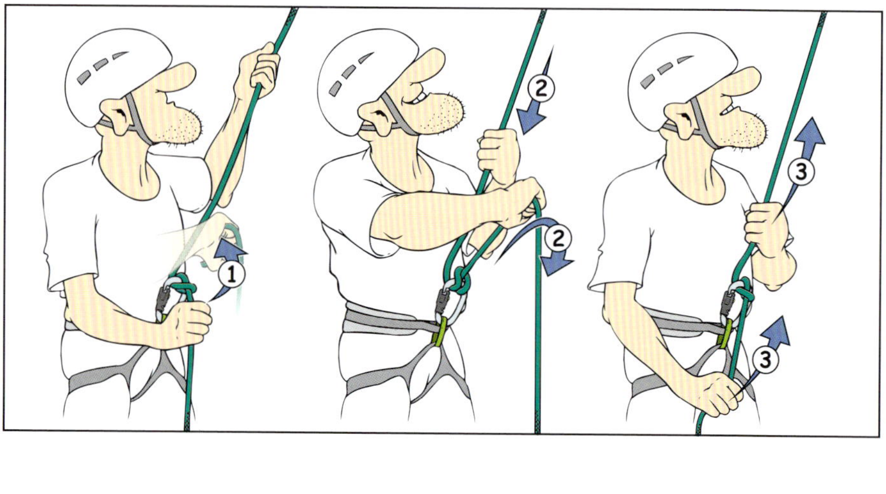

制动手在下方给绳下降的正确方式

收绳

制动手在下方位置上时，制动手向上，绳索通过梨形锁拉动。同时“引导手”抓住意大利半扣的制动端。制动手离主锁大概40 cm的距离，就能顺利返回基本位置。现在制动手沿着制动绳端向上滑（绳索滑动）到梨形锁前。引导手也沿着负重绳滑动。在制动手下方的意大利半扣的基本位置和运动模式，与使用管式保护器、8字形保护器相似。

注意：如果使用梨形锁中的丝扣锁，那么锁门的位置应与制动手相对，这样可以防止制动绳在从起动位置转换到收回位置时滑出锁门。最好的解决方法是为梨形锁配置安全锁（见第153页，索道登山锁）。

当处于保护模式时，为了使梨形锁不会在安全带的保护环中旋转，制动绳滑出锁扣，所以有配备固定点的梨形锁。主锁在安全带上的正确位置是安全的基本保障。当“制动手在上方”时，规范的收绳动作很复杂，因此要更加注意常见的错误操作（见第48页）。制动手从主锁的制动绳端向上拉，同时引导手拽着绳索下送。制动手紧抓制动端，引导手脱离负重绳，抓握住制动手下方或上方的制动绳，现在

左图：在固定点的梨形锁最好再配置安全锁

右图：有固定点的梨形锁可以避免意外扭转

制动手在上方时，正确的收绳操作

下降时双手始终位于制动绳端

制动手可以沿制动绳滑动向上并再次紧抓。然后，引导手再次回到负重绳端，离主锁大约50 cm，如此往复循环。注意，至少有一只手必须始终控制住制动绳端！

给绳

当“制动手在下方”的时候，引导手拉绳远离主锁，同时制动手从上方插入制动绳。之后，引导手再次滑近主锁，制动手再次向下抓住绳索。

在“制动手在上方”时，制动手和引导手应拇指向上握住绳索并操作。制动手先沿着制动绳向上滑，引导手滑向主锁。现在，引导手从主锁中拉出绳索，同时制动手抓住绳索。

制动手（不放开制动绳）再次从主锁上滑下，引导手抓住或沿着绳索滑向主锁，如此反复。制动手一直控制制动绳端！快速给出绳索，只有通过快速运动才能实现，或者在有直接保护的情况下，通过保护者向岩壁方向移动实现。

下降

无论制动手在上方还是下方操作意大利半扣，在放队友下降时，都要双手抓住制动绳，制动绳与滑动的负重绳同步运动。用制动绳控制速度，让绳索慢慢地穿过双手，或者手拉手地让绳索通过意大利半扣。

平行的绳索与身体的制动关系可以

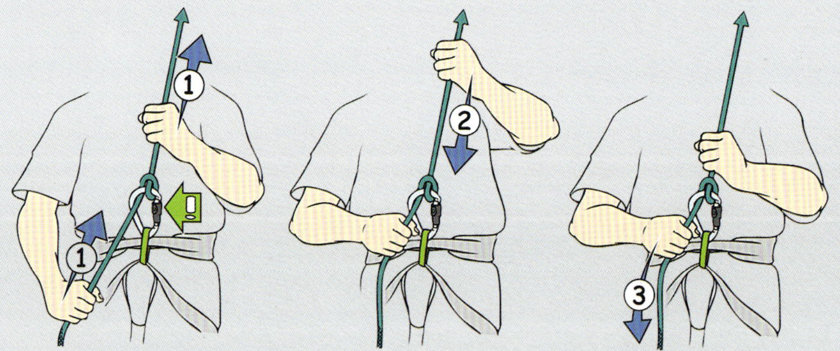

制动手在下方时，正确的给绳方法

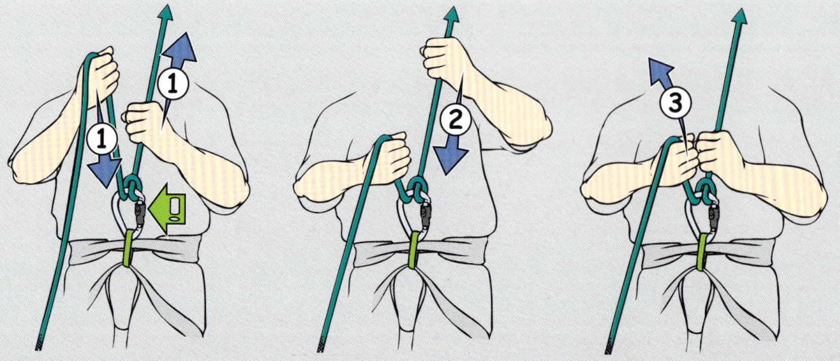

制动手在上方时，正确的给绳方法

避免绳索缠绕，保证绳索不从主锁的锁门中脱出。

下降锁定

依靠意大利半扣下降时，可以通过系结锁定绳索。系结方式将在“简单的救援方法”（见第126页）中详细介绍。

实践小贴士

- 梨形锁的锁门方向至关重要。使用丝扣锁时，锁门始终要位于制动手的对侧。
- 在直接保护时，梨形锁适合作为固定在安全带上的装置使用，不适合在绳降时使用，因为它会导致绳索缠结。
- 如果经常放绳（在运动攀岩和攀岩馆），意大利半扣的制动环中绳套之间的摩擦会严重磨损绳索。这也是意大利半扣很少被用于运动攀岩的原因之一。它作为一种动态保护技术，在向上和向下运动的过程中都是有效的，主要用于在阿尔卑斯山区中攀岩时确保固定点的安全。
- 意大利半扣具有很高的制动力，而不依赖于制动手的位置。即使是细绳，意大利半扣也显示出巨大的制动力。重要的是，对于初学者来说，在掌握安全操作之前，要花很长的时间来练习这一动态保护技术。

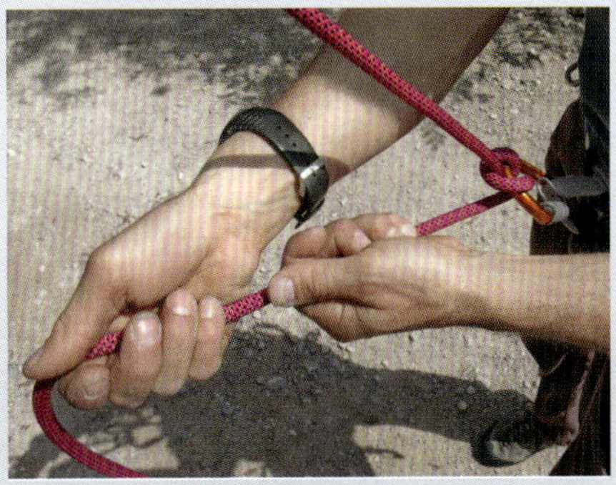

下降时，在有身体保护的情况下，两只手都位于制动锁的下方

用梨形锁和锁定结锁定

绳索这样从主锁下面穿进去是错误的，这样容易发生缠绕

管式保护器

管式保护器的历史与意大利半扣一样悠久。20世纪60年代末，它在欧洲被称为“猪鼻保护器”（管式保护器的前身），在连续回折原理的基础上产生制动作用。

管式保护器（也被称为ATC）在英语区使用最广泛。自2009年以来，管式保护器一直是德国在运动攀岩领域最常用的保护器，它的优势在于单绳、双绳和半绳均可使用。此外，它的制动功能对绳索的磨损极小并且是动态的，有利于快速给绳和进行其他绳索操作，它通常用于直接保护。缺少上方保护专用挂环的管式保护器不适用于结组上方保护，因为在绳索通过时缺少第二个回折使摩擦力不够用于保护。普遍存在的问题是，初学者练习使用管式保护器的机会很少，因为使用管式保护器时需要一直注意绳索通过情况，保护者容易因为错误操作导致攀登者坠落到地面。

左图：在管式保护器上连续回折，如果缺少第二个回折，制动力就会不足

右图：管式保护器种类繁多，最好的是带有摩擦唇的管式保护器

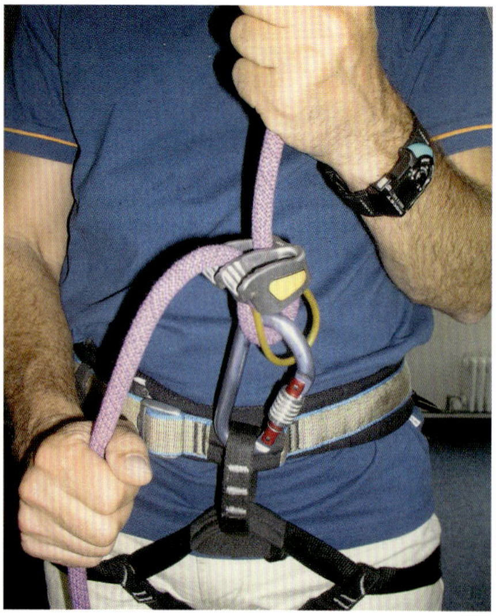

左图：进行上方保护时绝对不可以在固定点使用没有上方保护挂环的管式保护器，因为没有足够的制动效果

右图：重要！在冲坠抓握时制动手必须位于器械下方

基本位置

使用管式保护器保护时，制动手的位置至关重要。如果制动手不在保护器下面，绳索通过时缺少回折，那么制动效果就会大大降低。

收绳

在收绳时制动手向上拉出制动绳，再立即向下回到基本位置。引导手同时抓住制动绳一端，然后制动手沿着绳索向上滑动至管式保护器下。

注意始终需要用手控制绳索。在快速收回大量绳索时，建议制动手做短促的半圆运动。如果绳索拉得太多，就会形成一条松垮的绳线，沿着制动绳端滑动制动手也很困难。合理的保护节奏就像一个高频率的活塞往复运动。

给绳

为了给绳，引导手从保护器中拉出绳索，同时制动手抓住制动绳端，然后滑动，立即恢复到基本位置。

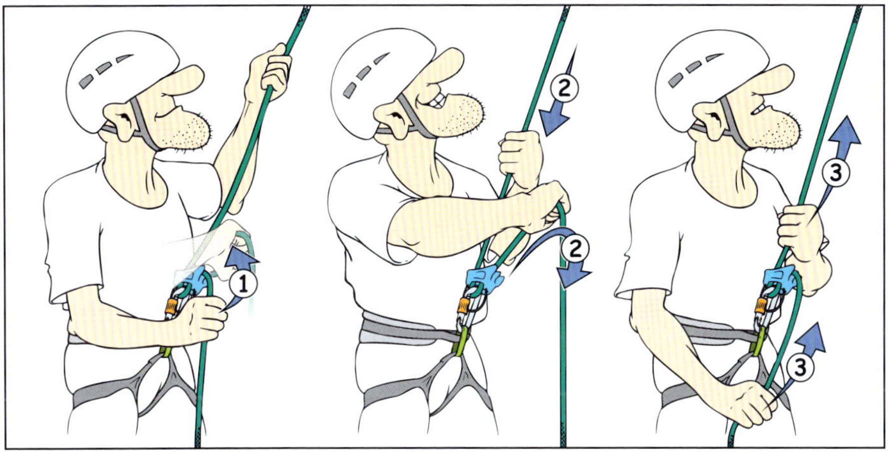

在管式保护器中收绳的正确操作方法。制动手立即回到基本位置

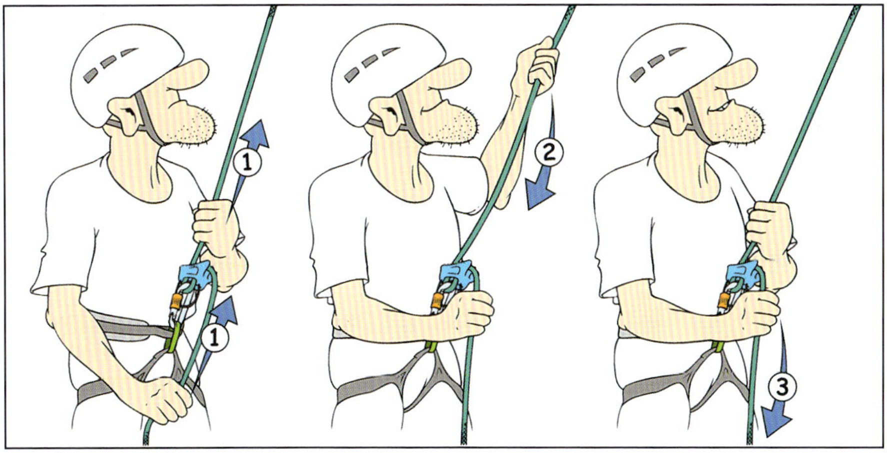

在管式保护器中给绳的正确操作方法

带制动槽的管式保护器有两个不同的保护器摩擦唇

为了快速给绳，在引导手把绳索从管式保护器里拽出时，握在管式保护器前方的制动手应该稍微松开轻握绳索。同时保护者需要注意，在攀岩者冲坠时，制动手必须快速往下拽紧绳索。

下降

下降时，保护者双手紧紧抓住保护器下方的制动绳，同时把制动绳送入保护器里，双手慢慢地滑动制动绳，类似于绳降时的动作。

装备封锁

用锁定结（见第128页）锁住管式保护器，由此固定住被保护者不再下降。

即使这样，也要把制动绳轻握在手里用于后部保护，或者是在负重绳或保护环上加一个额外的安全结。

实践小贴士

- 管式保护器最好能有两组以上的摩擦唇，比如XP管式保护器，更多的摩擦唇代表着更高的制动力。其他类型的管式保护器，例如没有摩擦唇的V形凹槽状保护器的摩擦力较小。如果在有摩擦唇的保护器中需要较小的制动力，可以把绳索负重端放置于没有摩擦唇的一面。管式保护器比较适合的主锁是丝扣H形主锁或O形锁。
- 管式保护器的保护操作虽然简单，但初学者仍需要大量练习。攀岩者必须专门训练对制动手位置的把控能力，同时也必须多练习安全操作。必须在有第三人的情况下，才能允许初学者用管式保护器进行后方保护操作，直

如果需要快速给绳，握在制动绳端的制动手要形成一个“隧道”，以使引导手便于快速抽出绳索

管式保护器锁定下降或保护时，必须用绳结锁定

在下降时，推荐双手位于管式保护器下面的制动绳端

到有足够的经验可以独自控制冲坠。绳索的直径和保护者的握力要能产生足够的制动力。

- 管式保护器是绳降的理想选择。根据绳索的直径和保护者的重量可以选择较低或较高的制动等级。此外，还可以在攀岩者下降时使用抓结作为副保护，这使绳降更安全便捷。

8字形保护器

8字形保护器是一种现在很少使用的保护器，主要用在光滑、较细的绳索上，制动力非常小。

基本位置和操作

8字形保护器和管式保护器（见第38页）的基本位置是一样的。收绳、给绳以及下降操作也和管式保护器一样。

锁定

一旦使用8字形保护器，制动绳就要保持在保护器下方，然后在外侧绕过保护器，再将绳索卡在绳子的负重端和8字形保护器的大孔之间用于锁定。

实践小贴士

- 在使用8字形保护器时要用橡胶固定器或者胶带，与带锁定装置的主锁固定在一起。这有利于防止8字形保护器在主锁锁定时发生意外倾斜。这种倾斜可能会在重负荷下撬断主锁，导致事故发生。即使在50~80 kg的负载下也有可能发生这种意外，这意味着即便在绳降时，8字形保护器也有可能出故障。

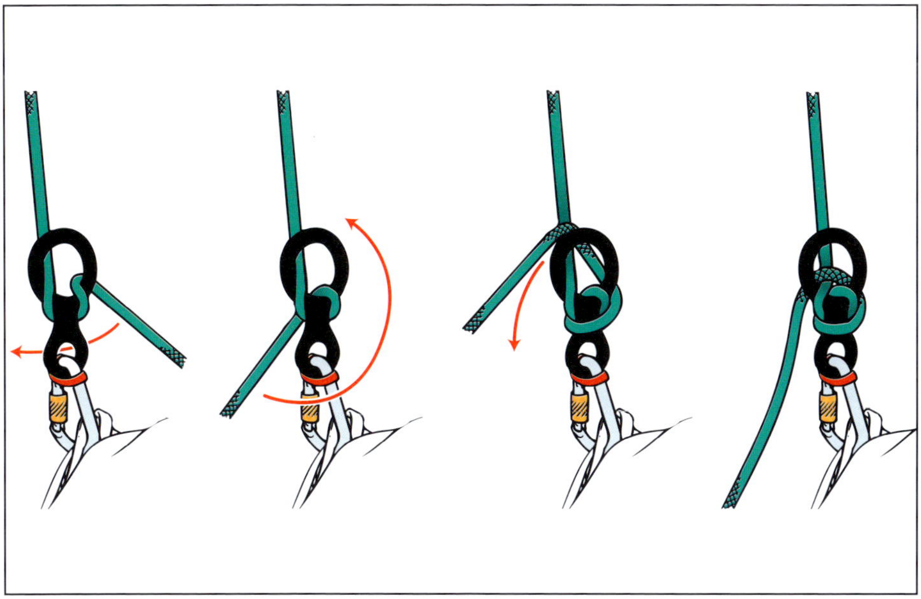

锁定8字形保护器

理想情况下，8字形保护器与带锁定装置的主锁可以挂在两个攀登环中，这样8字形保护器就会水平放置，会特别容易给绳，尤其是快速给绳。

- 较小制动力的8字形保护器仅适合经验丰富的攀岩老手使用。
- 在绳降时，8字形保护器应挂入坐式安全带的上下攀登环中。

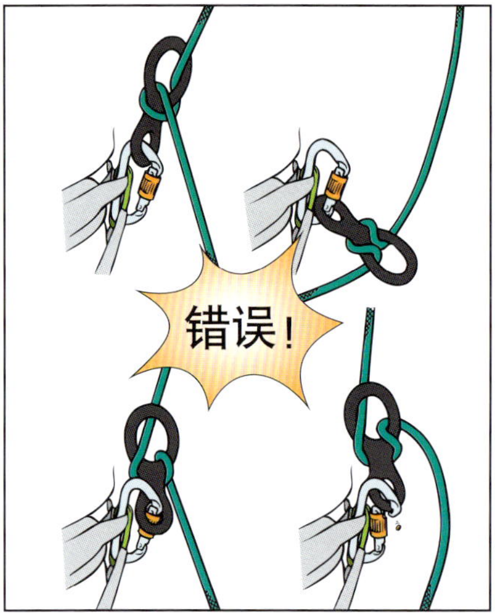

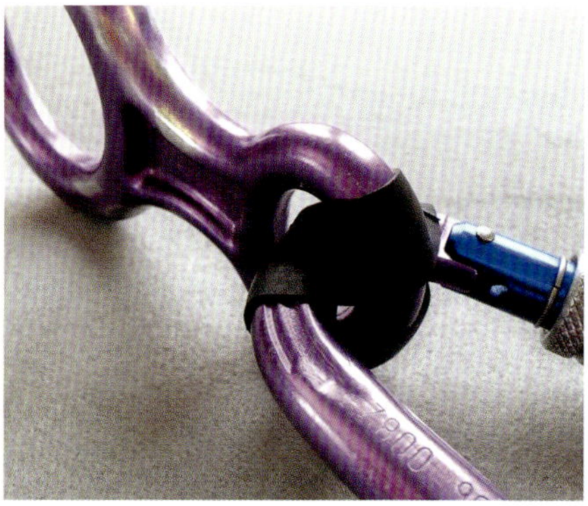

左图：危险！如果没有固定，8字形保护器会意外脱出

右图：8字形保护器最好能够用橡胶固定器固定在主锁上

左图：8字形保护器和管式保护器的基础位置是一样的

右图：为了保险起见，8字形保护器与带锁定装置的主锁可以挂在两个攀登环中

GriGri保护器

GriGri保护器是使用最广泛的半自锁保护装备，它具有不依靠保护者握力的优点。保护器会因攀岩者坠落的冲击力而自动锁死，如果没有这种冲击力，绳索就可以自由通过。但要注意的是，保护者至少一只手永远在制动绳端。GriGri保护器和其他所有半自锁保护装置一样，有一些特定的操作要求，因此使用者必须经过专门培训，以便可以识别错误操作（见第50页，GriGri保护器）。

基础位置

在使用GriGri保护器时，制动手的位置也是放在下面，这和管式保护器、8字形保护器是一样的。

收绳

GriGri保护器和管式保护器（见第38页）、8字形保护器的收绳操作相同。

给绳

给绳时尽可能地缓慢操作。一旦过快地给绳，就可能触发锁定系统。在缓慢给绳时，要把制动端的绳索插入管式保护器中，并把负重端的绳索拽出保护器。对于较粗或者较旧的绳索，给绳时就不太容易。这时需要用一种比较复杂的技术既能防止触发半自锁保护装备的自锁功能，又能保证有足够的制动灵敏度，即“Gaswerk方法”（在苏黎世的Gaswerk攀岩馆开发和培训），在坚持制动手原理的同时快速释放绳索。制动手较松弛地握着制动绳，同时大拇指固定住GriGri保护器的制动把手末端，食指放在金属摩擦唇下面固定，接着引导手从保护器中把绳索拽出。

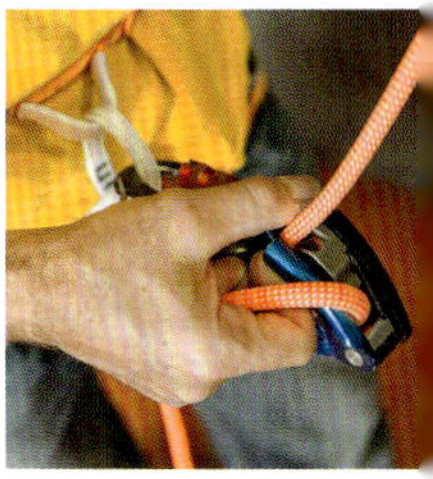

用“Gaswerk方法”通过GriGri保护器给绳

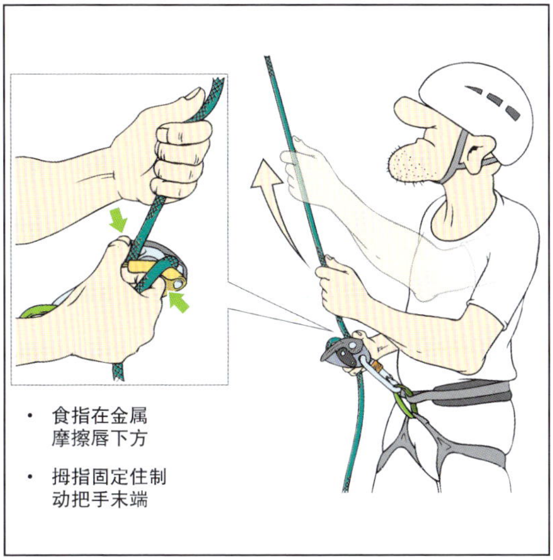

左图：使用GriGri保护器也是把制动手放在基础位置的下方

右图：根据“Gaswerk方法”给绳

Ergo：一种新式半自锁保护装备

下降

下降时，制动手必须紧紧握住制动绳端，同时引导手通过下降控制杆适量地打开制动机制。注意：下降速度不能完全依赖控制杆控制，还需要通过制动手控制。

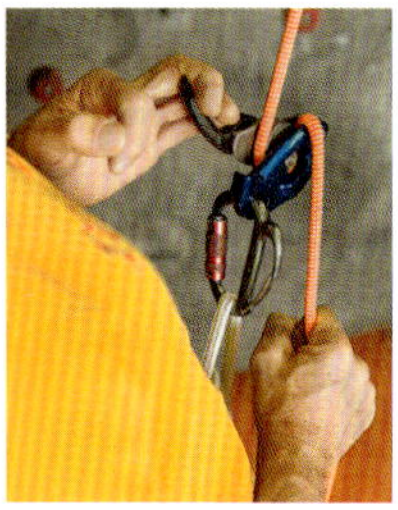

利用GriGri保护器下降时，需要左右手配合

锁定

GriGri保护器在启动自锁机制时，给出的缓冲很小或几乎没有，此时需要制动手始终握住制动绳端。

实践小贴士

- 强烈推荐这种具有较高安全保护效果的安全装备，因为这种设备的保护机制与制动手的位置没有直接关系。
- 必须多次练习GriGri保护器的操作，此外还应了解这种半自锁保护装置的常发事故类型。
- 千万不能在只简短地讲解装备后，就把安全装备交给初学者，即使是那些经验丰富的攀岩者也经常会操作错误，尤其是在快速给绳时。
- GriGri保护器在静止状态下会自动锁死，因此只能用于对身体的直接保护。

Cinch半自锁保护装备

Cinch是一种非常容易发生安全事故的半自锁保护装备，因此不推荐使用。且很少有人了解Cinch半自锁保护装备，因此本书就省略了对它的进一步介绍。但是在本书的前三个版本中可以找到对Cinch半自锁保护装备的更多介绍。

提示

- 半自锁保护装备的一个分支就是“半自锁管式保护器”，它的自动锁定系统依赖于制动手的位置。

Ergo半自锁保护器

Ergo半自锁保护器可以在短距离的冲坠中自动锁死，且在快速给绳时不会发生意外卡绳现象。Ergo半自锁保护器有较强的制动力，在下降时可以很好地控制下降的各项指数，适用于直径为8.6~11 mm的单绳。

基础位置

Ergo半自锁保护器的手部基础位置与管式保护器一样。在进行先锋保护时，引导手的拇指放在控制杆下方的基础位置上。

收绳

和管式保护器的收绳方式类似。

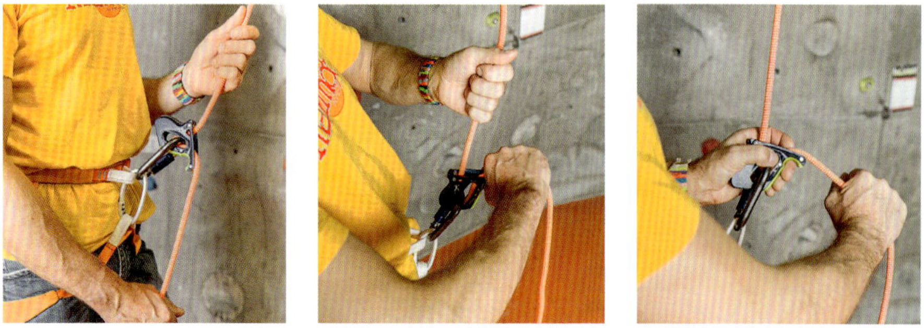

左图：基础位置。制动手放在保护器下方

中图：给绳，拇指抬起凸轮，引导手拽出绳索

右图：下降，左手倾斜，制动手控制绳索

给绳

在给绳时，制动手的大拇指在控制杆下方轻微地抬起，就像在看手腕上的手表一样。引导手拽出所需的绳索，紧接着制动时要迅速返回到基础位置。

下降

下降时，引导手控制Ergo半自锁保护器。将拇指的指腹放在保护器背面，食指放在控制杆下面控制保护器，使控制杆朝上移动，绳索开始滑动下降。下降速度由制动手通过制动绳端控制。

锁定

Ergo半自锁保护器会在入绳和出绳之间的角度大于25° 时进行锁定。如需让绳索再次滑动，制动手要把保护器控制杆推回到基础位置上。

实践小贴士

- 简单易操作，不管是儿童还是专业攀岩选手都可使用。
- 只适用于直接保护。
- 注意：切勿用一只手同时握住绳索的负重端和制动端。

Mega Jul保护器与Jul²保护器

Jul保护器（包括Mega Jul保护器与Jul²保护器）是一种半自动保护装备，与Smart半自锁保护器和Ergo半自锁保护器的操作相同。

Mega Jul保护器可用于双绳和保护站上方结组保护。

基础位置

Mega Jul保护器的手部基础位置和管式保护器一样。

收绳

Mega Jul保护器的收绳类似于管式保护器的收绳操作。

给绳

给绳时，制动手的拇指在Mega Jul保护器前方的保护环中抬起。

下降

下降时，制动手掌控下降速度。

锁定

在入绳和出绳之间的角度大于25° 时，Mega Jul保护器自动锁死。Jul²保护器的锁死角度是大于60° 。这两种保护器都适用于直径在8.4~11mm的绳索。

实践小贴士

- 简单易操作，为高山运动攀登者推荐Mega Jul保护器，为模拟练习攀岩者推荐Jul²保护器。
- 注意：切勿用制动手同时握住绳索的负重端和制动端。

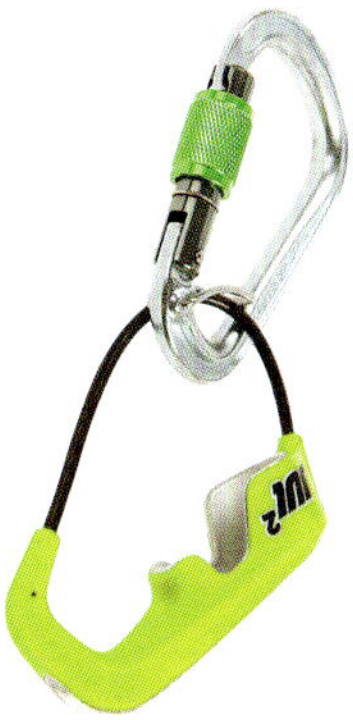

Jul²是一种新式保护装备

左图：Mega Jul保护器与Jul²保护器的基础位置

中图：Mega Jul保护器与Jul²保护器的给绳操作

右图：Mega Jul保护器与Jul²保护器的下降操作

Smart是一种半自锁保护装置，锁定敏感性较低

Smart半自锁保护器

制造商重新设计了专利到期的安茨保护器，利用其自动锁死功能，制造出针对单绳的Smart半自锁保护器。

与其他半自锁保护装置一样，设计师在设计此装置时同样将人体本能抓握反射考虑在内。当你抓握或者按下保护器时，保护器就会产生制动效果。此外，必须用制动手的所有手指控制制动绳，在下降时甚至需要双手控制。

基础位置

Smart半自锁保护器的手部基础位置跟所有管式保护器一样，制动手握住保护器下方的绳子。

收绳

Smart半自锁保护器的收绳操作与管式保护器类似。

给绳

给绳时制动手的拇指在装置的“长鼻”上来回滑动，把“长鼻”抬起来，然后引导手从保护器中拽出绳索。

当制动手稍稍放松制动绳时，就可以实现快速给绳。对于较旧较粗的绳索，还需要用拇指向前推动该装置的“鼻子”操作杆。

下降

下降时，双手抓住保护器下方的制动绳端，上面手的拇指在“长鼻”上来回滑动并解除锁定，同时双手一定要牢牢地控制住保护端。如果对保护器施加的力量太小，或者使用的绳索是老旧绳索，就必须用拇指向前推动该装置的操作杆。

Smart半自锁保护器的手部基础位置与管式保护器一样

给绳时，拇指要抬起保护器的“长鼻”

下降时，抬起保护器的“长鼻”，双手握住制动绳端

锁定

尽管Smart半自锁保护器可以应用到细绳上，但是不能自动锁定。如果制动手没有握住制动绳端，制动绳将会在0.6~0.8 kN的拉力下缓慢滑出保护器。如果在冲坠时制动手放开绳索，可能会导致攀岩伙伴掉落到地面。

实践小贴士

- 简单易操作，该保护装置适合于从新手到攀岩专家的所有人。
- 仅用于身体直接保护。
- 下降时有点费力。
- 注意：必须始终有一只手握在制动绳端。

ClickUp保护器

ClickUp是一种半自锁保护装置，只有当制动手放在保护器下方的绳索上时，它才能安全地锁死。该保护器除使用时比较舒适（和管式保护器一样）外，在冲坠锁定时对制动手的控制力要求也是最小的。因此它在制动和锁死时是不依赖使用者握力的大小的。注意：与不合适的主锁搭配使用时，该保护器会失效（见第48页，实践小贴士）。

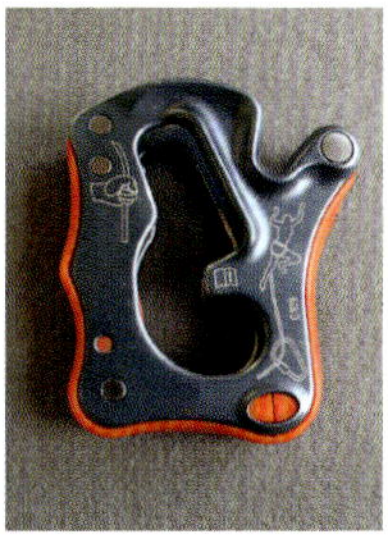

ClickUp保护器

基础位置

ClickUp保护器的手部基础位置与管式保护器一样——制动手握住保护器下方的绳索。

收绳和给绳

收绳和给绳操作也与管式保护器（见第38页）一样。

下降时如果摩擦力太大，就必须朝前拉动保护器

ClickUp保护器的基础位置与管式保护器一样

下降

下降时，用手掌把保护器再次按压到基础位置，然后用制动手控制下降速度。ClickUp保护器在此时很容易操作。

锁定

只有当制动手在制动绳上施加力量时，ClickUp保护器才会锁定。如果松开制动绳，攀登者就会坠落，只有在猛烈冲击下，该保护器才会产生自动锁定效果。

实践小贴士

- 简单易操作，无论是初学者还是专业的攀岩者均可使用。
- 特别适合握力小或者体重轻的人。
- 注意：如果跟一把合适的主锁搭配使用，就可以比较舒适地下降。合适的主锁是具有圆形横截面且直径大于12 mm的H形锁或O形锁。如果使用较细的主锁或者D形主锁，ClickUp保护器就不能锁死，除非冲坠时产生非常大的冲击力触发锁死功能。

错误操作

按照教学法理论，教材是不应该演示错误操作的。但此处将违背这个理论，希望通过“观察错误”去训练攀登者使用保护器的正确操作方法，攀登者尤其要做到第一眼就能识别出错误操作。以下是德国登山协会安全研究调研中收集到的典型高频错误案例，这些错误会导致严重的安全事故。

下降时用手指扭动保护器

注意！ClickUp保护器只能跟H形、O形主锁搭配使用。D形主锁的制动力不够

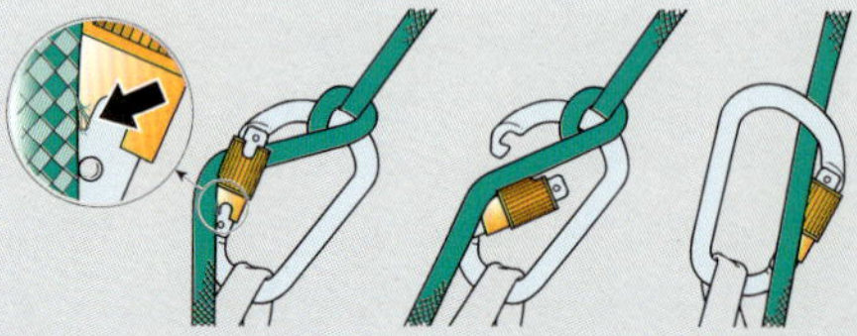

注意：如果意大利半扣在丝扣锁或旋转自锁型主锁的锁门一侧，可能会意外脱出

意大利半扣

就意大利半扣而言，大多数安全事故是由以下两种错误操作造成的。

- 第一种，在下降或保护时，制动绳靠近丝扣锁锁门一侧，可能会意外开启锁定装置，使绳索脱出，保护装置失效。这个错误操作在攀登者使用旋转自锁型主锁或推动旋转型主锁时也经常出现。
- 第二种，是攀登者在收绳时错误控制绳索。在收绳时虽然可以用一只手抓住制动绳端与负重绳端，但如果仅用手指捏住制动绳，控制力会不足，从而造成坠落事故。

管式保护器

使用管式保护器时，通常由下面两个因素造成安全事故，即制动手竖起大拇指且放在了制动装置上方和未能紧握制动绳。

此时一旦发生冲坠，保护器无法产生保护效果。

8字形保护器

使用8字形保护器时，应警惕三种易引起事故的错误操作。

- 第一个错误，8字形保护器不适用于较新、较细的绳索，且制动力很弱，不太支持较大距离的冲坠，甚至有时候会使保护手烧伤，或造成攀登者坠落。

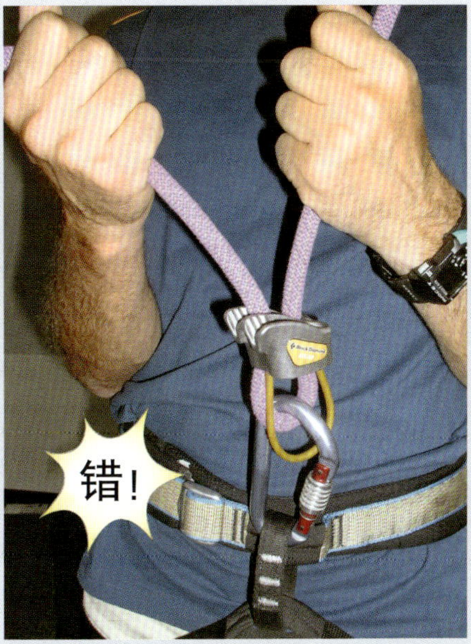

左图：请注意，在单绳结保护下，在抓握时采取钳形抓握比较困难

右图：禁止这种操作！制动手放在管式保护器上方是一个致命错误

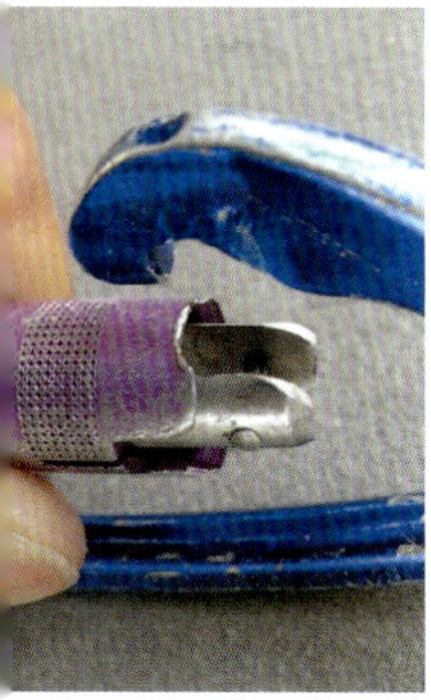

下降时锁扣脱落滑出。幸运的是，攀登者使用了一个普鲁士抓结

- 第二个错误，即制动手的位置错误（制动手放在了保护器上方），因此制动力不足以使冲坠停止。
- 第三个错误，即8字形保护器倾斜并脱出主锁。

GriGri保护器

在使用GriGri保护器时，存在以下四种错误操作。

- 第一个错误，由于初学者没有接受过大量训练，所以操作不熟练，很难做到一只手握住下降杆去撤销自动保护装备的封锁功能，同时另一只手执行制动功能。

这种事故易出现在不熟悉该装置的人身上。

- 第二个错误，使用GriGri保护器最常犯的错误，就是攀岩者在给绳时错误地握住保护器。这个错误就算是经验很丰富的攀岩者也经常犯，因为这是人类自然属性的抓握反射行为。如果在释放绳索的瞬间先攀者发生冲坠，装备就会失去锁定效果。这个操作可导致攀岩者长距离坠落甚至掉落到地。因此，GriGri保护器应按第43页的“Gaswerk方法”操作。
- 第三个错误，把绳索错误地装入保护器中。制动绳端和负重绳端弄反了，无法发挥制动作用。应在攀登前同伴之间互相检查，避免这种粗心操作（见第118页，同伴互检）。
- 第四个错误是最罕见的，即保护装置的自动制动功能失效。如果保护装置上没有强烈的拉力，一条新的细绳可以在没有弹簧阻力和不触发锁定装置的情况下通过保护装置。比如，如果先攀者在中继保护点附近发生直接冲

左图：下降事故机制由复杂的操作和人体生理反射行为构成

右图：禁止这样操作！这是在使用GriGri保护器给绳时常犯的致命错误

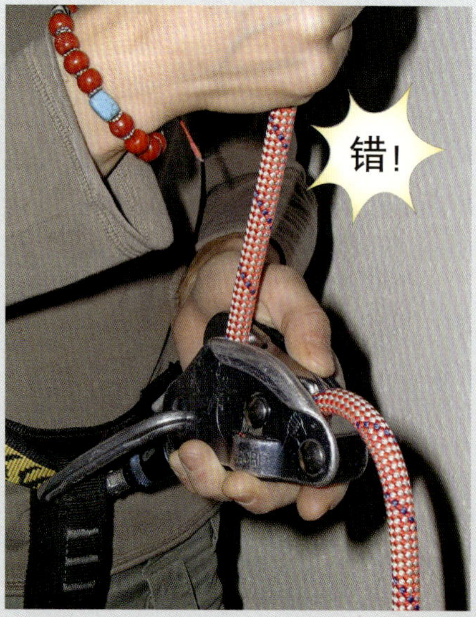

坠，那么无法触发锁定装置。

Ergo、Jul、Smart与ClickUp保护器

在使用这些半自锁保护装置时制动手的位置也很重要。制动手要放在保护器的下面前侧或后侧，千万不能放在保护器的上方。不同保护器的入绳和出绳的夹角也不同（制动绳端和负重绳端）。

使用Ergo半自锁保护器和Jul保护器时，对制动手的位置要求不是非常严格，而ClickUp保护器对制动手的位置要求非常严格。若手法错误，Smart半自锁保护器的制动力很微弱。

Ergo半自锁保护器

当制动绳端和负重绳端在保护器上方时，Ergo半自锁保护器会失效。当把制动绳端反向插进Ergo保护器时，其制动效果将会与普通管式保护器相同。

Mega Jul保护器与Jul²保护器

当制动绳端和负重绳端在保护器上方时，这两种保护器都会失效。当把制动绳端反向插进这两种保护器时，其制动效果与普通管式保护器相同。

Smart半自锁保护器

当制动绳端固定在保护器上方时，Smart半自锁保护器会失效。此外，由于在冲坠时该保护器的制动力较小，因此在较细且光滑的绳索上制动时需要制动手辅助。Smart半自锁保护器只能与合适的H形锁搭配使用，但是购买Smart半自锁保护器时并不会配备H形锁，需要单独购买。把制动绳端反向插进Smart半自锁保护器时，其制动效果与普通管式保护器相同。

错误的穿绳方式会导致GriGri保护器不能封锁

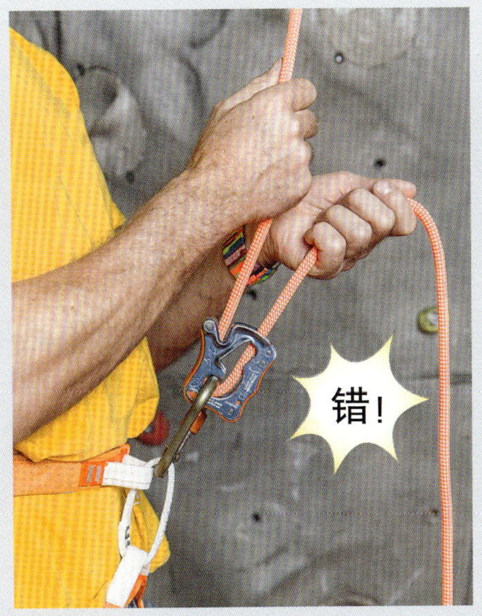

左图：把制动手放到半自锁保护装置的上方位置是非常危险的

右图：把制动绳和负重绳攥在一起，半自锁保护装置将失去保护功能

ClickUp保护器

在使用ClickUp保护器时，我们已经清楚了制动手的错误摆放位置。当入绳和出绳之间的角度小于80°时，ClickUp保护器才会锁死！因此ClickUp保护器最容易受到制动手错误位置的影响。引起事故的原因还可能是，绳索拉动的力量过小不能触发自动锁定功能。

安全训练和冲坠训练

如果你想学会操作一种复杂的新器械，就得多加练习。如果练习任务涉及人身安全的话，就要小心翼翼地逐步练习。保护攀岩搭档的人身安全是一项很复杂的任务，包括给绳、收绳、快速给绳、冲坠停止以及绳降等方面内容。此外还有合适的给绳预留量、路线的正确位置、攀石的正确近地保护操作和冲坠时的动态制动。为了准确地获得这些经验，人们特意设计了安全训练和冲坠训练。这些训练可以在一个可靠的顶点上进行多个级别的分步骤练习。

在高度为10~15 m的垂直岩壁或者小仰角岩壁上的一个可靠固定点上挂一把快挂，将其作为顶点。注意：固定点在冲坠时不能失效，绳索也不能从快挂中脱出。为了防止固定点在冲坠时失效，可以在顶点下面多设立一个副保护点，或者顶点由其上方的固定点进行保护。为了防止绳索意外脱出，可以使用安全锁或者在顶点上再加一把主锁。因为顶点上的摩擦力过大，所以必须在顶点下面设置三四个中继保护点。如果在冲坠训练时，登顶对于你来说不是特别困难，那么路线攀登对你来说也很容易。在冲坠训练时，还应该考虑到保护者和攀岩者的体重差异（见第77页右上图）。

冲坠训练的第一个阶段是“跌落训练”，即攀岩者挂在绳索上，由保护者控制坠落。选择一个动态保护器，保护者一只手抓住靠近保护器的制动绳端，另一只手握住保护器下方1m处的制动绳（预留的给绳），紧接着上面的手松开制动绳，

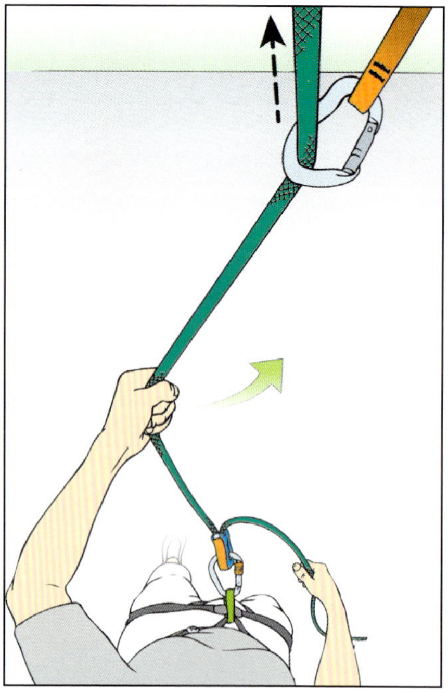

以“传感器技术”进行软保护：保护者的引导手握住负重绳，并在攀岩者冲坠时弯曲手臂

让绳索穿过保护器，直到绳索拉出被后面的制动手控制住。

要注意，在此过程中攀岩绳不能在制动手中滑动，且制动手不应碰到保护器。有同伴进行下方保护时，冲坠模拟中可以允许绳索通过1.5~2.0 m，只有在有同伴进行下方保护的情况下，初学者才可以进行这种冲坠模拟。在冲坠模拟中，使用半自锁保护器的意义不大。

在二级冲坠训练，也就是顶绳冲坠中，攀岩者应在转向点下方的2~3个攀登动作处通知保护者，然后攀岩者向顶点攀爬，但保护者不要继续收紧绳索，而应该使预留给绳垂在保护器前。攀岩者从顶点处坠落，保护者要拉住他。

在三级冲坠训练中，保护者要学习“软保护”技术：在手臂伸展的同时，用引导手侧握负重绳。攀岩者坠落时，保护者要尽量缓冲下坠冲力，同时身体朝坠落方向移动。这一冲坠训练最重要的是，使保护者掌握冲坠时动态抓握的要领。攀岩者要加强对保护者同伴的信任，并注意在训练冲坠时下落距离不要过长。

根据冲坠模拟的经验，在安全训练中，攀岩者可能攀越最高处的一个扣入的挂片，这可能会导致攀岩者在先锋攀登中冲坠。此时攀岩者要自行决定，在攀过了顶点之后还要上攀多远。注意：在对攀岩者进行身体保护时，保护者应保证攀岩者冲坠距离为掉落至最高处挂片距离的4~5倍。

左图：冲坠训练中，攀岩者应从顶点下方冲坠

右图：在冲坠训练中，攀岩者要确定预留给绳的长度，并用阻拦结保证系统安全

为保证安全，保护者应提前在制动绳上系一个阻拦结，以便在紧急情况中，阻拦结会卡在保护器中制动。只有有经验的攀岩者可以进行这种顶点上方的冲坠模拟。必须有控制地进行先锋攀登（特别是保持绳索与身体的相对正确位置，见第60页）。为实现软保护，保护者必须积极主动地移动位置。只有体重较轻的保护者可以采取被动的软保护。在训练中，制动绳也应由第三人提供副保护或用阻拦结（止动结）确保安全。冲坠者在安全训练中不应从岩壁朝外跳，坠落轨迹表明，这会导致冲坠者加速撞向岩壁。正确的做法是，冲坠者直接向下坠落，身体就不会离岩壁过远。

上方保护

为了从上方保护一到两名跟攀者，一般应在固定点或中心点处建立保护系统（见第74页，固定点保护；第78页，位于力三角结构的中心点处的保护方式）。在中心点处进行上方保护可以使用两种保护器，即意大利半扣和上方管式保护器（也称“魔法盘”）。多年来，意大利半扣一直是很常见的保护器，应用于固定点处的先锋攀登保护和上方保护中。此处保

左上图：使用管式保护器对一名跟攀者进行上方保护

左下图：使用梨形锁进行上方保护

右图：冲坠和冲坠制动都需要练习

护器的操作方法与用意大利半扣进行身体保护时的收绳操作一致（见第34页，意大利半扣保护）。

当两名跟攀者使用一条攀岩绳分成的两股同时进行跟攀时，不可以使用梨形锁从上方保护。这时，同时控制两条绳索收绳是很费力的，如果其中一股绳负重，另一股会很难操作。此外，保护者的制动手要始终握着两条制动绳。

一个可行的替代方案是使用上方管式保护器。这种保护器可以在攀岩绳走向分开的情况下使用，即使一股绳承重，攀岩者也可以对另一股进行操作。通过自动锁定系统，攀岩者在上方保护两名跟攀者时可以一次操作一股绳，而不需要始终注意将两条制动绳都紧紧握住。

新式上方管式保护器还可以在保护和绳降时当作普通的管式保护器来用。

当攀岩者在上方保护一名跟攀者时，在攀岩绳受到下方拉力或跟攀者坠落时，上方管式保护器会自动锁定，特别是下方攀岩者悬挂时，用该设备保护会非常省力，即便如此，攀岩者在保护中也必须时时遵循制动手原则。在攀冰运动中，当攀登者使用结冰了的攀岩绳并戴手套进行保护时，使用上方管式保护器比使用意大利

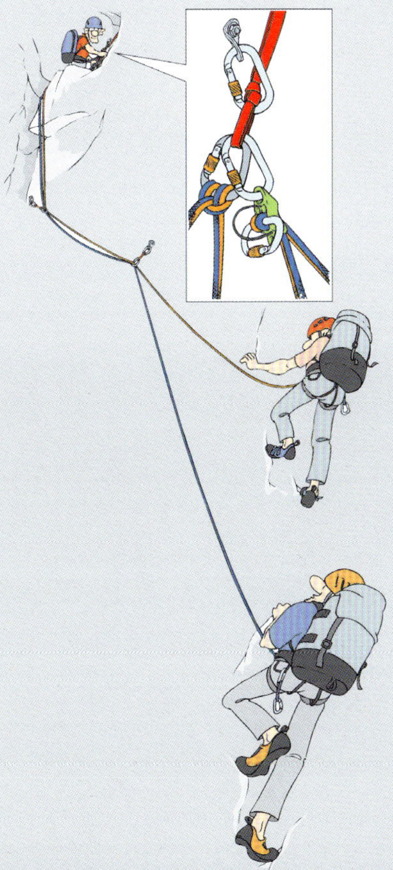

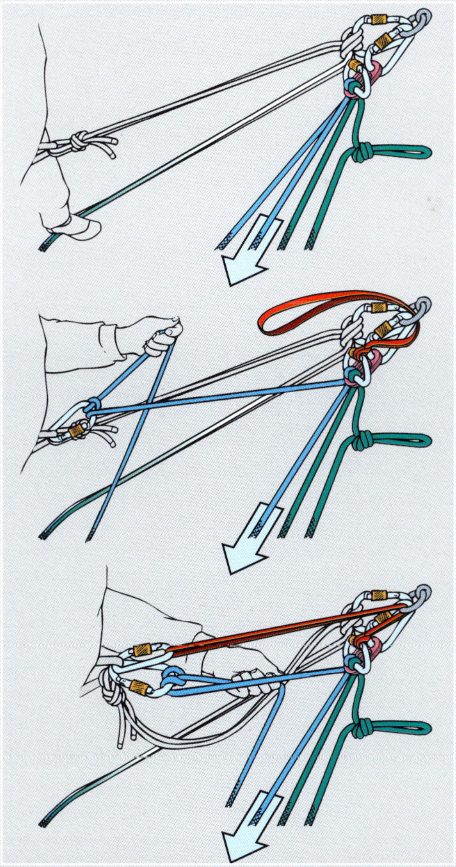

左图：在对两名跟攀者进行保护时，使用上方管式保护器是标准做法

右图：在一名跟攀者使绳承重的情况下，解除自锁，并送另一名跟攀者下降

半扣更有效，这使上方管式保护器在冬季大受欢迎。

上方管式保护器的缺点体现在顶绳保护下降方面。如果一股绳松了，还想实现顶绳保护下降，那么只有打开锁定功能才可以。在受力不大的情况下，保护者也可以用手将锁定式主锁向上拉并放出绳索，从而轻松解决这一问题。

如果跟攀者已经将全部体重挂在攀岩绳上，那么向上拉主锁就会比较困难。在这种情况下，需使用双合结将一条扁带固定在主锁上，并借助自身在顶点处的体重，拉开主锁使其不再受力。此时必须将制动绳分离并放入保护器中，要随时控制下降速度，否则悬挂在绳上的攀岩者就会直接滑到绳尾。

在更现代化的上方管式保护器上，其悬挂装置对面还配有一个小圆环，可以允许上方管式保护器上翻。这样即使受力，保护者也可以比较容易地解除自动锁定从而放下攀岩者。

建议：当对两名跟攀者进行上方保护时，使用上方管式保护器是标准的保护方法。而对一名跟攀者进行上方保护时，选用意大利半扣或是上方管式保护器均可实现保护。

注意：如果在上方管式保护器处，两名跟攀者的攀岩绳移动方向之间的角度大于90°，那么保护器只对移动幅度较大的那条绳索具备锁定功能，而另一条绳索则会滑动。

只有在已经装配上方管式保护器，且跟攀者需要经过横移路段到保护站时，上述情况（保护器只对移动幅度较大的那条绳索具备锁定功能）才会出现。跟攀者在向保护站横移的过程中，攀岩者要遵循制动手原则，即始终将两条绳索握在制动手中。上方管式保护器此时必须通过保护器

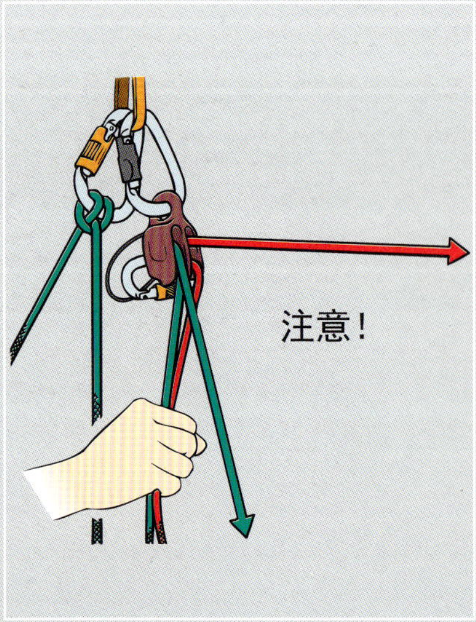

注意！只有在两条绳索的移动方向平行时，才能实现锁定功能

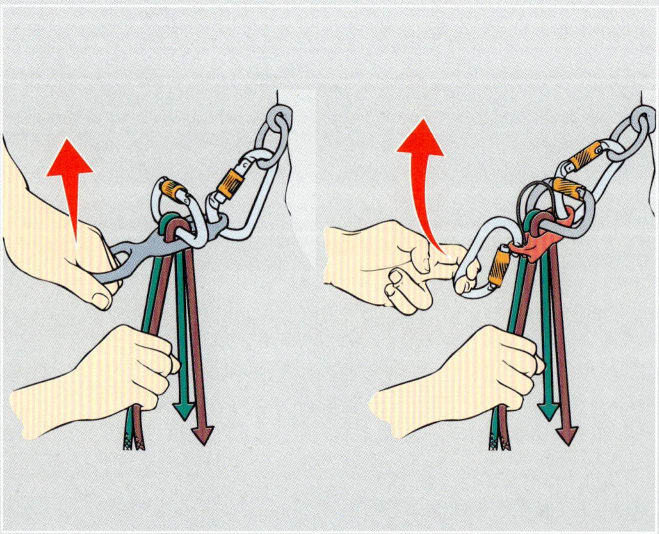

当上方管式保护器受到跟攀者的重力拉紧时，保护器解除锁定的不同上翻方法

下方的两个单结建立备份保护，从而保证两名被保护者在向不同方向坠落时依旧安全。

先锋攀登

先锋攀登体现了攀岩这项运动的最大魅力。顶绳攀登并非公认的攀岩行为，而只是作为个人爱好或训练。只有当攀登者真的“在绳索的最末端”“干净利落地”红点攀登、复攀或看攀完成了一条路线，才可以说真正完成了这条路线的攀爬。这既适用于攀登自然岩壁，也适用于攀冰。但无论是在挂片、岩钉、冰锥、可移动保护装置（如岩塞和机械岩塞）处，还是在沙漏型岩石和柱状岩石保护体处，先锋攀登者都必须了解如何安装和挂入中继保护点，以怎样的方式、在哪里安装最合适，以及如何对此进行安全性评估。

中继保护点

必须根据攀登状况安装中继保护点。相较于先前就已存在重要保护点的路线，那种需要自己安装所有保护点的路线的难度更大，对攀登能力要求更高。攀冰中，在垂直路线上一般是安装冰锥作为保护点，有时攀登者的技术熟练度也对能否成功完成攀登起决定作用。

挂入中继保护点

在已有的固定点处，比如在挂片处挂入中继保护点，攀登者不仅要掌握挂入绳索的技术，还要理解锁门的正确位置、绳索的无缠绕附着以及绳索与身体的相对正确位置的意义。绳索与身体的位置关系中还包括冲坠时的烧绳问题，和绳索走向错误造成的危险。

在送绳降下跟攀者时，使用配有小环的管式保护器，从而使保护器上翻解除锁定

为了实现对跟攀者的备份保护，必须在上方管式保护器下方系保护结

使用机械岩塞构建的中继保护点

挂入攀岩绳也是一项难度较大的任务。不论是使用左手还是右手、锁门是朝左还是朝右，攀登者都必须快速挂入。如果锁门朝向与攀登者相反，则一般使用下页右上图中的方法。如果锁门朝向攀登者，一般要用中指固定住主锁，用拇指和食指将绳索挂入。

攀岩绳应从岩壁按朝向攀登者的方向，从快挂锁中穿出，而不能翻转快挂。如果在快挂处反向挂入攀岩绳，绳索可能在攀登者冲坠时脱出。如果快挂扁带没有被固定在直门锁处且可移动，当攀登者的攀爬方向与直门锁锁门朝向一致时，在绳索摩擦牵引力作用下，快挂直门锁有可能在挂片处翻转，且在攀登者坠落时受力打开锁门或在挂片处别断。虽然这种情况很少发生，但为确保安全，直门锁的锁门朝向必须始终与攀爬方向相反，环形挂片处的锁门朝向岩壁外侧。这一方面可以避免绳索自行脱出，另一方面也会降低锁门意外打开的可能性。在垂直棱角型岩壁上也要避免锁具弯曲受力。根据受力杠杆和锁具类型的不同，主锁的牢固度可能不足以对抗开门状态的影响，从而断裂（见第153页，索道登山锁）。在状况不够好的挂片处，应延长快挂扁带避免主锁弯曲受力。

虽然在需要攀登者身体过度伸展才能够到的位置处挂入绳索，客观上不会增加冲坠距离，但会降低冲坠停止点的位置。由此可能发生攀登者坠落时撞击到地面、烧绳或与保护者同伴相撞的事故。因此挂入齐腰高的位置更合适——当然在这一高度上也要保持身体稳定才可以。攀登者必须考虑清楚，最好选择在稳定且省力的位置挂绳。

在先锋攀登时，安装固定点费时费力

危险！绳索被反向挂入——冲坠时绳索可能脱出

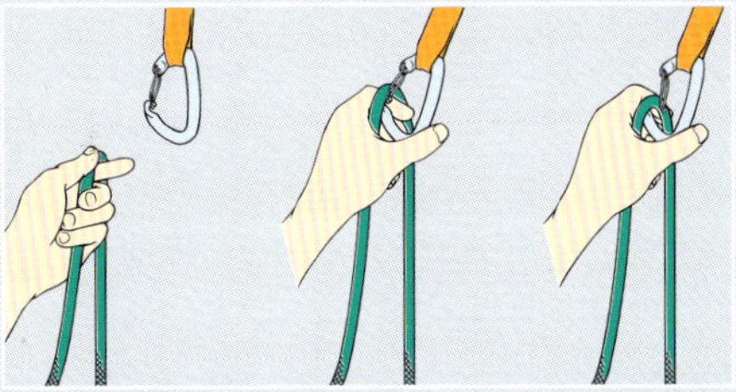

锁门背向攀登者时的挂绳

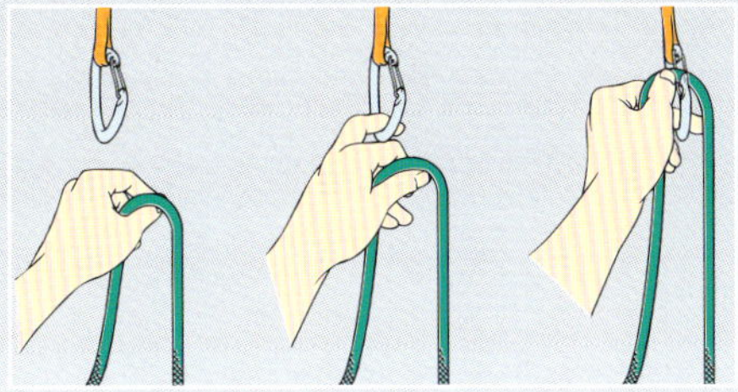

锁门与攀登者相对时的挂绳

将主锁放在有弯曲受力的位置

使用扁带或由凯夫拉（芳纶）材料制作的辅绳来避免主锁弯曲受力

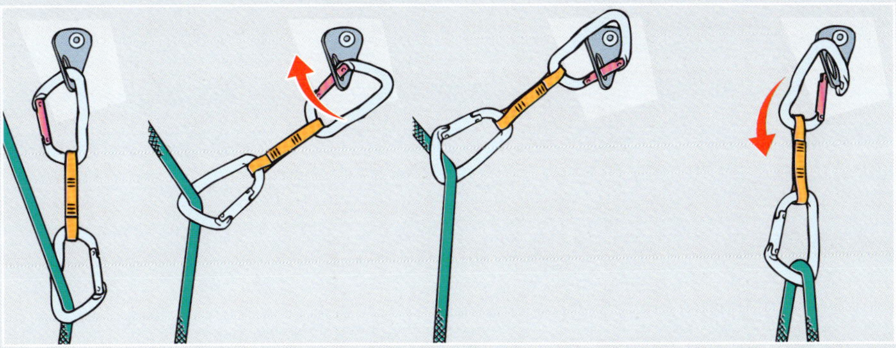

危险！直门锁锁门方向与攀爬方向一致时，主锁可能脱出

先锋攀登中绳索与身体的相对正确位置

如果攀登者的身体位于挂片的正上方，则应使绳索直接从两腿间穿过，如果攀登者位于挂片的侧面，则应使绳索从大腿上或脚背上穿过。否则在坠落时，攀登者的一条腿可能被卷入绳索中，在瞬时冲力的影响下，攀登者会朝后翻滚，且后脑勺可能会撞到岩壁。绳索摩擦不仅使攀岩费力，还可能导致攀登者坠落，此时只有灵活的保护器，比如GriGri保护器才可以发挥作用。硬制动冲坠常常导致攀登者撞击受伤，因此应当采取动态保护。保护的动态程度取决于制动距离，也就是绳索可以通过保护器多长，以及保护者会被向上拉起多高。此时起决定作用的是保护器的“允许通过值”。绳索移动产生的摩擦力都应算到这一“允许通过值”中。因为不利的绳索移动造成的摩擦力，肯定会施加到“允许通过值”中。减少绳索移动时的摩擦力的可行方法有延长中继保护点、使用半绳（见第95页，半绳技术）、尽量少使用过分偏离的中继保护点、略过位置不好的挂片并设置一个中继保护点。

先锋攀登的策略

在先锋攀登中，攀登者要始终注意攀登区域的“冲坠友好度”。在攀登阶梯

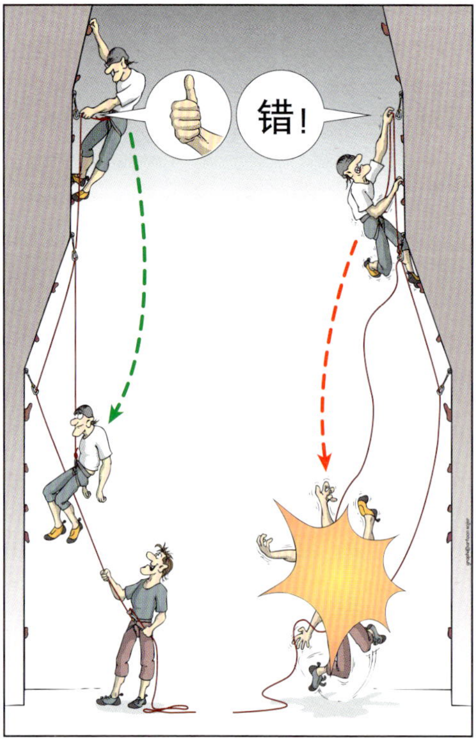

左图：在稳固的位置挂绳——最好在齐腰的位置

右图：危险！使绳索和身体保持正确的相对位置可以避免被卷入绳中或后脑勺撞到岩壁

形岩壁和陡峭的山路时，绝不可以坠落。在脚戴冰爪时，坠落也是一件危险的事，只有在冰壁仰角非常大且保护措施设置密集的情况下，攀登者才不会坠落受伤。在陡峭的自然岩壁上挂入牢固的中继保护点后，就可以在允许冲坠的范围内攀爬并安全坠落。

先锋攀登者必须要计划好绳段内如何安装中继保护点。在运动攀岩路线上，这些问题取决于挂片的数量和位置，而在高山路线或在攀冰中，攀岩者也要携带合适的材料，并了解客观情况——这是一项复杂的策略性挑战，需要攀登者具备充分的经验、勇气和清晰的自我认知。在规划攀登绳段时，攀登者要提前在脑海中设想如何从一个保护点攀到另一个保护点，或是从一个休息点到另一个休息点，并且要在攀登这一段时就想好下一段要采用的攀登技术。攀爬速度、休息位置等都应与攀爬区域的状况和自身能力相适应。

在不允许冲坠的路线上，攀登者必须小心谨慎地对待脆弱的岩点，通过敲击听声音或是晃动它来确认岩点是否稳固。因为攀登者每次移动都有可能导致岩点脱落，所以面对破碎的岩石，要注意其受力方向。在高山上攀登，辨认和安装保护点的技能至关重要。

再好的装备也无法代替经验和能力

凯夫拉辅绳上的双渔人结和高强度尼龙材料上的三重渔人结

设置固定点

在攀登高山自然岩壁和攀冰中，设置固定点很重要。能辨认合适位置并快速安装可靠的中继保护点说明攀岩者的经验丰富。

在沙漏型岩柱上设置固定点

可以用扁带圈和凯夫拉纤维、高强度尼龙材料制成的辅绳穿入沙漏型岩柱。在较细、难以穿绳的沙漏型岩柱处，建议使用强度高且不易撕裂的凯夫拉材料的辅绳。沙漏型岩柱处不应使用双合结，因为双合结会慢慢滑向岩柱最薄弱的位置，此时应将绳索做成单绳圈或双绳圈来构建固定点。双绳圈穿过沙漏型岩柱最合适，只有在岩柱处不允许双绳圈穿过时，才可以用单绳圈。然后，在绳圈的合理位置系结。绳结的选择也很重要，一般选用单结。绳结必须紧，且绳尾要长，绳索材料的横切面要大，从而保证牢固性，不易断裂。

如果使用高强度尼龙材料的辅绳，单结会明显降低其牢固性，因此应系接绳结（见第12页）。如果使用凯夫拉材料和高强度尼龙材料的双股辅绳作绳圈，最好的方法是用双渔人结（凯夫拉材料辅绳）或三重渔人结（高强度尼龙材料辅绳）来连接。

在树上设置固定点

可以用双合结将绳圈绑在树干、树根、树枝和灌木根部，从而避免绳圈滑出。要注意粗壮的树干和树枝以及杠杆原理对树木的作用力。为了避免损伤树皮和过度磨损攀岩绳，不可以直接以树为顶

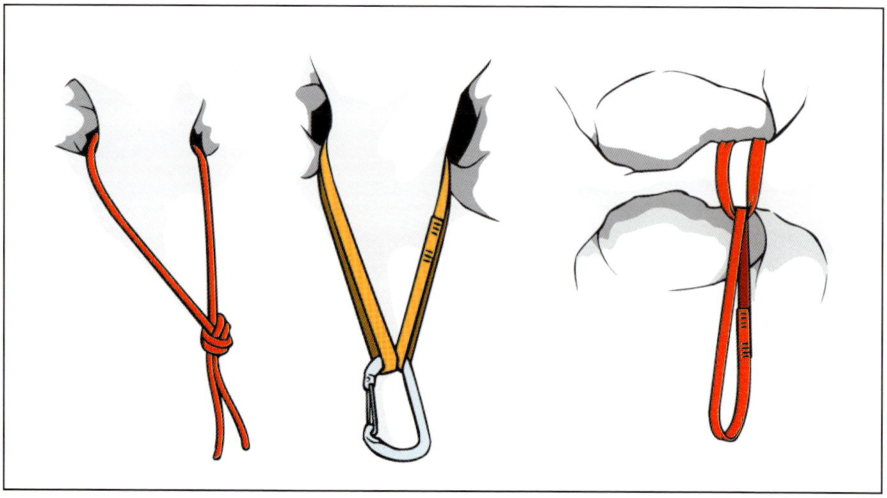

在沙漏型岩柱处穿绳：在其他方式不允许的情况下才可以使用单绳圈，使用扁带圈时应两股穿过，只在特殊情况下才可以使用双合结

点，而应当用双合结绳套固定在树干上，并将攀岩绳穿入主锁中。可以用由高强度尼龙纤维、混纺织料缝制的扁带圈作为主锁绳套，当然也可以使用高强度尼龙纤维、凯夫拉纤维制成的辅绳。

在柱状岩石保护体上设置固定点

在尖状岩石处和柱状岩石保护体上设置固定点时，相较于辅绳，扁带圈能更好地适应岩石棱边的摩擦，且不易滚动。要根据移动方向和岩壁特征，选择长度合适的绳圈。必要时可以将绳圈缠两圈并拉紧，或系一个缩紧结，以避免绳索移动时绳圈掉落。这里最好使用高强度尼龙纤维扁带圈或混纺织物扁带。

机械岩塞

使用机械岩塞（见第168页，岩塞）可以制作出色的保护点。但攀登者必须多加练习，具备使用这种器械的经验，才可以正确使用。

在安装机械岩塞时，要注意以下几点。

- 岩壁状况：机械岩塞的胀裂作用会给岩壁造成1.5~4倍的压力（取决于岩壁角度）。
- 拉动方向：必须把岩塞放置在预期的冲坠方向上。

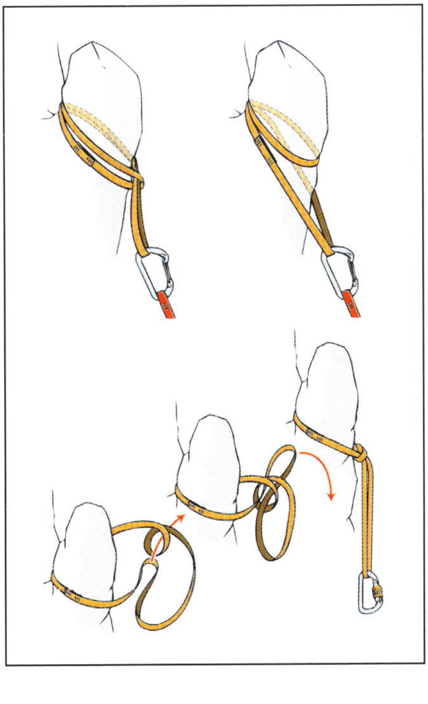

左图：在树上安装固定点时，应使用双合结固定绳圈

右图：为防止柱状岩石保护体上的绳圈脱落，可以使用双合结、套两圈绳圈或使用缩紧结

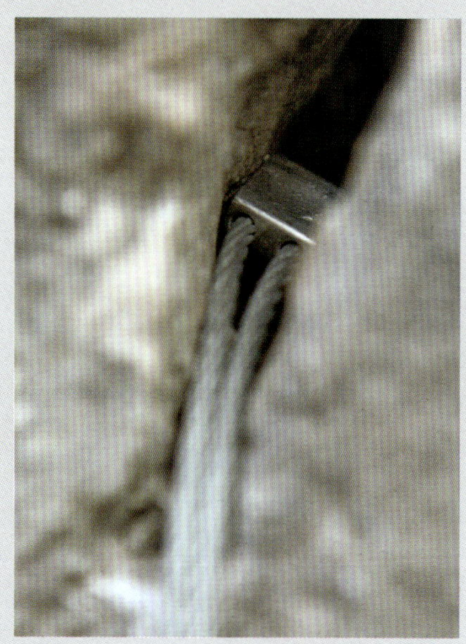

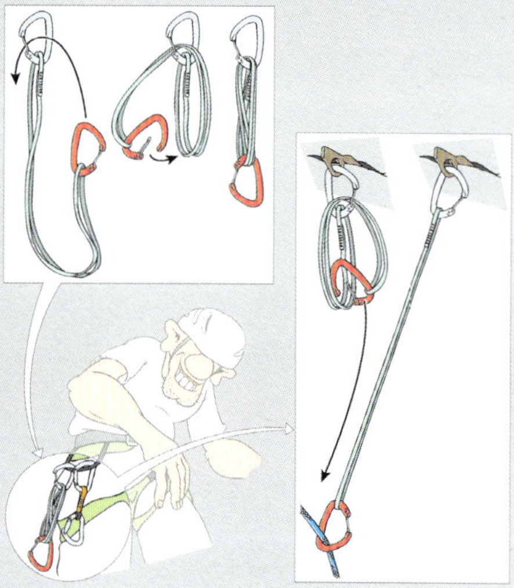

左图：也可以横向插入岩塞

右图：绳索的延长部分可以防止绳索因为承受拉力而脱出

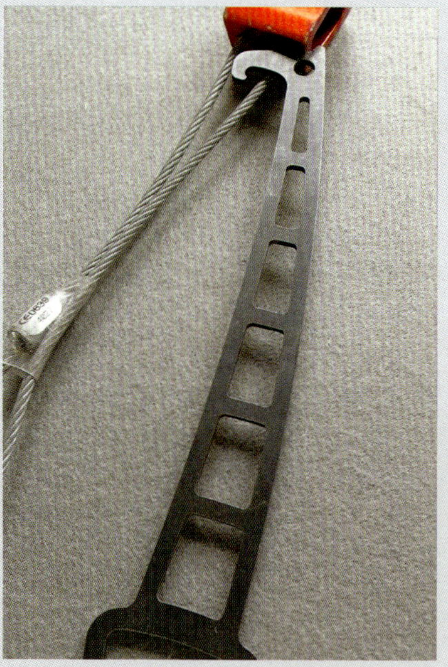

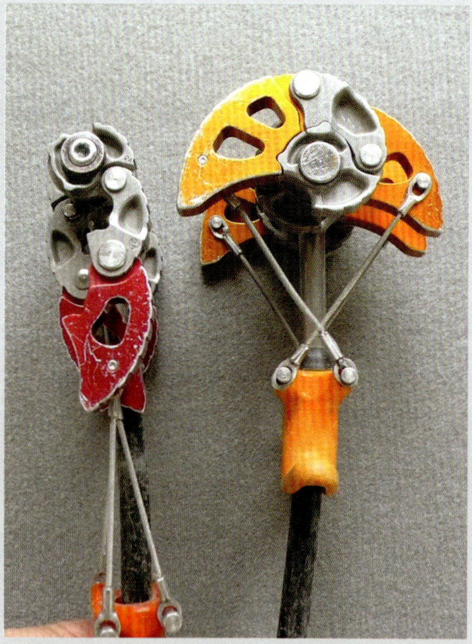

左图：起塞器是拆除岩塞的重要工具

右图：Link-Cam（一种机械岩塞）使用时的宽度适用度最大，但较重且价格较高

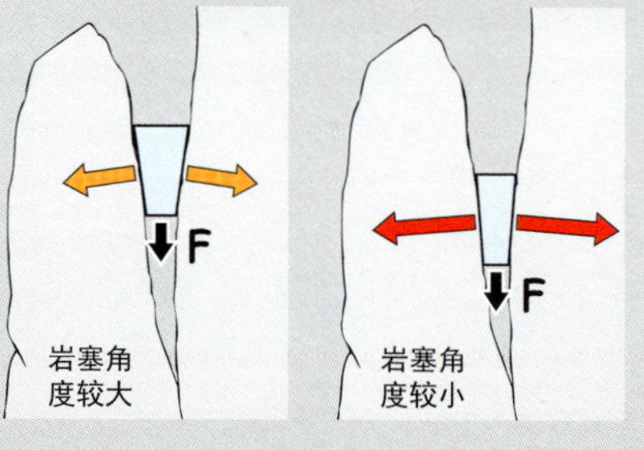

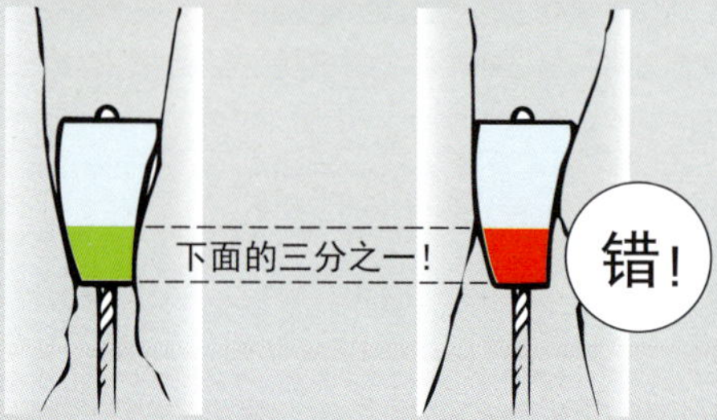

左图：岩塞的胀裂作用取决于岩塞角度，角度越小，胀裂作用越强

右图：岩塞尺寸和位置很重要

- 紧固岩塞：将岩塞设置贴合，岩塞的大小和形状都要符合岩缝状况。不变的规律是岩塞下面的三分之一部分要卡在岩缝中，且要尽量增加岩塞与岩缝相接触的面积。在比较脆弱的岩壁（如砂岩和石灰岩）上，岩壁的粗糙部位和凸起的小岩石可能因岩塞的胀裂作用被压碎，这时岩塞如果受力，就可能脱落。因此在安装时，保证岩塞紧固十分重要。
- 应小心晃动岩塞，使之被稍稍拉紧，从而防止其因绳索移动而脱出。
- 还应通过快挂或扁带圈适当延长岩塞，从而防止岩塞因绳索拉力而从理想的固定位置被拉出去。
- 在解除已安装好的岩塞时，可以使用起塞器，起塞器应由跟攀者携带。

机械岩塞的优点是，即使是两边几乎平行的岩缝，也可以安装机械岩塞，且安装速度极快，但缺点是机械岩塞较贵。机械岩塞的胀裂作用给岩石的压力大约是冲坠时的2倍。目前市面上有三扇凸轮和四扇凸轮式的机械岩塞，上面配有一两个轴和一两个较硬或较灵活的手柄。

此外，凸轮角度和手柄上的杠杆也会对岩塞有影响。凸轮开的角度过大时，机械岩塞有移位的危险，如果机械岩塞承重，可能会脱落，甚至导致凸轮向上翻起失效。而凸轮角度过小，在移除机械岩塞时可能会遇到问题。最理想的是使机械岩塞开成一个恰当的角度。在实际中，相较于单轴机械岩塞，双轴机械岩塞使用时的宽度适应性更大，所以可以更好地提供保障。Link-Cam这类机械岩塞有多轴凸轮，使用时的宽度最大，但价格高昂。因为，在横向岩缝中使用时会对杠杆产生压力，所以手柄较硬的机械岩塞已经过时。目前使用较广的是手柄灵活的机械岩塞。

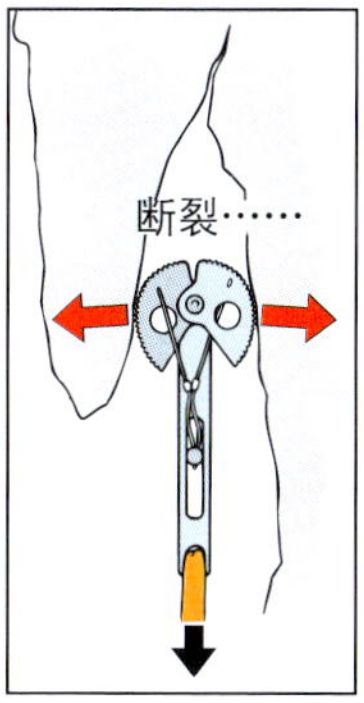

因为机械岩塞有着2倍的胀裂作用，攀登者需要注意岩石的牢固程度

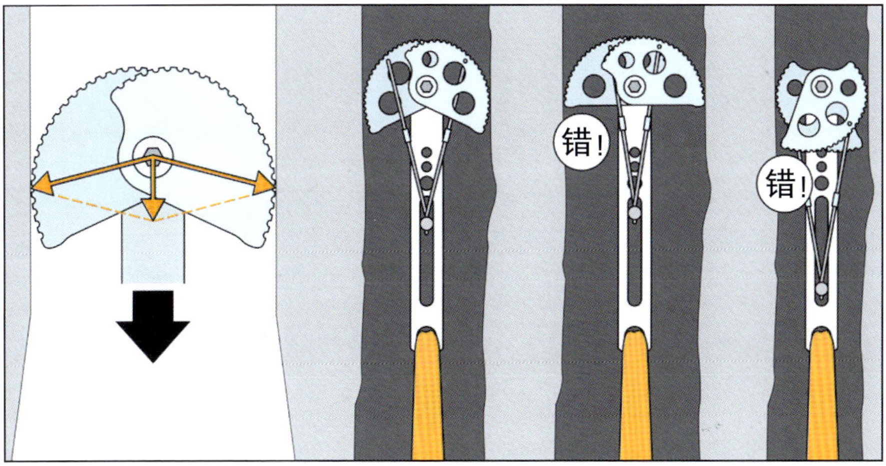

根据“曲柄杠杆原则”，机械岩塞可以在两边平行的岩缝中使用——但要注意使之开到恰当的角度

机械岩塞不应在岩缝中设置过深，否则跟攀者很难将之卸除。可以使用带有钩子的起塞器卸除这些向里移动了的机械岩塞。

以绳结为固定点

在德国易北河边的砂岩山体上，攀岩者通常以绳结来代替岩塞为固定点。那里的砂岩非常脆弱，以至于岩塞和机械岩塞在承重时会损伤岩壁，因而不允许使用。以绳结为固定点可以很好地适应岩石表面的状况，并且不会在承重时损伤岩壁。通常要将多条直径不同的带护套的辅绳系8字结，并像岩塞一样放置到逐渐收窄的岩缝中。8字结可以在承重时收紧而增加自身的直径，从而更好地卡在岩缝中。针对形状和宽度不同的岩缝，也可以使用扁带圈或单股辅绳。如果要将固定点绳结放置到较深的岩缝中，或者要去除绳结，可以使用刀具。安装可靠的绳结作为固定点需要攀岩者有丰富的经验，因为攀岩者攀登到相应位置后，经常需要用一只手安装绳结。

岩钉

当前在高海拔、大岩壁攀岩中，岩钉使用得很少，相较于岩塞和机械岩塞，岩钉的安装更费力，且难以估计已有岩钉的牢固度，并且难以去除也是岩钉的缺点。因此当前在高山路线上复攀或探险时，攀岩者会更倾向于可移动式保护器械，但在无法使用挂片或可移动式保护器械以及要保留下降固定点（设立绳降保护站、在封闭式或是较细小的岩缝，以及破碎的岩石处）的位置，适合使用岩钉。在安装岩钉时，要注意岩钉的形状、型号以及安装深度。在石灰岩和白云岩岩壁上，更应使用软钢岩钉（见第170页，岩钉）。软钢可以更好地安装进形状不同的岩缝中。安装深度应为岩钉长度的三分之一左右，露在外面的三分之二可以被攀岩者利用。

在花岗岩和硬质母岩上，应使用硬钢岩钉。这时安装深度应在岩钉的三分之二左右，也就是说，可供使用的部分为岩钉的三分之一。在花岗岩上的垂直裂缝处，岩钉通常可以卡在里面。这里也可以使用V形岩钉或箭形岩钉。在锤击岩钉时，要时刻注意其发出的声音。不论是软钢岩钉还是硬钢岩钉，在被打进岩壁的过程中应该可以“歌唱”，也就是说，随着其被打进得越深，发出的声调也应越高，这就像乐器，敲打的发声部位越小，声调越高。攀岩者还可以从声音中听出岩钉设置质量。只有通过“检查”并敲打听音，攀岩者才能感受到已有岩钉的设置状况。声音低沉则说明，岩钉或岩壁不够牢固。

在去除岩钉时，应顺着岩缝方向来回交替敲打，直到其松动，最后可以用锤子的扁头将岩钉撬下来。如果攀岩者必须去除多个岩钉（技术型大岩壁），建议使用“钢丝绳”，这是一种钢丝线圈，攀岩者可以借助它来卸除岩钉。

左图：过时的硬手柄“Friend”机械岩塞和现代的手柄灵活的“Camalot”机械岩塞

右图：使用“钢丝绳”可以卸除标准岩塞

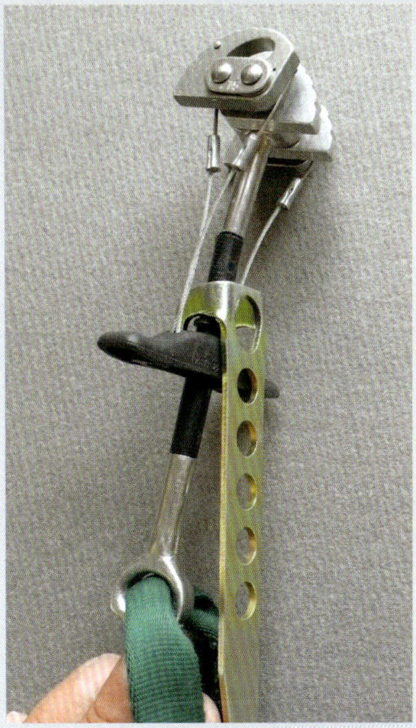

左图：如果岩塞移动到了岩缝过深的位置，可以使用带钩子的起塞器

右图：不可以信任已有的岩钉器械

安装良好的绳结作为固定点足以对抗冲坠

三个硬钢挂片：V形岩钉、箭形岩钉和片状岩钉

挂片

使用挂片，会提升攀岩运动的安全性。许多现有的挂片类型和形状对攀登而言毫无用处，甚至有些危险。本书后文描述了不同挂片的背景信息、挂片使用的规范以及使用旧的、不规范的挂片会造成的危害。这里简要介绍两种值得推荐的挂片设备：膨胀螺栓挂片和粘接挂片。

膨胀螺栓挂片

膨胀螺栓挂片是使用最广泛的挂片。这类挂片成本低，易安装，强度高。

在岩壁上，用锤子敲击目标位置，检查是否有空洞或细小裂缝，应避免在上述位置上放置膨胀螺栓挂片。只有挂片设置得好，其使用时间才能与其插入的岩壁一样持久。非常重要的是螺栓的位置要符合岩石形状，长度要达到15 cm，距离岩石边缘有适当距离，因为螺栓靠近边缘或裂缝时，更容易脱离。由于螺栓的膨胀效果，脆弱的岩石可能会爆裂。因为爆裂效果发生在岩壁表面，所以太短的螺栓会增加危险性。

应该注意挂在挂片上的锁与岩壁之间的距离。应有足够的空间放置螺栓和

小心地锤入螺栓，以免损坏螺纹

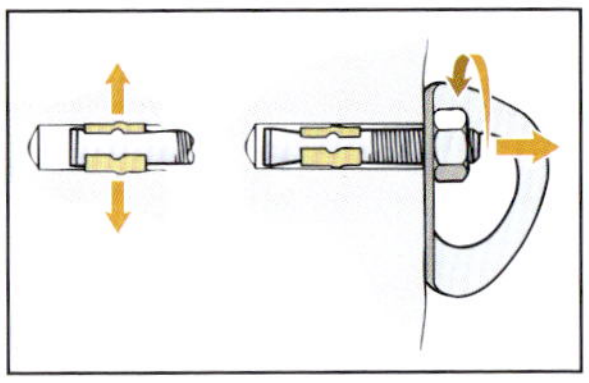

拧紧螺母，螺栓胀开

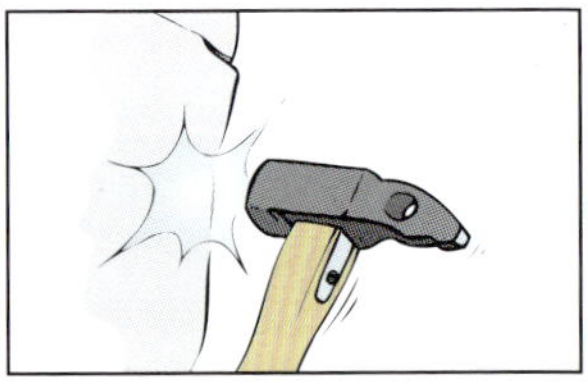

在钻孔之前，应该敲击岩石，确认是否稳固

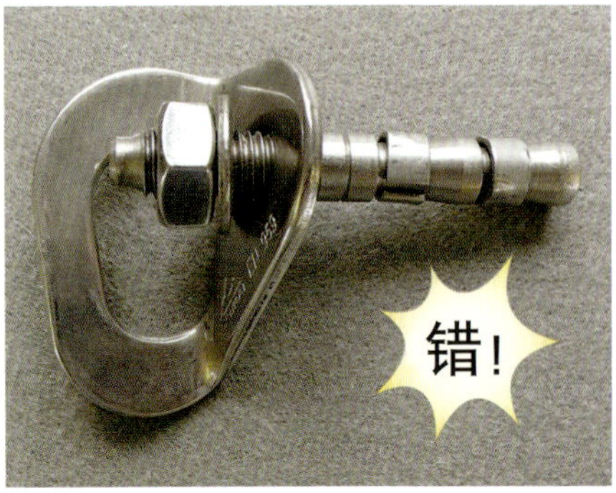

左图：正确放置的膨胀螺栓

右图：螺栓长度过短，不符合标准

锁具，使锁具在岩壁上不被压弯受力，并垂直于岩壁表面钻孔。

膨胀螺栓的钻孔要钻得足够深，理想的钻孔深度是能将整个螺钉嵌入其中。首先，放入螺钉前，应该将钻孔中的碎屑推入钻孔内部；其次，需要的话（例如定位错误、膨胀失效时），可以把整个螺钉打入钻孔中且不在岩石表面留出一截。一旦插入膨胀螺栓，再拉出膨胀螺栓就会破坏周围的岩壁。

钻孔直径必须符合膨胀螺栓的制造标准，通常用到的尺寸为直径10 mm或12 mm。标记着M10的挂片用直径10 mm的钻头打孔，标记着M12的挂片用直径12 mm的钻头打孔。此外，钻头不应在钻孔中来回移动（不超过三次）。许多人认为：经常移动可以更好地使钻孔产生的碎屑削出。实际上，过度移动会使钻孔太宽，从而让膨胀螺栓失去膨胀效果。

膨胀螺栓是通过螺母和螺钉共同作用卡在钻孔中。锤子倾斜锤在螺母上，会损坏螺纹使其不再紧固。同时，螺母不应拧得太松，以免用锤子击打时损坏突出的螺纹，应该稍稍拧紧螺母，只余留1~3 mm长的螺纹，然后用锤子小心地将螺钉推入孔中。

为了减小向内放置螺母时的阻力，建议在放置膨胀螺栓之前清理钻孔，可以使用塑料管、鼓风机、圆刷。在所有挂片设置中，钻孔清理只在设置粘接挂片时有用。原则上，所有的机械挂片都不需要钻孔清洁，清洁仅有利于放置、拧紧螺栓。

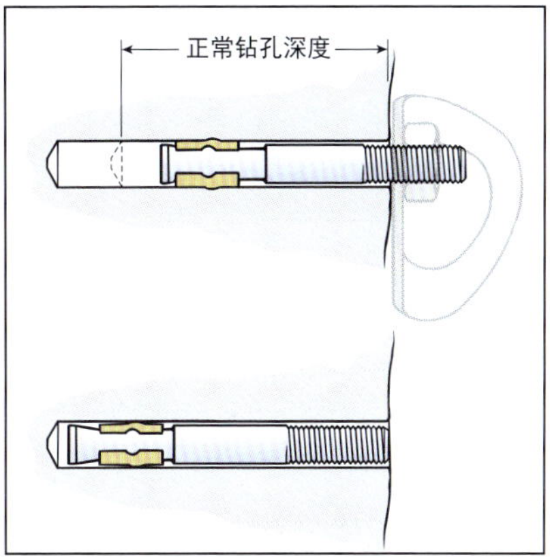

钻孔深度最好与螺栓总长度相对应

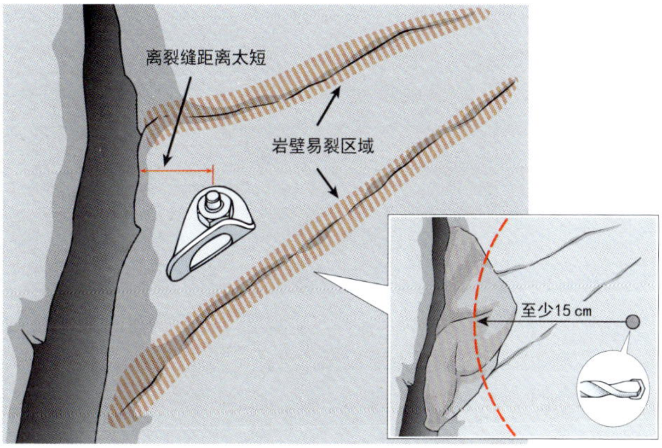

应与岩壁边缘保持至少15 cm的距离

在岩壁上，推动螺钉直至卡住挂片，然后通过拧紧螺母来达到膨胀效果。转动螺母时，将螺钉从钻孔中移出一段距离，膨胀环及其凸起部分卡在钻孔壁上，并将螺钉拧紧来达到膨胀效果。注意，由于膨胀环已经拉过锥体，进一步拧紧螺母会导致材料过度拉伸和破损！因此，制造商规定了螺钉安装的最大扭矩。根据钢合金材质和直径的大小，扭矩在20~60 Nm。直径为10 mm的螺钉应拧紧约30 Nm，直径为12 mm的螺钉应拧紧约50 Nm。

安装挂片时，最佳选择是使用扭矩扳手。尤其在建立先锋攀登路线时，因为初学者一般不会携带重型扭矩扳手，所以要更加认真负责地安装挂片。如果不使用扭矩扳手，而是使用短开口扳手（20 cm）拧紧螺母，应拧紧后再适当松开一点！

拧紧螺母时能感受到明显的阻力，如果感觉不到阻力，可能是膨胀环没被拉过锥体。如果钻孔过大或者钻入了过软的岩石或黏土区域，螺钉会随之旋转，或者螺钉从钻孔中向外移动，没有压住膨胀环向锥体上移动。在轴向稳定性不足的情况下，最好钻得深一些，以便直接将膨胀螺栓插入岩石中。当螺母位于螺纹末端时，应小心。安装时会发现，随着安装阻力突然增加，膨胀螺栓会突然锁死。该装配出现误差的标志是螺纹比螺母突出许多。

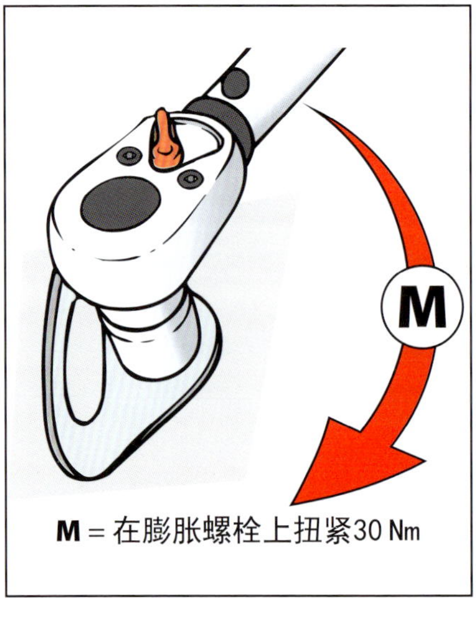

左图：应使用扭矩扳手拧紧膨胀螺栓

右图：膨胀螺栓故障的标志是螺纹突出太多

粘接挂片

粘接挂片包括经典的粘接式挂片和燕尾形挂片，它们都是用粘合剂混合固定。粘接挂片是所有挂片中强度最高的，也是最容易出故障的。因此，在固化后进行最后的强度测试时，攀岩者一定要经过培训才可进行。设置粘接挂片时，通常用筒式粘接剂或玻璃化学锚栓筒加固。尽管在使用合适的水泥时，强度达标，但是使用普通混凝土或速凝水泥不利于挂片的标准化加固。

除了正确加工粘接剂和选择合适的挂片形状之外，清洁钻孔、钻孔深度和直径对粘接挂片的强度非常重要。这些操作非常复杂，因此有必要学习设置粘接挂片相关的课程或安装说明。

在固化后，检查每个安装好的粘接挂片。如果无法确定挂片是否牢固，可以轻轻扭动检查，在挂片上连接一把主锁，先尝试图用手去转动它。如果挂片松开了，表明挂片不够牢固，如果挂片没有松开，则表明挂片足够牢固，复合粘接剂只有固化或不固化的状态，不存在半固化的情况。

吹净钻孔，除去钻孔内的碎屑

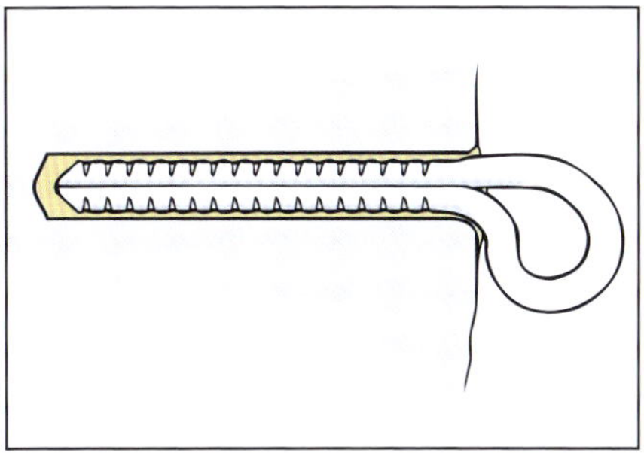

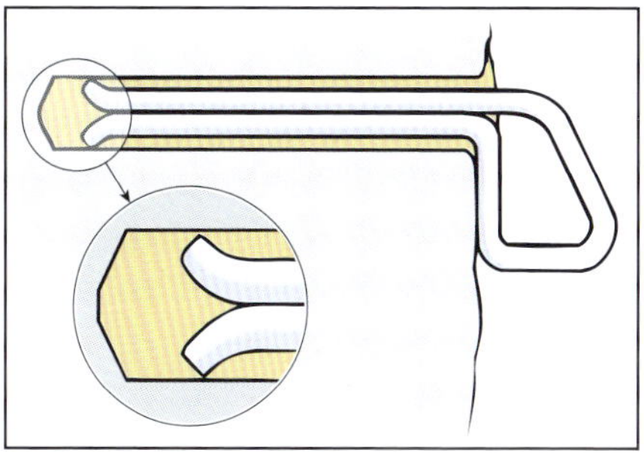

左图：带有螺纹的粘接挂片有利于砂浆和挂片之间的咬合

右图：燕尾形挂片

左图：一个安装好的粘接挂片

右图：用圆刷清洁钻孔

扭转测试一下，看看粘接挂片是否紧嵌入岩石内

冰锥

近年来，冰锥的质量得到了极大的提高。冰锥在水冰和冰川冰中的强度与螺栓相似。以正角度或较小的仰角角度，用手拧入冰锥。由于冰锥具有特殊磨削的表面、尖锐的磨齿，所以其螺纹阻力小，能快速咬合冰面。攀登者优选带有集成曲柄的冰锥以便在攀爬位置处快速拧入。

如果想安装一根冰锥，需要寻找一个由固体冰形成的、没有空气或雪等杂质的凹槽。应刨去所有融化的冰，特别是在冰川冰和冰翼区域。安装冰锥时，伸展手臂握住第一把打入冰面的冰镐，然后将第二把冰镐打在拧紧冰锥的手的上方，以防止在拧入冰锥时被其妨碍。

冰锥最好放置在攀登者臀部到胸部这一范围的高度，在安装时施加压力，直到它“咬住”冰面。在头部或高于头部的位置安装冰锥非常消耗体力。如果攀登者没有足够的力气拧入螺栓，需要安装的冰锥又是备用安全设施时，可以将自己悬挂在主保护器上拧入。最好用主锁或者挂片将自己悬挂在冰锥下方，在那里可以用绳索或自我保护扁带来固定，这样就可以休息并同时连接中继保护点。如果用攀登工

放置冰锥时，应该注意上方伸长的手臂和第二把冰镐很好地固定在手边

禁止在冰面上冲坠。紧急情况下，可以挂在打好的冰镐上

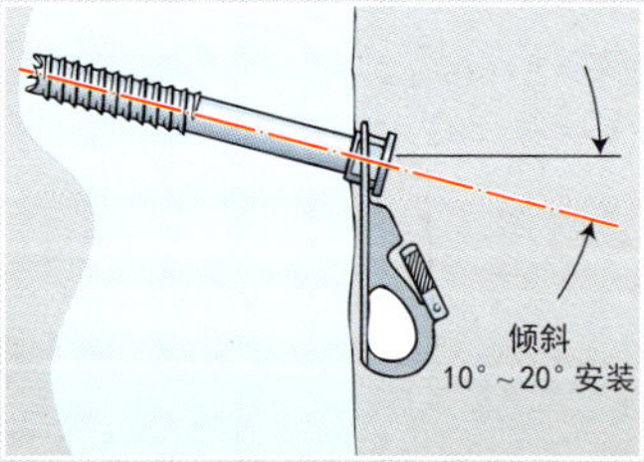

以倾斜角度安装冰锥，来发挥冰的最大强度

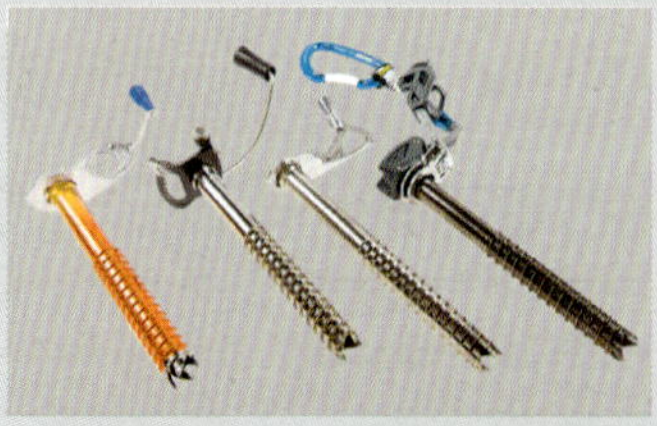

好用的冰锥具有曲柄和打磨光滑的表面

具上的绳索固定自己，应该只使用两根半绳中的一根。在安装好冰锥后，可以将另一根绳索连接到冰锥上。因为脚上的冰爪和冰镐上的利刃容易伤到自己，攀登者必须避免在冰上冲坠。

戴手套会减弱手指的触感。攀登者单手安装冰锥时，必须完成所有安装步骤。冰锥和快挂应分别放在安全带上，或在所谓的“冰锥挂环”中，根据冰锥长度分类摆放。如此，可以从安全带上快速取下想要的冰锥，并将其固定在冰上。

冰洞

由于冰面上的狭窄孔洞对溶解效应不敏感，可以设置理想的保护点，但是其强度低于冰锥。在冰面上绳降时或在顶绳攀登的顶点处，冰洞可作为有利支点（见第100页，用于攀冰的顶环；第108页，在冰上设置绳降保护站），设置冰面上的冰洞时，选用的冰锥长度必须在18 cm以上。清除表面上开始融化的不稳定冰后，尽可能按60° 角将第一根冰锥拧入冰中，再将冰锥转出一半的长度。随后，以60° 角将相同长度的第二根冰锥拧入距离第一根冰锥约5 cm的位置。已

左图：腰带上设备摆放整齐，有利于安装中继保护点

右图：根据长度，将冰螺钉整齐摆放在腰带上

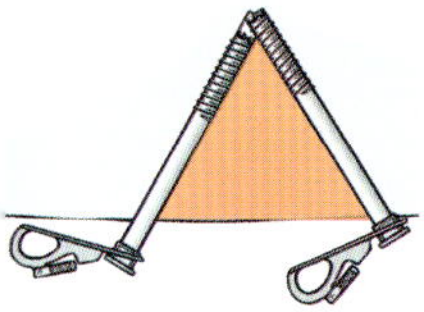

冰洞角度和横跨面积决定其强度

经插入冰层并固定的第一根冰锥用于“定位”，当转动第二根冰锥时，可以取下第一根冰锥。

观察冰锥构成的孔，可以判断第二根冰锥与第一根冰锥钻孔的通道是否相通和相通的地方。应该使通道尽可能远地相通，用绳套或辅绳穿入其中一个通道中，并用冰洞钩将绳索从另一个通道穿出。沿绳下降的位置或位于顶绳攀登顶点顶部处，两个固定点中的一个已准备就绪（见第100页，用于攀冰的顶环）。沿绳下降时，绳索也可以直接穿入这个冰洞。

保护方法

三种保护方法各有不同：固定点保护、直接保护、通过三角形受力或在固定点之间寻找支点的中心点保护。直接保护还可以分为主动保护和被动保护。“保护站设置”（见第80页）中将详细介绍以上的三种保护方法。

固定点保护

可以直接在固定点上设置保护中心点（见第81页），中心点可以是带锁定装置的主锁、绳环或扁带。如果以带锁定装置的主锁作为中心点，应注意将保护器放置在受力绳索上。尽管减小作用在保护站上的力，虽然在横向负荷下保护器一般不会断裂，但仍要注意正确放置保护器。

因为任何方向的冲坠都可以直接作用到固定点上，所以固定点保护只有在稳

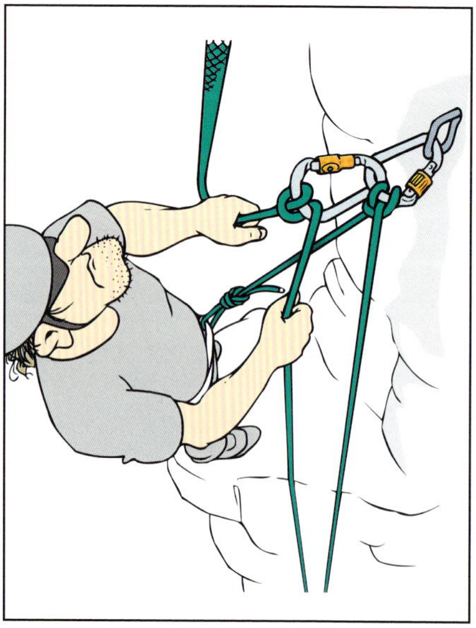

左图：在冻实的冰中打入的沙漏型结构可以承载13 kN的力量

右图：在粘接式挂片上进行固定点保护

固的固定点上才能发挥作用。对于不确定是否稳固的固定点，攀岩者有必要通过受力结构来设置和加固保护。在不稳固的固定点上，放置至少两个向下受力副保护塞子，以及一个向上能够承担保护者体重的塞子。

固定点保护的优点在于保护者不是安全系统的一部分，不会受拉力的影响，因此保护者能专注于控制制动绳。保护器中绳索滑动的距离形成制动距离。与其他安全保护方法相比，固定点保护中的制动距离最短，因此攀岩者坠落的距离最短，在岩壁碰撞的风险最低。通常，如果固定点保护设施没有过多的预留绳索，总的坠落高度约为预计坠落高度的3倍。固定点保护的缺点是制动距离短，如果绳索未收紧，攀岩者坠落时撞击岩壁的力度更大。

有趣的是，经过计算和实际测量可以确定：使用固定点保护设施时，中继保护点承载的负荷低于直接保护中的被动直接保护。这是因为在被动直接保护中必须克服保护者的惯性。由此产生的中间保护装置的峰值力相当于使用动态保护器（例如意大利半扣或XP管式保护器）所产生的峰值力。换句话说，被动保护中重量约72 kg的保护者的惯性，大致相当于具有平均力（约250 N）的人进行固定点保护时，穿过意大利半扣或XP管式保护器的绳索处测的值。

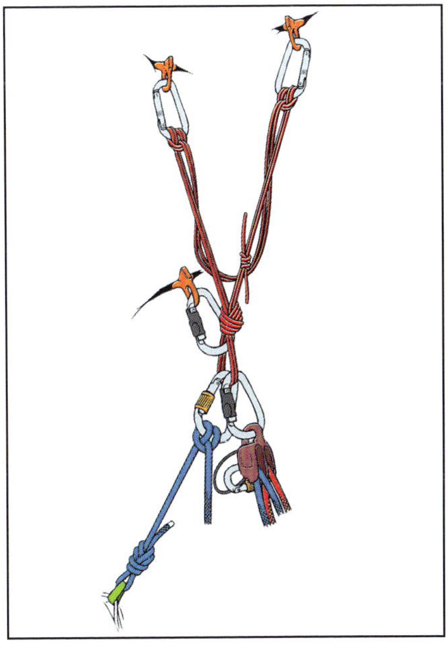

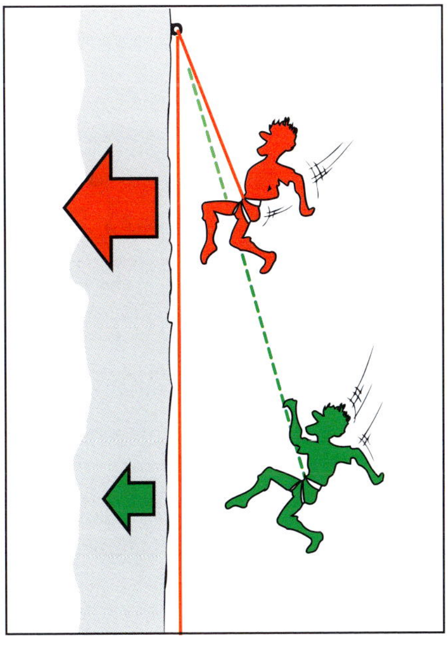

左图：对于问题固定点，可以用章鱼式保护系统固定，构建固定点保护设施

右图：短距离制动=强烈碰撞；长距离制动=较轻的碰撞

直接保护

直接保护可分为主动直接保护和被动直接保护。注意，在冲坠中，主动直接保护会给攀岩者一定的缓冲，产生良好的效果。保护者位于预先准备的位置并向前跳跃、走动，减小惯性对保护者的影响，明显降低安全系统中的力。此外，保护者可以将制动绳放入保护器中。测量发现，这种方式可以将受力减小到2~3.5 kN。

进行被动直接保护时，保护者在悬挂状态下不能主动移动，或者看不到攀岩者，不能预判冲坠，因此保护者总是处于被动状态，不能针对冲坠做出积极反应。被动保护时，总的冲坠高度大约是预测冲坠高度的4倍。而通过积极保护，这个值可以增加到5倍。进行被动直接保护时，保护者的动作难度很大，会在攀岩者冲坠时瞬间被拉上去，或者绳索被收紧，导致制动距离显著缩短，这时保护者的受力强度等同于在固定点进行静态保护时的受力强度，所以只能在“紧急情况”下采取这种保护方式。

被动直接保护、主动直接保护

实施直接保护，必须满足以下条件。

- 冲坠过程中，保护者身体会突然加速，所以必须具备实施直接保护的经验。
- 考虑到需要在不同情况下保证安全，攀岩者与保护者之间的重量差不应超过保护者体重的1.1~1.2倍。
- 为了避免攀岩者受到过大的冲坠冲击，保护者的体重不能比攀岩者的体重高出太多。
- 冲坠必须始终在保护站上方，必须避免在出保护站后第一把快挂冲坠（冲坠系数2）和侧向冲坠。
- 为了避免保护者与岩壁突出部分、发生冲坠的攀岩者、岩壁上第一个中继保护点碰撞，保护者上方必须留有足够的空间。
- 在保护器锁定制动绳，保护者撞向岩壁前，需留有足够距离（1.5 m），保护者做自我保护来保证与上方有足够的制动距离。
- 此外，不应出现过大的冲坠系数，否则会产生过高的冲击力。

直接保护的优点：首先，冲坠结束时，攀岩者以软冲坠的方式落在岩壁上，较长的制动距离降低攀岩者对岩壁的冲击强度。其次，保护者可以很好地操作身上的保护器，预留绳索量要少于其他保护方法所需的预留绳索量。处理绳索比较方便，保护者可以借助自身体重，帮助

“只为硬汉”——在紧急情况下缩短绳索

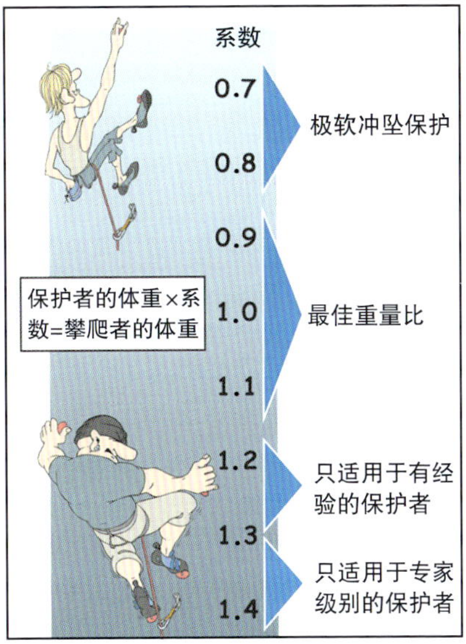

攀岩者和保护者之间的重量比，影响保护效果

固定点保护

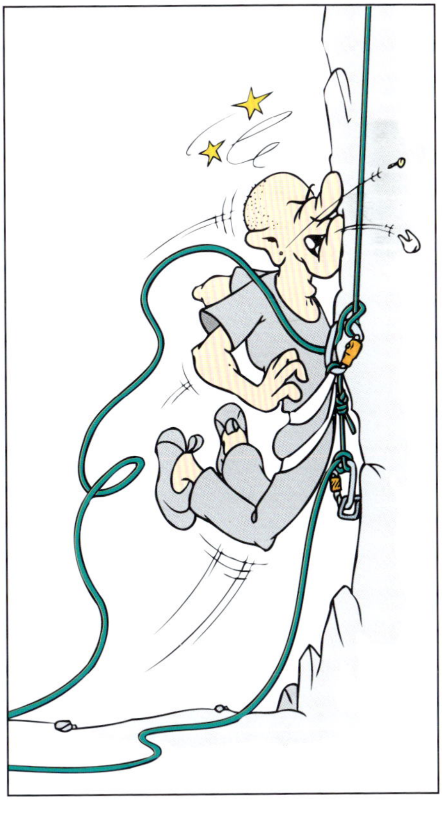

直接保护中，自我保护距离过短，会导致糟糕的后果

攀岩者休息，并在运动攀登的难点位置上给予有力支持。

如果保护者是安全系统中的一部分，也会有危险。在攀岩者坠落的过程中，保护者会被向上拉扯并导致更长的制动距离和冲坠距离。为了能在攀岩者受伤时实施救援，保护者必须掌握保护技术，即在保护站上，让自己脱身于保护系统之外。

总而言之，在有牢固固定点（挂片）和有限的坠落距离的路线上，只有经验丰富的攀岩者才能进行直接保护。在单一路线和攀岩馆进行运动攀登时，假设攀岩者和保护者的体重略有不同，直接保护是标准的保护方法。在山区多绳距结组路线和攀冰中，应考虑是否满足直接保护所需的必要条件。

位于力三角结构的中心点处的保护方式

这种保护方式是直接保护和固定点保护的混合体。其中心点既不在保护者身体上，也不直接在某个固定点上。理想情况下，应将中心点（主锁或扁带）向上拉，来观察冲坠时“两点向下，一点与身体向上”的规则。冲坠时，如果不能设置这样的保护站，那么仅靠保护者的体重作为“配重”来抵消冲坠的作用，保护者会受到撞击。撞击力度越大，保护站就应设置得越高。

在对抗向上的力量时，中心点在受力结构上被加固，此时，某种程度上，这种保护方式被看作固定点保护。

左图：攀岩者做直接保护时，要注意自我保护，并在岩壁上设置第一把快挂

右图：在力三角结构的中心点处的保护设施，绳索不用向上紧绷

这种保护方法的缺点：第一，由于自我保护器较短，保护者的制动距离短，在没有锚具的情况下，通过力三角结构的中心点进行保护时，如果保护站上受力过多，保护者不仅会撞到岩壁上，还会失去对制动绳索的控制；第二，如果没有设置好力三角结构，且某一固定点脱落，会导致固定点绳索受力过多而脱落，攀岩者冲坠时只能凭借剩余的快挂保护自己安全（见第81页底部右图）。如果力三角结构稳定，该系统就安全，但设置所需的时间（在正确位置连接设置）过多，因此该保护方法已经过时，并被受力系统所取代（有关此主题的更多信息，见第84页，受力系统）。

左图：在力三角结构的中心点处做保护，绳索没有向上拉紧

右图：如果绳索没有向上拉紧，攀岩者会撞击岩壁

保护站设置得越平，撞击力度越大

保护站设置

保护站设置很复杂，对攀岩者的要求很高，涉及的问题包括固定点的数量和质量，固定点的位置和拉动的方向（其中某些固定点必须受力）以及各种保护方法，例如直接保护或固定点保护。保护站必须能提供足够的保护，能够快速设置且容易使用。为了更好地介绍本节内容，先介绍一些术语。

固定点分类

结组攀岩时，保护站被视作“安全的避风港”。每次冲坠都不应该影响保护站的稳定性，要尽可能连接好保护站上的固定点。固定点可以是快挂、楔状岩塞、机械岩塞、顶链或孔洞，处于不同的拉动方向，具有不同的质量（见第62页，设置固定点；第74页，固定点保护）。设置保护站时，将现有的或附加的固定点分为两个强度等级：

- 牢固固定点可承受超过10 kN的力。例如标准设置的岩钉、手臂大小的孔洞、树木、大岩柱或块状物、冰锥等。
- 对于问题固定点，无法估算其能够承受的力。例如，旧岩钉、旧挂片或错误安装的楔状岩塞和机械岩塞。

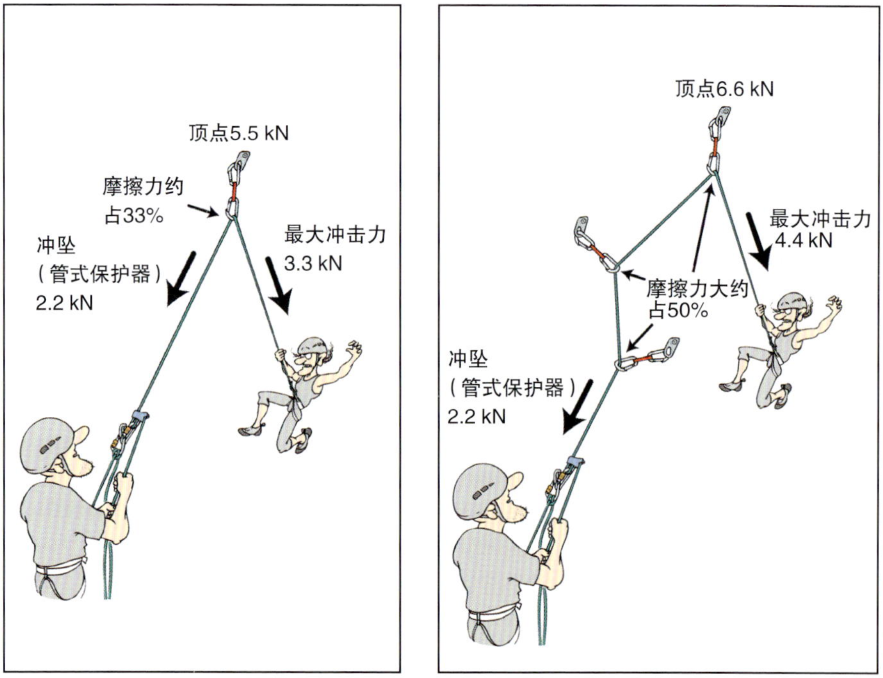

冲坠时产生的力和力的测量

理论基础

在保护站上冲坠和冲坠的方向

冲坠会产生作用于保护站或保护者的力量，除非攀岩者在远离保护站的交叉路线上冲坠或者侧向冲坠。发生在保护站上的冲坠会对固定点施加向下的保护者受力，而先锋攀登时发生在中继保护点上的冲坠通常对固定点施加向上的保护者受力。

最大冲击力

最大冲击力是冲坠末期作用在冲坠者身上的力（见第8页）。

施加在顶点上的力

如果攀岩者冲坠落在中继保护点上，这里会产生一个由冲坠和最大冲击力叠加在一起的力量。顶点承载的攀岩者冲坠产生的力，必须由保护者或中继保护点产生的制动力抵消。

摩擦力

如果系统中没有摩擦力，那么冲坠产生的力和最大冲击力是相同的。由于顶点上的摩擦力会抵消大约三分之一的冲击力。因此，在保护站或保护者只承担大约三分之二的冲击力。

如果绳索滑动性差，会导致摩擦力增加，那么保护站承担的力就越来越少。因此，保护者可能根本无法随机调整动态保护措施。通常，在更多快挂上正常收放绳索时，会产生约50%的摩擦力。

中心点

无论是进行自我保护还是进行同伴保护，都要设置中心点。中心点与其他所有固定点直接连接或依次串联，中心点可以是一把主锁，一条扁带或者在保护站上做直接保护时安全带上的保护环。

额外的力

当固定点脱落时，由于冲坠者的重量和保护者的重量根据力三角结构的长度发生平坠，所以对没有解开的力三角结构施加了一个附加力。虽然坠落是在动态保护下进行的，但保护者的自我保护是静态的。攀岩者和保护者产生的力相互影响，两种力量会叠加。因此，第一个固定

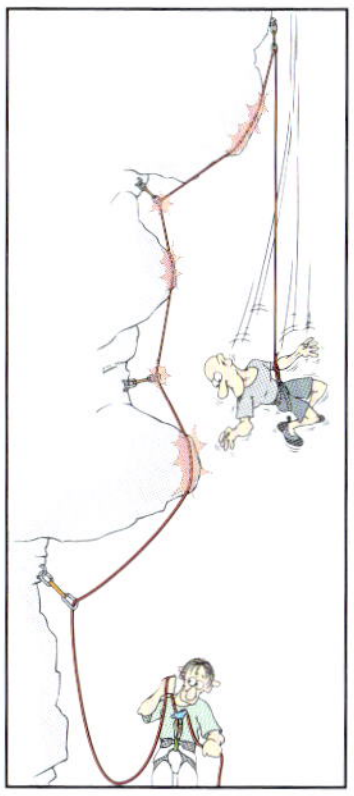

绳索收放困难时，顶点处的摩擦力大大增加了，冲坠者受力也明显增大

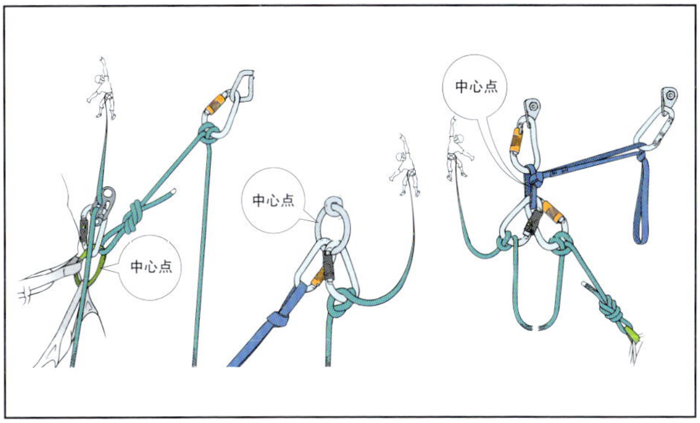

不同保护方法有不同的中心点

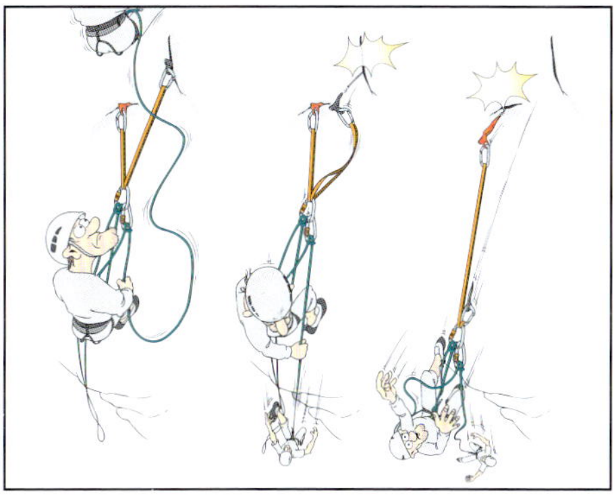

发生冲坠时，第二个固定点要承担额外增加的力

点只需要承担冲坠带来的一部分力。相较于第一个固定点，剩余的固定点需要承受更多的冲击力。保护者的自我保护会带来额外的力，使最后一个固定点无法承担。因此，在不确定是否稳固的固定点上，应该尽量让力平均分布，不要加入额外的冲击力。为此可以构建一个固定力三角结构（见第85页）。

设置保护站的基本原则

应在设置保护站时，尽可能遵照以下原则。

- 备份原则：当固定点被拽出来时，应遵照备份原则。多花费时间设置备份保护点是值得的。
- 平均分配力量：应始终对不确定是否稳固的固定点设置平均分配力量系统。
- 不产生额外的力：应设置力量分配系统，以便在固定点被拽出时，不会在剩余的固定点上产生额外的冲击力。
- 两点向下，一点向上，再加上冲坠者的体重：应保证不确定是否稳固的固定点因攀岩者冲坠而受力时，至少有两个固定点向上拉，一个固定点向下拉，外加保护者的体重拉力也是向下的。
- 锁定主锁：无论是进行自我保护还是进行同伴保护，主锁都要始终处于锁定状态。同时主锁也可以作为中心点，或把中心点锁门挂入主锁。所有其他主锁（悬挂在固定点处）都可以视为可使用的主锁。
- 如果对固定点保护有安全疑问：固定点保护优于力三角结构的中心点处的保护方式（见第78页）。
- 只有在合理的情况下才能进行直接保护：保护站上有稳固的固定点且其他必要的先决条件也能被满足时，才能进行

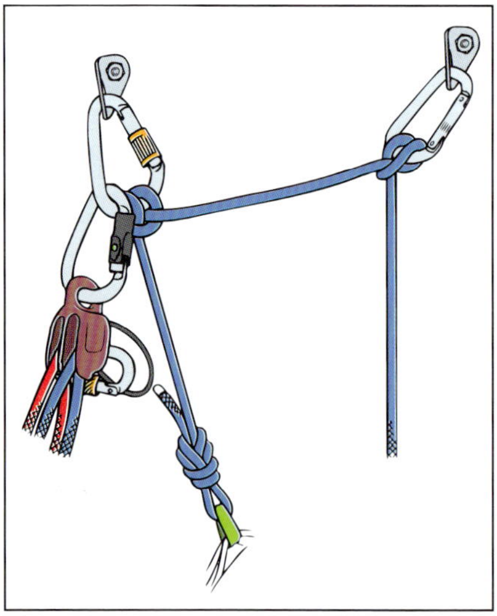

使用绳索可以最快地建立一系列连接，这里的中心点是一个登山扣

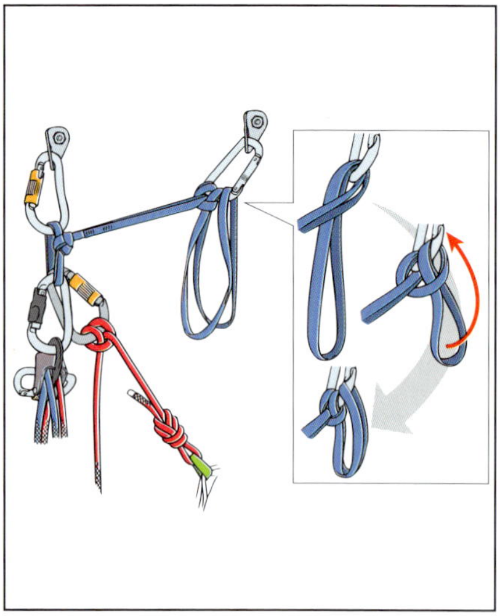

用绳套建立一系列连接，用两股绳索系出双套结

直接保护（见第76页）。

- 因地制宜：应根据具体情况设置保护站。如果先锋攀登者在陡峭地区冲坠或降落到碎石中，那么即使有良好的保护站也毫无用处。要避免结组攀登坠落。如果在不太危险的山脊上行进可以使用行进间保护面向柱状岩石保护体左右穿行。此时不设置保护站，登山者可以快速前进，因为在登山中时间就是生命。

绳索的连接系统和受力系统

攀岩者要区分绳索的连接系统和受力系统。只有保护站上存在或可以设置至少一个牢固的固定点时，才建议使用绳索连接系统。如果必须在一个或多个问题固定点上设置保护站，可以优选受力系统。

连接系统

经典绳索连接系统中仅有一个固定点受力，第二个固定点不受力，作为备份固定点。可以用攀岩绳或额外的扁带建立绳子连接系统。这个系统主要用于状况良好的固定点。

一人领攀，特别是后面有两名跟攀者时，建议使用保护站扁带。扁带圈为跟攀者提供了一个清晰的中心点，在这个中心点上可以进行自我保护，并进一步为先锋攀登者提供保护。应在攀爬前准备好保护站扁带，并用主锁将扁带缠到身体上。中心点绳圈最好由双布林结系成。双布林结减损扁带的强度最小，即使承重较大也可以轻松地打开绳结。虽然单结构建的绳环有足够的抗断裂强度，但是在受力后难以打开，也有不少攀岩者偏爱缝合的扁带圈，当然可以购买一条带有缝合扁带圈的保护站扁带，但如此一来就错失了一项值得学习的技能。

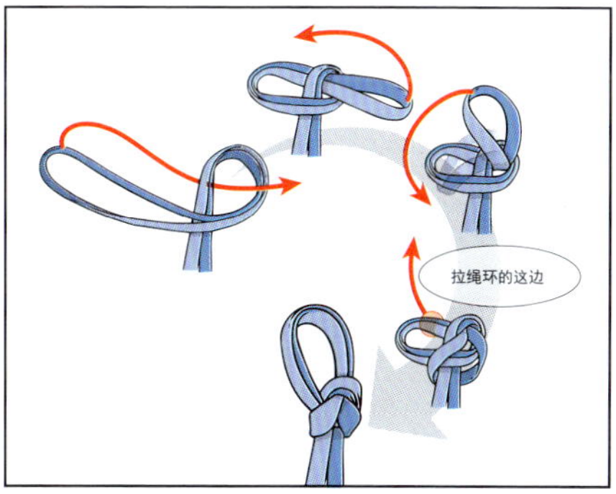

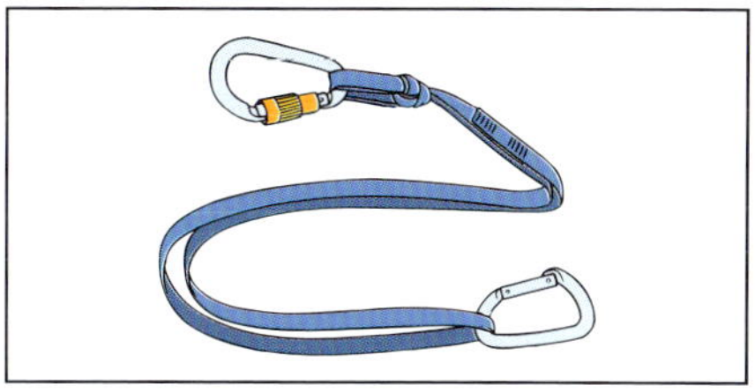

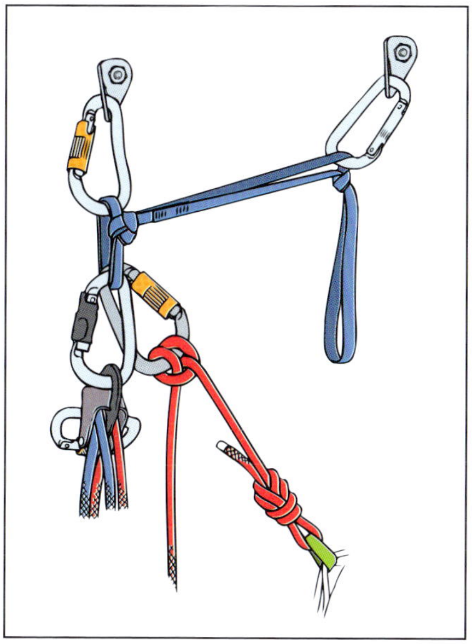

左上图：由单结系为双布林结作为扁带圈

左下图：准备好的保护站扁带

右图：建造有保护站扁带的绳索连接系统，使用单结延长

含缝合绳圈的预缝制保护站扁带

连接第二个固定点时，最简单的方法是利用单结，或者用双套结连接扁带的两股绳带。特别是在使用纯迪尼玛材料扁带的情况下，剩余的扁带必须悬挂在主锁上，防止系出的绳圈受力时滑动。攀岩者可以在保护站上使用由所有常见材料（尼龙、混纺织物或迪尼玛材料）制成的扁带（见第157页，扁带材料）。

受力系统

如果仅存在问题固定点，应尽可能地将产生的力平均分解到所有固定点上，这就是常说的受力系统。所有固定点作为主动备份相互连接，就能同时吸收受力。下面介绍四种不同的受力系统及其优缺点。

经典力三角结构：如果其中一个固定点从经典力三角结构中脱落，冲坠者冲坠的距离即掉落的固定点与快挂之间的距离，此时这一系统会产生一个额外的冲击力。尤其要注意的是，保护者一直处于静态自我保护中，当挂片突然坠落时，保护者会对剩余的挂片造成突然的冲击力。应避免这种现象，因此不推荐使用经典力三角结构，而应构建一个能排除额外冲击力的系统。

众所周知，在力三角结构中固定点的受力情况取决于角度。与普遍观点相反，理论上力三角结构可以将力量平均分解，但在实践中却无法做到。即使通过扁带里安全主锁的最小移动，也会在挂片和扁带之间产生摩擦力，从而使固定点上力的分解比例为1:2或4:5。固定的力三角结构和带有保护站扁带的受力系统在实践中力的分解比例是1:2或2:3。这些都使经典力三角结构的优势下降。因此，应利用保护站扁带或固定力三角结

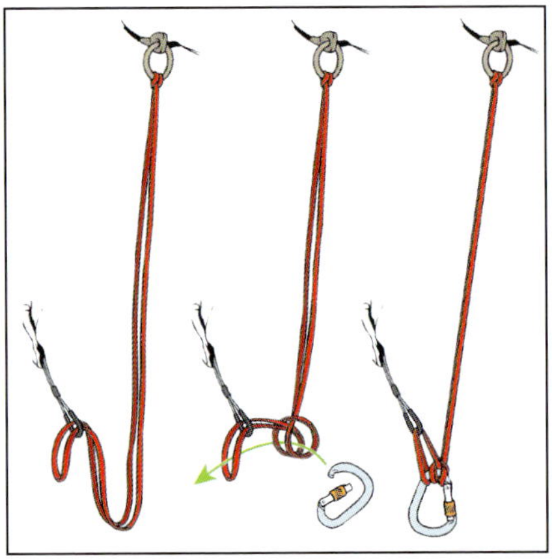
南蒂罗尔的受力系统，穿过扁带，用双套结和双合结固定

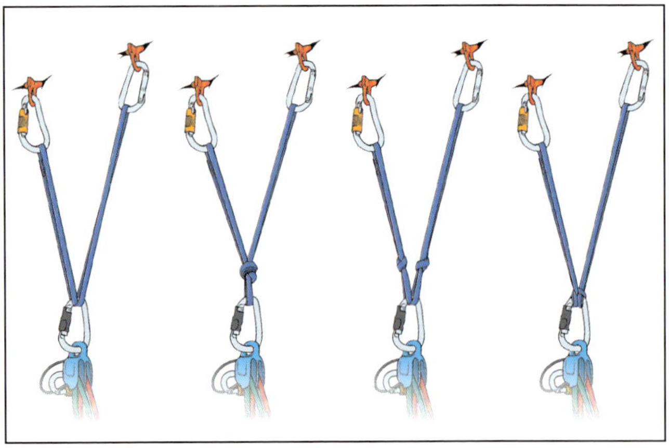
从左向右依次为经典力三角结构、固定力三角结构、分组双受力三角结构、带有双套结的固定力三角结构

构建立受力系统。

固定力三角结构：类似于绳降保护站（见第108页，在冰上设置绳降保护站）。这一结构能快速搭建起来，且能充分分解攀岩者在保护站坠落时产生的力，避免在剩余固定点上产生瞬时拉力。该方法是在两个问题固定点处构建保护站的最佳选择。还有一种方法是以双套结和主锁为中心点建立固定力三角结构，或根据南蒂罗尔方法穿绳。

分组双受力三角结构（见第84页底部右图）：在建立和拆除时非常费力，因此在实践中很少使用。

章鱼式受力系统：利用保护站扁带建立的受力系统是固定力三角结构的替代方案。特别是要在三个问题固定点处将中间较深的固定点与两个较高的固定点相连接时，这一受力系统可以很好地发挥作用。此时应使用一把带锁定装置的主锁将保护站扁带圈连接到下方的固定点。用双套结拉紧上方两个固定点。通过保护站扁带圈进行保护。这种方法特别适用于可拉紧的移动保护装置，防止其在岩壁上方移动。在两个问题固定点上使用固定力三角结构的方法快而有效。章鱼式受力系统不仅能有效地连接三个或更多的固定点，还能将绳索连接系统与受力系统相融合。

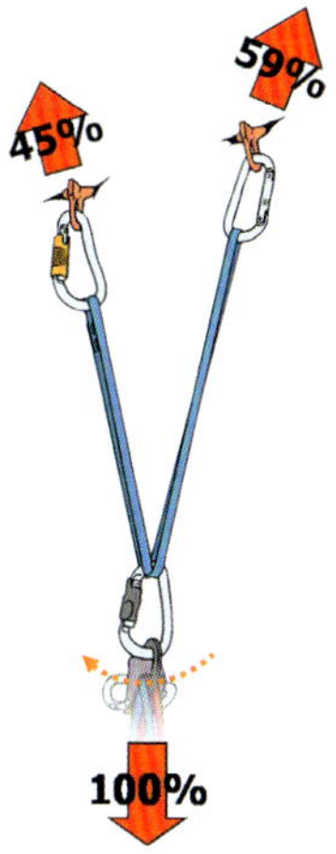

实践中的力三角结构中的受力系统

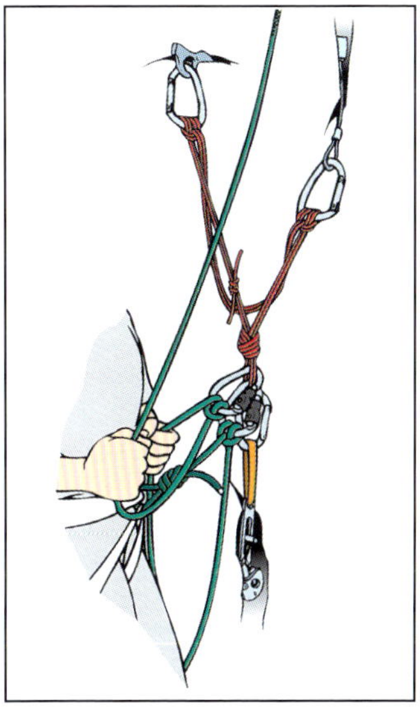
使用章鱼式受力系统来拉紧移动保护器

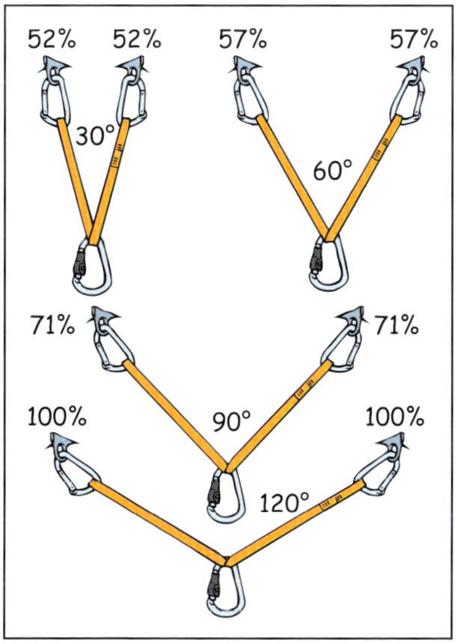

理论上的受力系统

使用双套结的固定力三角结构

绳子连接系统与受力系统的选择流程如下图。

只能用于向下移动的保护站

位于柱状岩石保护体或岩塞、机械岩塞上的保护站只能承受攀岩者向下移动的拉力，而不能承受向上的拉力。在两个问题固定点处，可以通过一个固定力三角结构建立受力系统。在高山地区，保护站在情况较好的固定点处（树、岩块、柱状岩石保护体、沙漏状岩洞、位于岩质好的岩石中的岩钉）十分常见。在某些先锋攀登中（没有中继保护点、平行移动、横跨移动）的保护站只能允许攀登者向下移动。

牢固的固定点处的保护站

在牢固的固定点处（强度>10 kN），保护站可以只借助一个固定点，比如设置在稳定的柱状岩石保护体上、树上、岩块上、胳膊粗的沙漏型岩石上、位于岩质较好的岩石中的岩钉处。利用经验估测

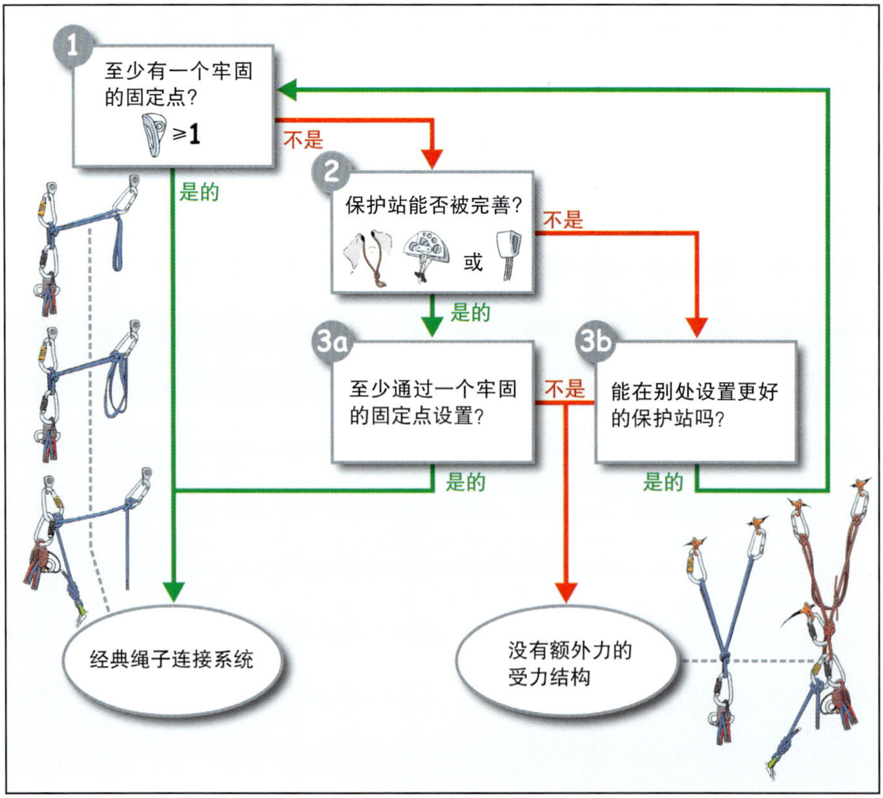

绳子连接系统与受力系统的选择流程图

固定点的质量非常有必要。高山攀登路线中，攀登者常在单个牢固柱状保护站、岩块、胳膊粗的沙漏、根基深的树上设置保护站。

因为扁带在柱状岩石保护体处可能会被向上或向侧面拉起，所以中心点处要拉紧，否则柱状岩石保护体上的绳结会因随时承受保护者的体重而被“拉紧”。这种情况下，必须在多绳距结组攀岩离开保护站时，在保护站设置第一把快挂（见第94页）进行保护。

总结

- 在牢固固定点处（强度>10 kN），可以只在一个固定点上设置保护站。如果无法确定固定点的强度，且没有第二个固定点，则应考虑在另一位置设置保护站。
- 如果可以的话，应该在挂片处做一个备份（例如在两个挂片上建立绳索连接系统，或用岩塞和机械岩塞为一个挂片提供额外保护）。可以通过经典的绳索连接系统实现这种额外保护（使用绳子或保护站扁带）。

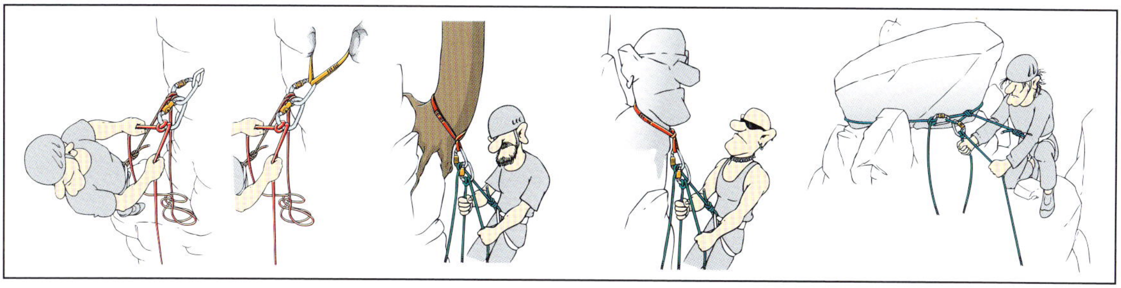

仅在一个固定点处的保护站

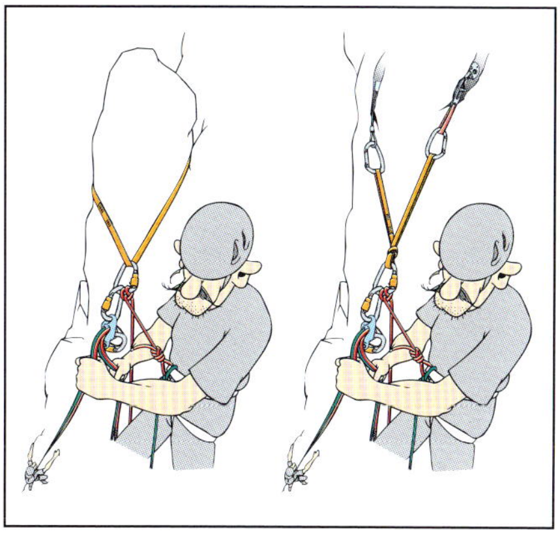

只能承担攀登者向下移动的保护站

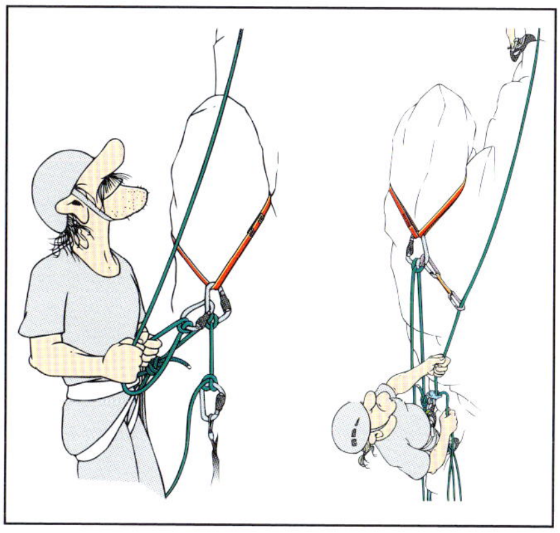

左：拉紧柱状岩石保护体。右：紧急情况下，利用体重拉紧较长的自我保护器

两个牢固固定点处的保护站

在两个牢固固定点处（如两个挂片）不需要建立受力系统。原因有二：其一，耗时较长；其二，在不能拉紧受力系统的情况下无法实现固定点保护。因此，在两个状况良好的固定点处，可以用经典绳子连接系统（不含受力系统）构建保护站。建立这种保护站最快的方法是使用攀岩绳。既可以利用多个双套结，也可以利用单结绳圈和一个双套结构建绳索连接系统。第一种情况下以带锁定装置的主锁为中心点。同伴保护设施应放在三角结构中承重的中心点上。第二种情况下以单结绳圈为中心点，但缺点是不能任意改变自我保护的绳长。

用攀岩绳构建保护站非常快捷，但只在交替攀登时发挥作用。攀登时，如果始终是同一个人在前方攀登（即始终领攀），那么必须预先在每个固定点上悬挂好两把主锁或在上方挂好快挂，便于用攀岩绳构建保护站。

挂片上的主锁是为跟攀者准备的，但对先锋攀登者而言，下方的挂片则是用于其自我保护和给予下方跟攀者保护的。如果跟攀者到达了保护站，就要在上方保护者的自我保护绳索下方建立自我保护系统，并给自己下方的跟攀者设置保护设施。在设置好保护设施后，后上来的攀岩者可以解除自我保护并立即向上攀登。根据现实条件，可以使用固定点保护设施或在多绳距结组攀岩中离开保护站时在保护站设置第一把快挂，构建固定点保护或身体保护设施。

当想要灵活决定谁在下段路线进行先锋攀登时，或当一人始终领攀，特别是要对两个跟攀者进行上方保护时，建议使用准备好的保护站扁带。扁带绳圈为跟攀者提供了一个明确的中心点，可以悬挂自我保护设施。对第二个固定点的下方跟攀者的保护设施，最简单的方法是用

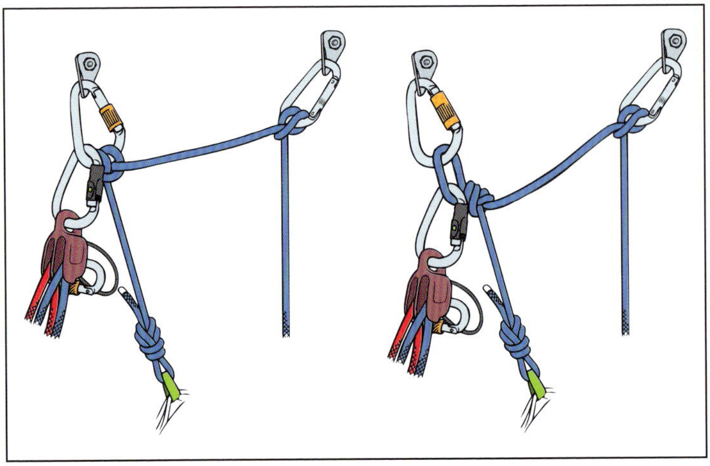

用攀岩绳建立绳索连接系统的两种方法

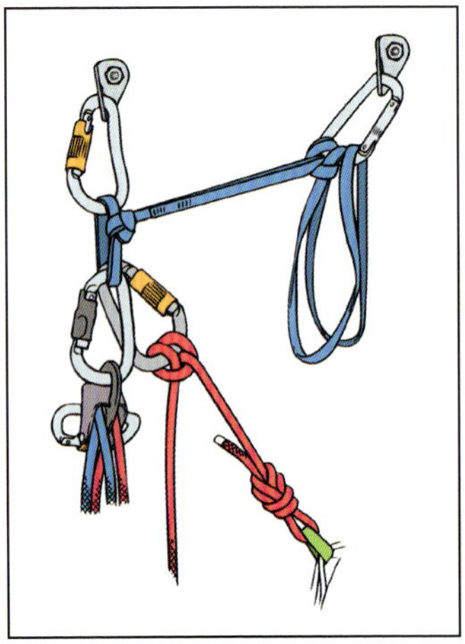

一人始终领攀时，应选择使用保护站扁带

单结延长，可以用双套结连接扁带的两股绳带。在这种情况下，特别是在使用纯迪尼玛材料扁带时，剩余的扁带必须悬挂在主锁上，以防其受力时滑动。

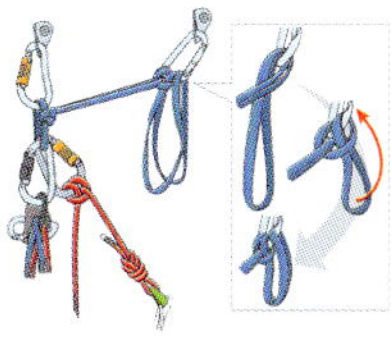
使用双股式的双套结延长也是可行的

总结

- 中心点始终在下方固定点处。
- 固定点水平排列时，中心点位于攀登的方向上。
- 最简单、最快捷的方法是用攀岩绳构建保护站。
- 一人始终领攀时，用保护站扁带构建保护站最省力。
- 扁带或绳索的中心圈应尽可能小，最多可安置四把主锁。中心圈有一把主锁大小或比之略小就已足够。
- 最佳方法是用双布林结或使用缝制的保护环作为绳圈。绳套也可以用单结构建，这样虽然不易被打开，但有足够的断裂值。
- 在两个牢固固定点处，不应建立经典力三角结构（见第84页）等受力系统。
- 如果以主锁为中心点，可以把同伴的保护设施放在力三角结构的中心点处（见第78页）。
- 固定点水平排列时，连接系统应较松，但不能下垂。

位于一个牢固固定点和一个问题固定点上的保护站

即使当前只有一个牢固固定点和一个问题固定点，比如一个挂片和一个岩钉、机械岩塞或是楔状岩塞，攀登者也可以构建经典的绳索连接系统。重要的是，中心点始终位于两个固定点的下方。在挂片上下排列时，可以通过双套结构建受力系统。

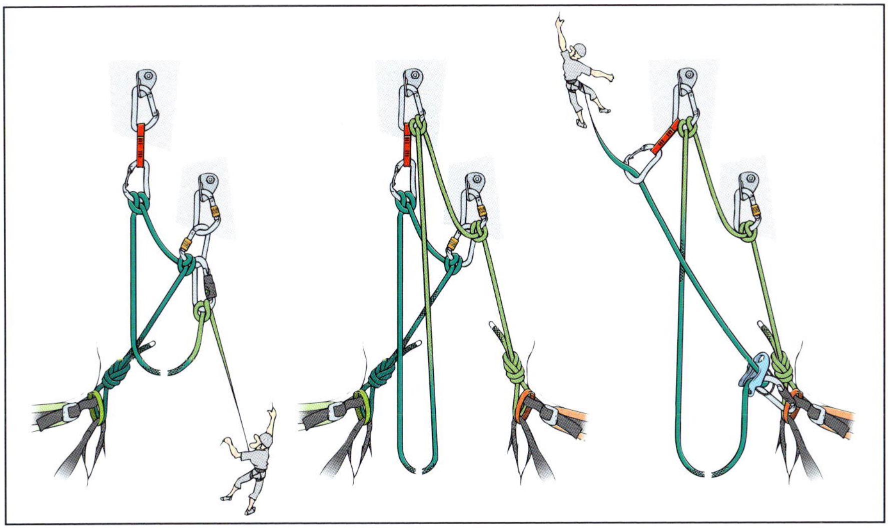
一人始终领攀时，应提前准备好绳索轮换管理

通常，如果无法确定固定点的状况是否良好，则应建立一个受力结构（见本页“两个问题固定点处的保护站”）。

总结

- 中心点始终位于固定点下方。
- 最快的方法是用攀岩绳构建系统。
- 一人始终领攀时，用保护站扁带构建系统最省力。
- 扁带或绳索的中心圈应尽可能小（最多可安置四把主锁）。
- 如果以主锁为中心点，可以把同伴保护设施放在力三角结构的中心点上（见第89页底部最左侧的图）。
- 在固定点上下排列的情况下，可以将负荷设置在更合适的固定点上，从而达成一个力的合理分布。
- 固定点水平排列时，连接系统应较松但不能下垂。
- 如果对固定点状况存有疑虑，可以建立固定力三角结构分解受力。

两个问题固定点处的保护站

如果在问题固定点处，比如在岩钉、岩塞和机械岩塞上设置保护站，应尽量构建分解受力系统，最方便的是用固定力三角结构构建。这一方面确保了攀岩者在保护站处冲坠时力会被分解，另一方面，即使其中一个固定点脱落也不会产生额外的力（见第81页）。

如果在保护站上遇到两个问题固定点（比如岩钉），必须先判断是否可以设置更多的固定点（沙漏型石柱、岩塞、机械岩塞等）。如果可以的话，应在三个或更多问题固定点上设置保护站。

如果只能局限在两个问题固定点上，最好的方法是建立固定力三角结构。随后，可以通过保护者的自我保护绳索拉紧保护站，从而通过固定点保护设施来保护先锋攀登者。如果保护站受力不能松开，则可以通过固定力三角结构的中心

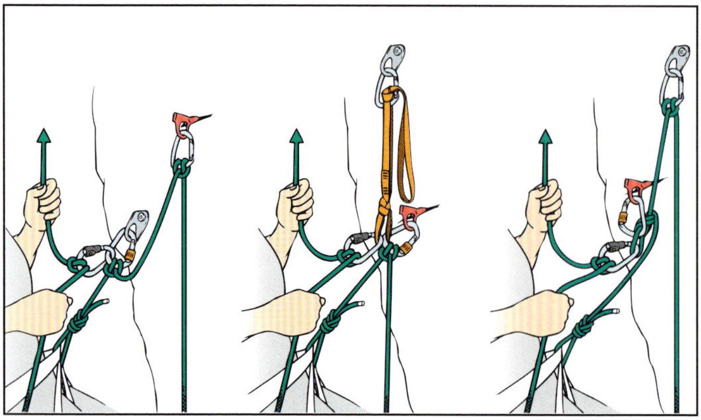

固定点状况不同时，经典绳索连接系统的构建方法

只有进入到了下一个绳索长度时，才能拉紧绳索

点进行保护。然后，保护者的身体产生向下的拉力，来抵抗攀登中绳索向上移动形成的拉力。这时如果失去了对制动绳索的控制，保护者会有被撞到的风险。

总结

- 在两个可靠的岩钉上，用固定力三角结构构建受力系统。
- 如果遇到问题挂钩，则应改进保护站。
- 无法改善的话，应考虑能否在其他地方设置保护站。
- 如果必须在两个问题固定点上设置保护站，可以通过固定力三角结构构建受力系统（不产生额外的力）。
- 基本规则：尽量为保护者构建两个固定点对抗因攀岩者冲坠产生的向下的冲击力，一个固定点再加上保护者体重来对抗向上的拉动受力。
- 尽可能不放松系统。如果无法做到，就必须利用固定力三角结构的中心点进行保护。固定点保护优于受力系统或身体保护中的中心点保护。
- 最佳的方法是利用保护者的自我保护拉紧绳索。只有当跟攀者到达保护站并且要保护先锋攀登者时，才可以松开。
- 没有拉紧三角形两边的经典力三角结构在问题固定点上无法发挥作用，因为一个固定点的脱落产生额外的力（见第81页）的后果是致命的。

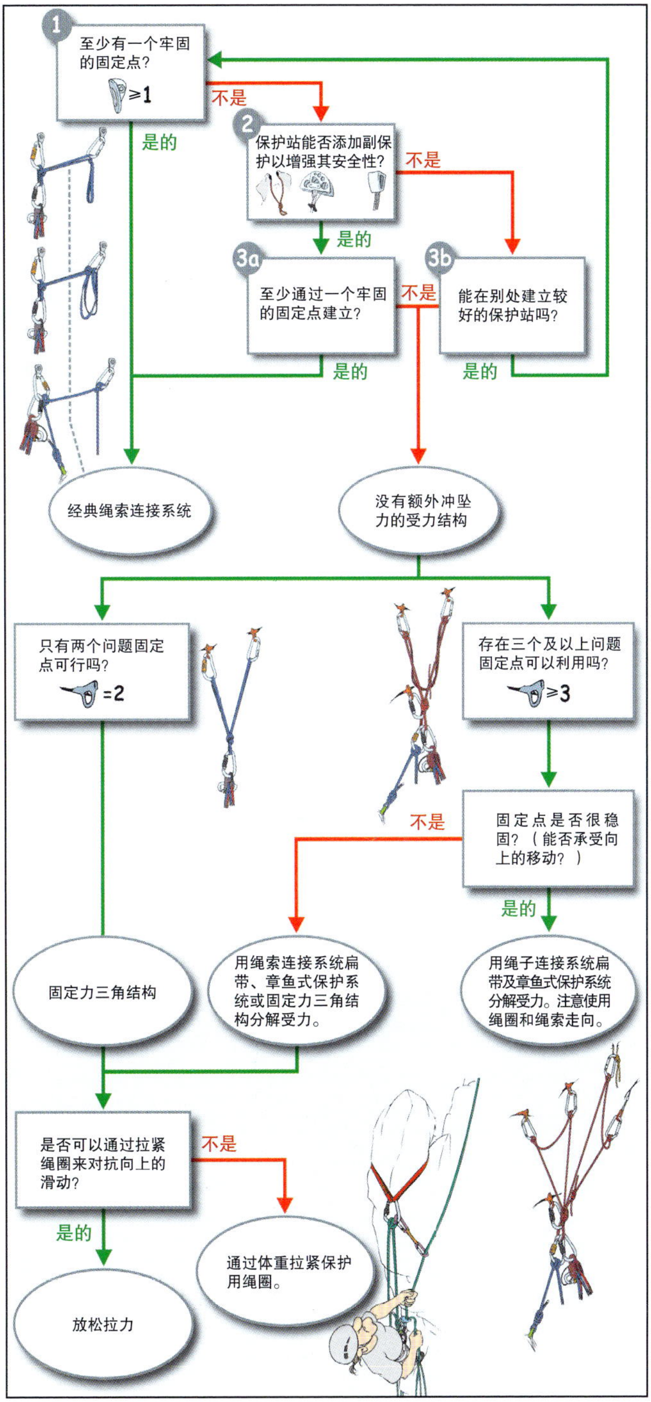

选择理想的保护站设置的选择流程图

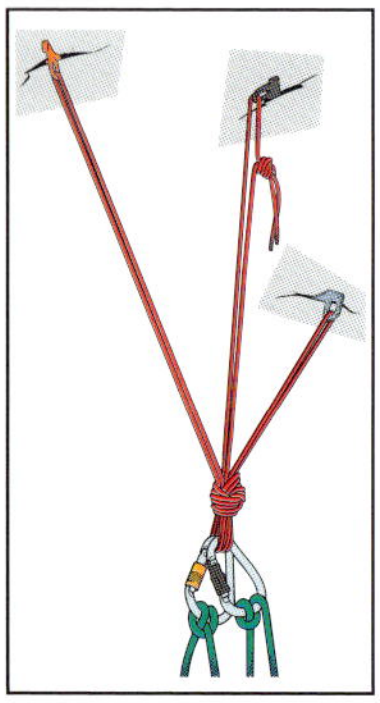

南蒂罗尔方法：所有的固定点用凯夫拉做顶、连接，构成固定力三角结构

多个问题固定点处的保护站

在多个问题固定点处的保护站上，例如，在三个及以上的岩钉、岩塞或机械岩塞处，受力系统非常有用。因此，可以使用固定力三角结构或者构建章鱼式受力系统。根据挂片的位置和可用的材料来决定使用哪个系统。

固定力三角结构

攀岩者也可以在多个固定点处建立固定力三角结构。为此，最好使用由凯夫拉或迪尼玛材料制成的长辅绳（5~6 m）或尽可能长的缝制迪尼玛材料环。凯夫拉或迪尼玛材料的辅绳直接穿过挂片并用接绳结连接（见第12页）。然后将固定点间的绳股向下拉到一起，再用单结连接。前提是有足够长的高强度辅绳。该方法也在奥地利和南蒂罗尔的攀岩教学中提到过。

如果使用尼龙扁带，就将其悬挂在主锁上，同样要将固定点间的绳股下拉并系结。然而这种方法也有缺点，即两个系统在对抗向上拉动的过程都无法被拉紧。此时攀登者要么如“两个问题固定点处的保护站”（见第90页）中描述的那样，拉紧系统，从而使中心点可以对抗向上的拉力，或者在不拉紧的情况下在受力系统的中心点处进行保护。

章鱼式受力系统

如果有三个固定点，其中一个固定点较深并在另一个固定点的正下方，则可以利用章鱼式受力系统快速有效地设置保护站。此时，扁带的中心点应悬挂在位置

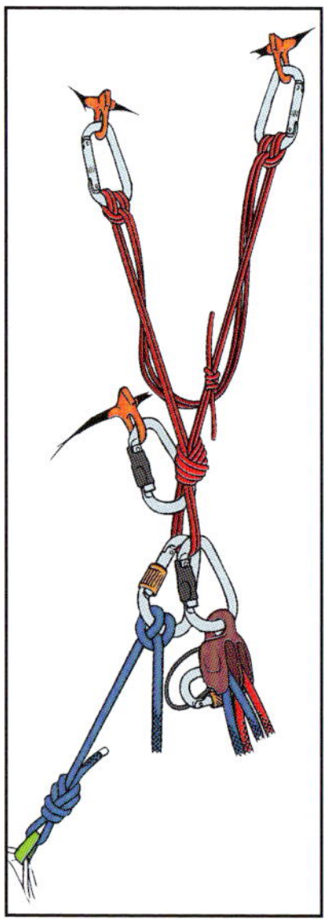

如图利用三个固定点构建章鱼式受力系统，承受向下的力量

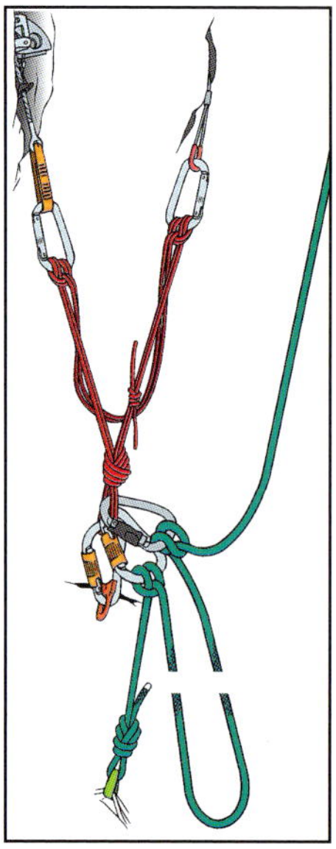

如图利用两个固定点构建章鱼式受力系统，拉紧后受重

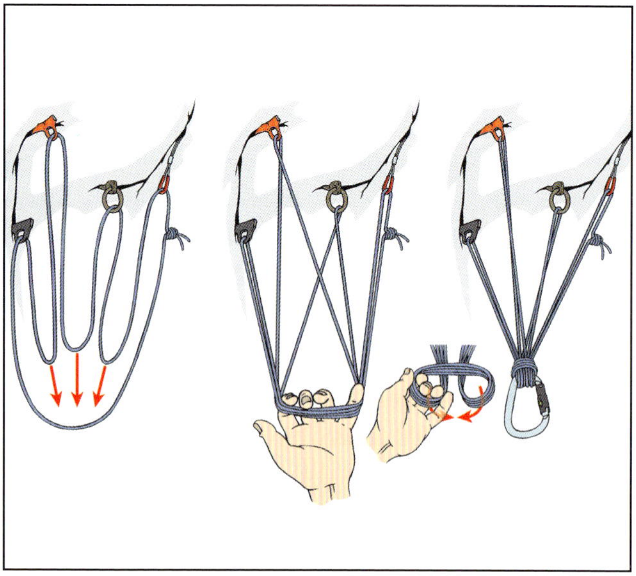

四个固定点可以做顶，利用双合结或双套结固定

较低的挂片上，且两股绳应分别用一个双套结与位置较高的两个挂片相连。

这里在构建保护站上存在两个细微的区别。攀岩者要么将扁带的中心点挂在下方挂片的下面，要么将上方和下方固定点拉紧。

第一种情况下，三个固定点可以对抗向下冲坠，承担负荷。第二种情况下，两个上方固定点承担所有负荷。但通过这种方式，岩塞会被拉紧，向上受力时不容易松开。

如果要连接三个以上的固定点，又没有足够的绳长，可以使用攀岩绳自由端构建章鱼式受力系统。

如下图所示，要制作章鱼式受力系统，最佳选择是使用凯夫拉或迪尼玛材料的辅绳，也可以使用迪尼玛材料的扁带圈。这种方式能快速有效地连接多达五个固定点。

章鱼式受力系统的良好效果已经在经典路线中得到了证明。在这些路线中，通常有三个及以上的固定点设置在保护站上，例如多洛米蒂经典攀岩路线。

总结

- 如果要在几个问题固定点上设置保护站，可以通过固定力三角结构或章鱼式受力系统构建受力系统。
- 如果有一个中间的、更深的固定点，可以通过章鱼式受力系统构建系统，并且可以直接用于固定点保护设施。

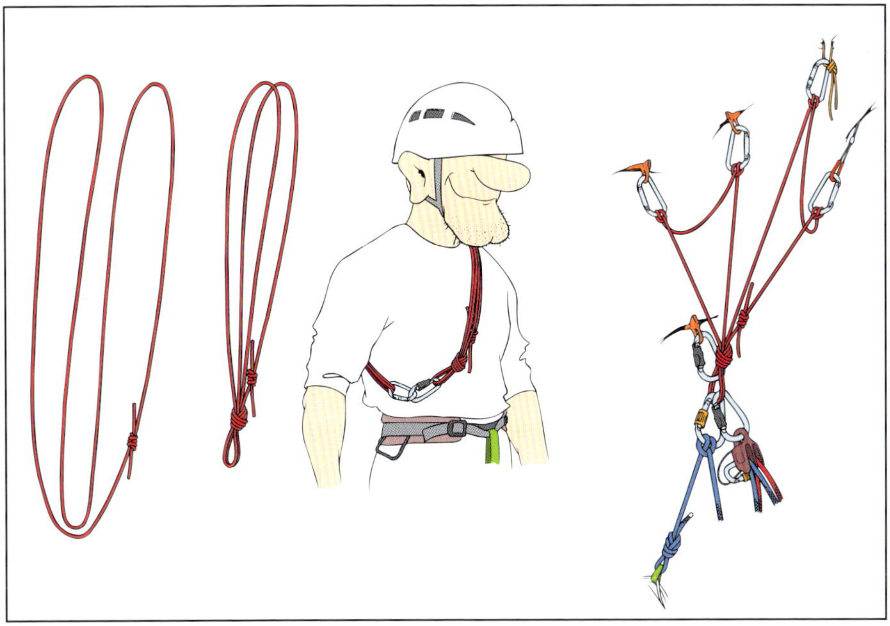

要构建章鱼式受力系统，应使用凯夫拉或迪尼玛材料的辅绳，或是迪尼玛材料的扁带圈

章鱼式受力系统
主锁连接处的绳结

- 如果没有中心的、较深的固定点，可以设置固定力三角结构。应尽可能地拉紧这一系统结构，从而为先锋攀登者提供固定点保护。
- 最好使用攀岩绳拉紧，而在一人始终领攀时，只有在跟攀者到达保护站后，该系统才能发挥保护作用。

在问题固定点处，如果经典力三角结构的两边没有被拉紧，则这一结构不会发挥太大作用。因为如果其中一个固定点脱落，产生额外冲击力的后果可能是致命的。

特殊情况和特殊形式

多绳距结组攀岩离开保护站时，在保护站设置第一把快挂

多绳距结组攀岩离开保护站时，在保护站设置的第一把快挂，指挂在保护站处以充当第一个中继保护点的快挂。这保证了即使先锋攀登者没有扣入下一把快挂就发生冲坠，保护器也能始终向上，发挥保护作用。

大多数情况下，多绳距结组攀岩离开保护站时，在保护站设置的第一把快挂用于保护，避免攀登者冲坠时撞到保护者或发生冲坠系数过大的危险冲坠。并

左图：进行身体保护时的保护站设置情况。使用多绳距结组攀岩离开保护站时应该在保护站设置第一把快挂

右图：使用管式保护器和多绳距结组攀岩离开保护站时，应该在保护站设置第一把快挂进行间接固定点保护

且如果保护站处的固定点上下排列间距足够大，那么它对通过管式保护器构建的间接固定点保护也十分有意义，例如在攀冰中。

附加挂绳

附加挂绳即攀登者在保护站之上设置可靠固定点扭转绳索朝向，以便于利用身体直接保护跟攀者。保护站上，在已挂入的中继保护点处的顶绳会从上方保护跟攀者。到达保护站后，跟攀者可以通过已经预先正确挂入的第一个中继保护点来进行下一段路线的先锋攀登。这与“多绳距结组攀岩离开保护站时，在保护站设置第一把快挂”一样，可以避免在保护站处发生危险冲坠。这种方法非常快捷，但仅适用于交替攀爬和存在可靠固定点的情况。

半绳技术

在半绳技术中，每次只能交替悬挂双股绳中的其中一股。这有两个优点：其一，可以减少绳索与过多中继保护点之间的摩擦；其二，攀登者只会在两股半绳中的一股上发生冲坠。由此产生的作用力会明显低于在两股绳上冲坠时产生的作用力。这能减轻有问题的中继保护点的受力。为了能够单独操作单条绳股，建议使用带有V形槽或摩擦唇的管式保护器进行保护。

左图：半绳技术在攀冰中非常有用

右图：在交替领攀和有可靠固定点时，附加挂绳是保护站的一种形式

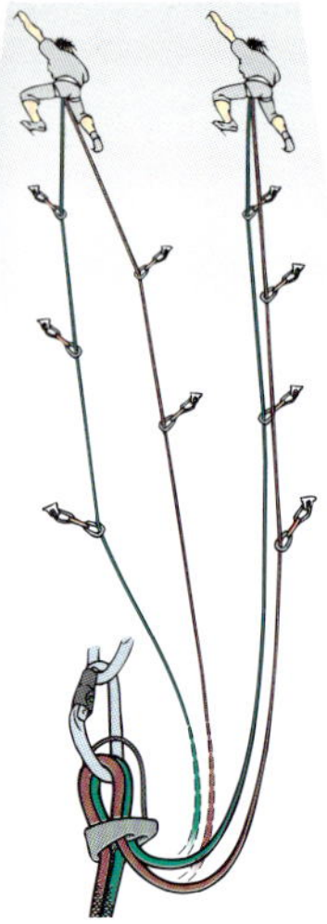

半绳技术中，每次只交替挂入一股绳

冰上的保护站

在状况良好的冰上，冰锥同样具有挂片组的强度。因此，这里设置保护站的规则与在岩壁上的两个固定点处设置保护站的规则一致。冰锥合理的入冰角度能实现其在冰中的最大强度（见第180页，应用）。使用绳索或准备好的保护站扁带，能快速、轻松地设置保护站。领攀者可以通过中心点绳圈或中心点主锁，从上方保护跟攀者。下一段绳长中，保护者可以选择使用身体保护或固定点保护。如果先锋攀登者已经设置了保护站的第一根冰锥并为自己设置好了保护系统，就可以发出“完成”口令，第二个攀登者可以拆除保护站上方的冰锥。如果保护站的冰锥拧入的是坚固的冰块，可以使用“多绳距结组攀岩离开保护站时，在保护站设置第一把快挂”的方式保护先锋攀登者。因此，攀登者可以自由选择意大利半扣或管式保护器在固定点上或在身体上建立保护系统。

在保护站上可使用的保护器

在固定点保护（基本方法）和受力系统的中心点保护中，意大利半扣是使用单根绳索时常见的保护方法。在为跟攀者提供保护时建议使用上方管式保护器，或者使用意大利半扣（见第54页，上方保护）。

在攀冰或仅有“不好的”中继保护点的情况下，可以通过固定点上的管式保护器保护先锋攀登者。在此，必须减少对中继保护点的冲击力，可以通过半绳技术（见第95页）和使用管式保护器进行固定点保护，来尽可能地降低保护链的受力（见第80页，固定点分类）。

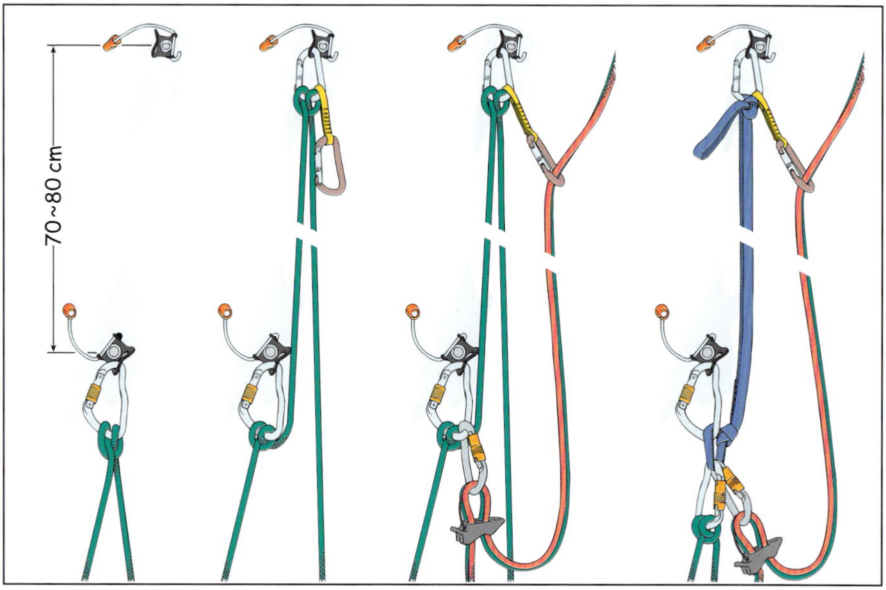

交替领攀中，冰上保护站的设置——在一人始终领攀时，使用保护站扁带

同时保护两个跟攀者时，应使用上方管式保护器（见第55页）。因为跟攀者的攀爬速度不同时，无法完全控制制动绳，以及在仅有一股绳受力时，意大利半扣中的多条绳索会被灼烧，所以意大利半扣只在出现紧急状况时使用。

通常在多绳段路线中，上方管式保护器（跟攀者保护）会与意大利半扣、管式保护器（先锋攀登保护）组合使用。GriGri，Cinch或Smart等半自锁保护器因无法给出缓冲，不适合在固定点上保护先锋攀登者。

带管式保护器的固定点保护设施

在半绳技术中，使用管式保护器可以实现无摩擦操作，并避免绳索被灼烧（如在意大利半扣中）。此外，还可以通过更加动态的保护缓冲降低最大冲击力。

重要提示：为了对离开保护站第一把快挂前的危险冲坠提供保护，可以再预接一把主锁。

预接的主锁也适用于问题固定点处的保护设施。建议仅在牢固的固定点上设置第一把快挂。因为冲坠时，作用在保护站设置的第一把快挂上的力大约是直接落入保护站上保护器的力的2~3倍。

如果预接一把主锁，可以将主锁挂入管式保护器上方略高的固定点。如果先锋攀登者已到达可靠的中继保护点，必须将绳索从预接的主锁上取下。

在保护站冲坠时，通过预接的主锁，管式保护器可以将制动力控制在3~4kN内。

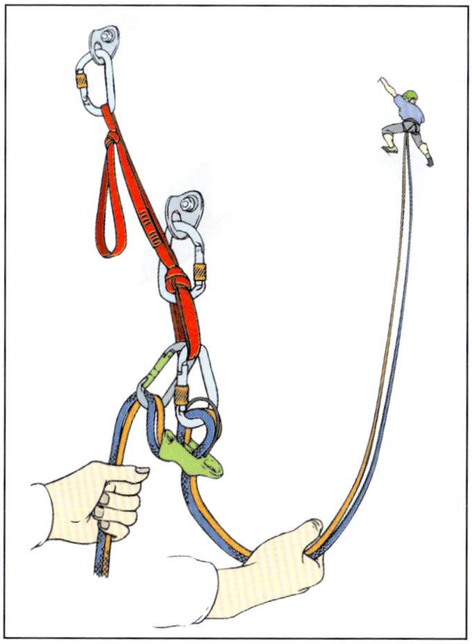

左图：攀登者冲坠时，用管式保护器和在保护站设置的第一把快挂建立的固定点保护设施

右图：用管式保护器和预接主锁建立的固定点保护设施

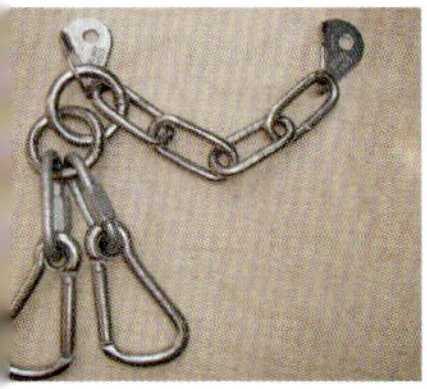

为防止脱钩和固定点故障而带的备份顶环链

顶环

顶环是顶绳攀登或顶绳保护下降及拆除路线时的必要设备，也可以在冰中及崖壁中设置顶环。许多攀岩馆和攀岩公园，常在路线的顶部设置链条状的顶环。

顶绳顶环

因为在整个保护链条中常常无法再加入其他的中继保护点，所以不应放弃整个顶环。备份原则也适用于顶绳攀登的顶环设置——应该存在两个固定点。一般来说，保护站设置的原则也适用于此处：牢固的固定点上采用经典绳子连接系统，问题固定点上应设置在固定点坠落时不会产生额外冲击力的受力系统。此外，攀岩绳绝不可以从顶环中意外脱出。可以把两把登山锁放在一起作为安全锁使用（见第153页，索道登山锁）。

岩壁上的顶环

有时，闭合的金属圈、环或链式梅陇锁也可以作顶环，并可以避免绳索意外脱出。

这里应注意的是，顶环材料的半径要足够大，以避免绳索磨损顶环。横截面大于8 mm的圆形金属孔绳圈就很适合。自由移动的环在这里不合适，因为它们会一直旋转，并且绳索不会保持在同一位置上。应该避免以顶绳攀登的粘接式挂片做顶，因为粘接式挂片会在频繁使用中磨损，且更换的成本非常高。最好将自带的主锁（带锁扣）或者两把朝向相对的标准主锁一起作为顶环，也可以在顶环前最后

左图：朝向相对的两把主锁能有效防止脱钩

右图：已穿绳的梅陇锁可以作为顶环

的中继保护点挂入保护绳索提供备份保护。如果想使用粘接式挂片做顶，可以选择在上面添加并保留梅陇锁。虽然随着时间的推移这些构件也会被磨损，但是它们价格便宜且容易更换。

绳索直接穿入的顶环尽管实用，但是仍具有两个缺点：一方面，由于经常使用会加快它的磨损，必须经常更换；另一方面，它危险性高，如果绳索可以扣入像图中所示的IQ挂钩中，则应使绳索靠在锁门开口对侧。如果在路线的末端有一个带有两个固定点的链条，但只有一把单锁，攀登者可以依靠它进行顶绳保护下降，但不可以仅依靠一把单锁的保护进行顶绳攀登。

绳索在整个下降过程中处于被拉紧状态，并且不会轻易从主锁中脱出，这些顶环足以保护攀登者完成顶绳保护下降。但在顶绳攀登中，绳索经常是松弛的，后面又会被拉紧，若在快挂锁门上形成一个缠结并使绳索负重，就会脱出。虽然这是极少出现的，但仍有这种可能性。攀登者可以在一个固定点中使用额外的快挂，为这一顶环提供备份保护，或者在顶环下将保护绳挂入最后一个中继保护点。注意：绝不可以以扁带或任何软性材料作为顶环。因为绳索移动时摩擦发热，扁带会瞬间被熔断。在树木处，进行顶绳保护下降会磨损树皮，并且绳索由于树的树脂变得僵硬而无法使用。

严重磨损的顶环——这一系统花费巨大，更换频繁

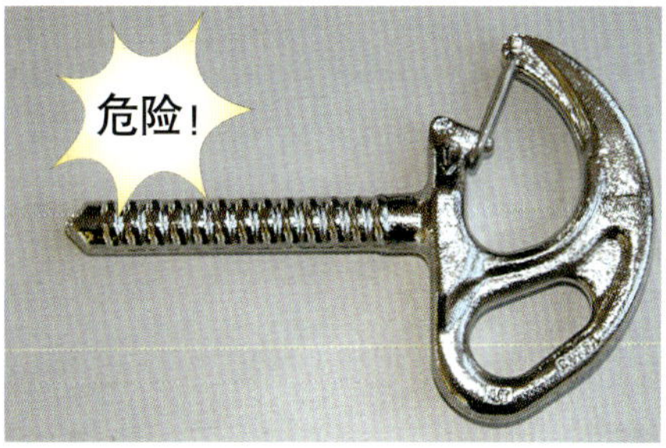

危险！带有固定的简易弹簧锁的IQ挂钩

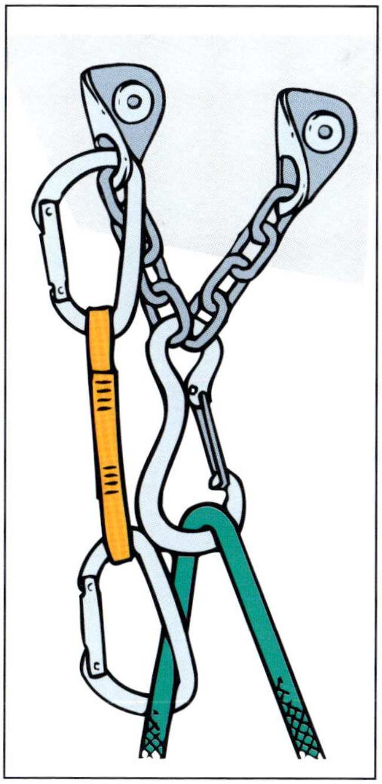
在单锁顶链上为顶绳攀登设置的备份保护

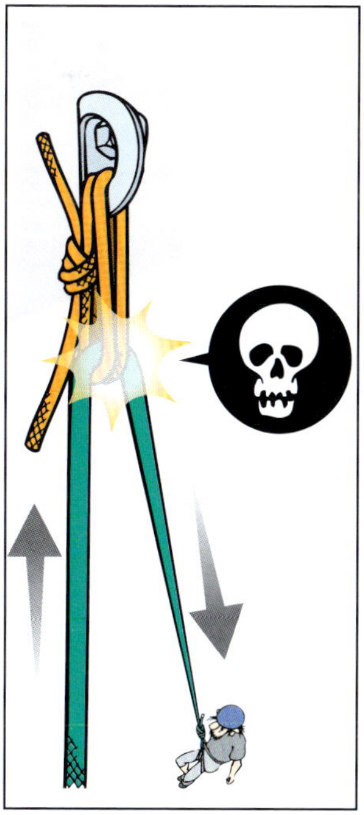
切勿以软性材料作为顶环进行攀爬或下降

在顶绳攀冰时被磨损的主锁

用于攀冰的顶环

原则上来说，在冰上设置顶环和在自然岩壁上一样。在构建冰上顶环时需要特别注意以下两点。

第一，冰锥在长时间使用后会因热传导而松动，并稍微受到冰融化的影响。按照一些保护程序，人们可以制作保护用冰洞绳，尤其是在冰川裂隙进行顶绳攀登时，最适合在相连的冰洞做顶。应将绳索不承重地通过第二根沙漏型冰柱，或是与不受太阳直射且不受力的冰锥建立经典绳索连接系统，来实现顶绳保护。

第二，必须特别注意在冰川上进行顶绳攀登，中途休息时出现的摩擦问题。潮湿的，被冰川上的灰尘弄脏的绳索会在最短时间内磨断铝制主锁。因此，需要设置独立于顶点主锁的备份保护。上方的顶点主锁受力，而下方不受力的主锁要为可能出现的脱出以及防止磨断上方主锁留出备份保护。

从路线上拆除装备

在攀岩场中的路线上拆除装备一直事故频发，因此这个过程需要经过严格的培训。

在路线上拆除装备有两个可能性：通过保护者和绳降（见第102页）实现的顶绳保护下降。虽然在绳降过程中顶环和绳索会被磨损，但顶绳保护下降是一种简单、方便、快捷的方法。攀岩者应在攀登路线的末端将自己挂在顶环上，并向他的保护同伴发出“收紧”的命令。如果手头没有做顶的主锁，攀岩者必须将绳子穿过一个合适的顶环金属孔。

做顶的步骤如下所示：

- 先把绳索挂入顶点，发出“收紧！”口令，然后要检查手边是否有一把合适的没有锋利边缘，横截面大约为10 mm的主锁，绳索是否足够长（地面

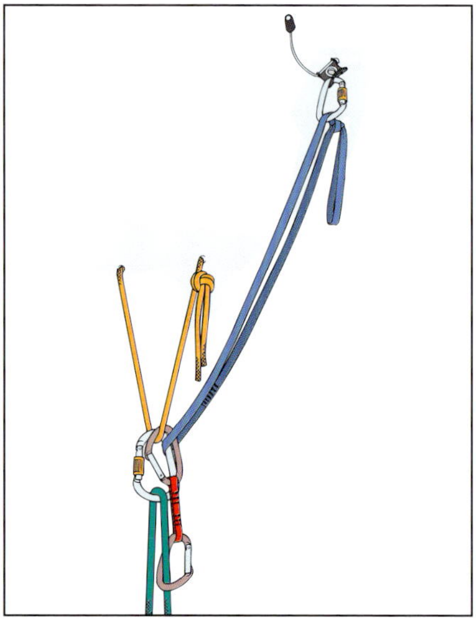

左图：在冰上设置顶绳

右图：通过快挂连接在大仰角路线中下降回收装备

的保护者移动的最大值和保护者手中可用绳索的结也计算在内）。

- 接着用一到两把快挂把自己固定在顶环处，保护者在整个改动过程中都要处在绳索的保护中。之后发出“给绳！”口令。
- 接着把绳子拉出1~2 m，把它系单结和另一把主锁固定在安全带的保护环上（备份保护，一旦临时的自我保护脱落，在做顶的过程中再加一个保险来避免坠落或绳索掉落）。
- 之后攀岩者解开攀岩主绳结，把绳子穿过小环，再将其连接回安全带。
- 腰带上的保护环与绳子重新连接好后，发出“收紧！”口令，等待，直到绳子拉紧，感受保护搭档的保护拉力。
- 现在，攀岩者靠近顶环，确保攀岩绳索承重后攀岩者可以把松开的快挂保护解开，发出“下降！”口令。

提示

- 在整个移动过程中，这个临时的自我保护装置（快挂）应该处于受力状态。保护者在保护站时刻准备保护拆除装备的攀岩者，且至少一个在顶点下方的快挂挂在绳索上。
- 攀岩者可以发出“给绳！”“收紧！”“下降！”口令，但不能发出“完成！”口令，因为这样的话保护者可能会认为他应该拆除保护器。要明确安排如何回收装备，在拆除装备过程中出现的很多事故都跟沟通不彻底有关。
- 切勿在软质材料顶点上进行顶绳保护下降！
- 在仰角路线上，攀岩者必须使用一把随身携带的快挂来将自己挂入保护绳。如此，攀岩者可以在仰角路线中逐个到达中继保护点，卸下快挂。注意避免大幅度摆动，尤其是在到达地面之前的最后一把快挂处。攀岩者要么在保护状况良好时牢牢固定在搭档的保护绳上，要么把最后一把快挂留在第一个挂片上，稍后从地面取出（当取回后再倒攀下来）。

在路线拆顶过程中，用于保护安全的做顶示意图

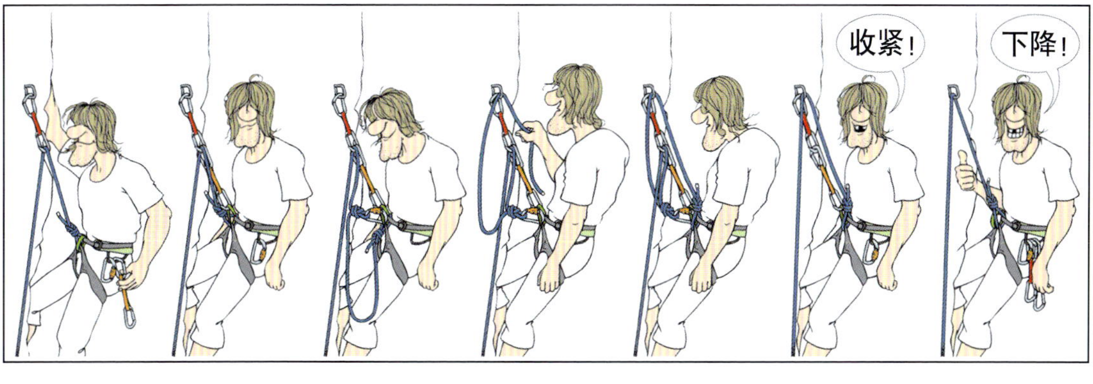

- 在非常大的仰角路线中，如有必要可以再次在一个合适的靠内的点处做顶。

在能放下两根绳索和一把主锁的大环眼处（如粘接式挂片和顶环）也可以使用“双做顶”方式。此时攀岩者要用两把快挂将自己固定在顶点处。攀岩者在不解开主绳结的情况下，把绳索末端对折穿过金属环，穿出部分系出单结，用一个带锁定装置的主锁挂入绳索的单结并连接安全带。然后解开主绳结，把松弛的绳索从金属孔里拉出来，并且向同伴发出“收紧！”口令，剩下的下降步骤跟“做顶”时一样。

与顶绳保护下降相反，绳降也可以在具有较小边缘半径的环或金属孔眼（如挂片）上进行。在中继保护点处悬挂时应该放开双手，借助抓结进行备份保护（见第104页，绳降备份保护）。在小仰角的路线上，搭档也可以在地面上通过拉动绳索把拆除装备的人拉到中继保护点。

绳降

绳降是一种在倾斜或复杂的地形下降时用到的传统技术。以前攀岩者使用传统的“之”字形下降法，如今配备了坐式安全带，且可以借助下降装备，绳降明显变得更舒适、更迅速、更安全。绳降装备要么直接挂在坐式安全带的保护环上，要么挂在离保护环30~40 cm的扁带圈上。用扁带圈悬挂的优点会在“绳降保护”这一段中详细介绍。在绳降的过程中，攀岩者可以用双手使制动装置下的制动绳索快速滑动，两腿稍微分开并跟着移动。在陡峭甚至悬垂的地形上绳降的时候，绳降保护是很有必要的。

绳降装置

绳降装置既能让下降者自由行动，又能产生足够的制动力。因为攀岩者往往用不同直径的绳索，有时甚至用单绳，具有不同制动级别的制动装置能起到巨大作用。

攀岩者可以将攀岩绳对折绑在一起，将绳索环绕在线圈中

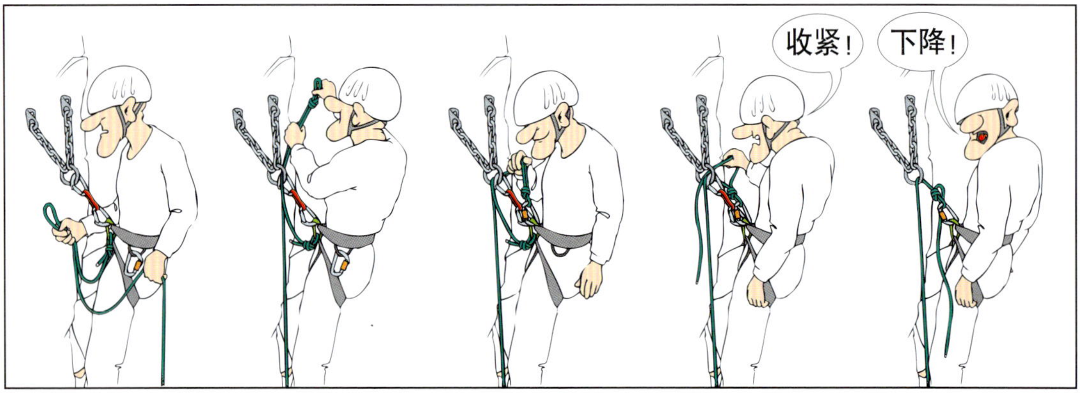

“之”字形绳降

绳降时的基本姿势：膝盖弯曲，两腿轻微分开

借助60cm和120cm长且不系单结的扁带将保护器悬挂在高处

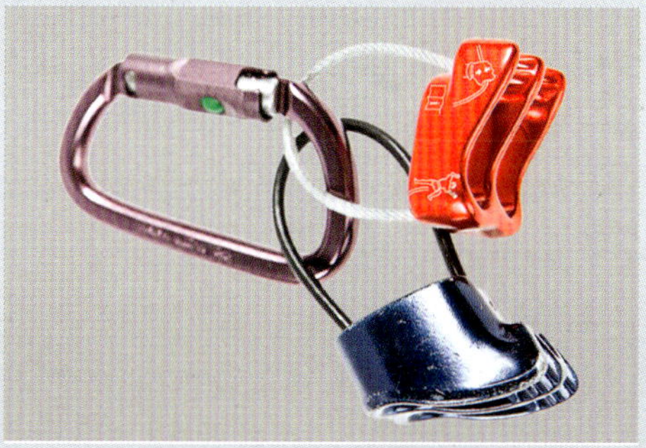

好的管式保护器带有光滑侧和摩擦唇侧

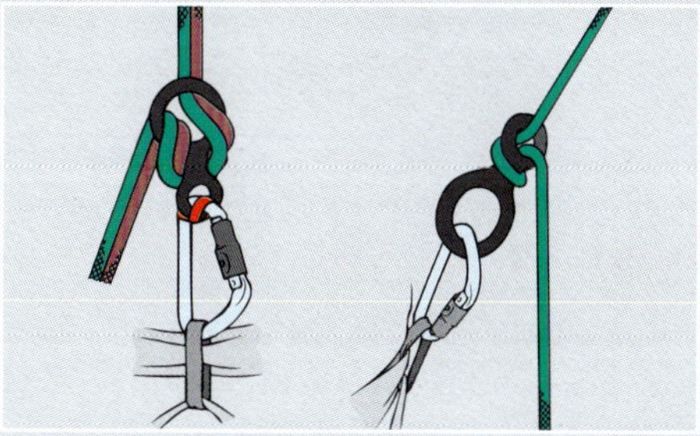

适用于8字形保护器的下降方法

双主锁提高了管式保护器的制动作用

利用8字形保护器下降时，绳索可以以两种方式穿入。如果以双绳绳降，必须使用大孔眼，若是较细的单绳，建议使用小孔眼。如果再将制动绳端旋转180°挂入主锁中，也可以提高制动水平。

推荐使用具有两个制动级别的装置（如一侧带有制动摩擦唇的管式保护器），因为这可以改变用较细绳索进行绳降的制动效果。将两把主锁装配在管式保护器上，制动效果将大大增加，并且也适用于细单绳。管式保护器的另一个优点是可以使两根绳分开，并且不会扭曲，这样更容易整理绳索。

如果攀岩者丢失了下降器，在紧急情况下可利用梨形锁和意大利半扣用于绳降。将制动绳在意大利半扣上缠绕一圈，可以避免绳索因下方绳索的移动而剧烈扭动。此外，应该使用安全主锁，因为旋转式锁门可能会因绳索移动被旋开，导致制动绳索脱出。

单绳绳降时，可以使用很多工业高空作业领域的自动锁定专业器械，比如ID（Petzl生产的一种攀岩器械）、Rig（Petzl生产的一种小巧轻便的下降保护器材）和Eddy（Edelrid生产的一种下降保护器材）。

绳降备份保护

绳降备份保护不仅可以在落石或下降装置设置错误等紧急情况下，为攀岩者提供保护，还可以让攀岩者腾出双手来解开下方缠绕的绳索，并始终可以让攀岩者从制动绳索上松开双手。

通过短普鲁士抓结确保安全

要在绳降装置下方的两股绳上系一个短普鲁士抓结，然后将绳圈挂入制动手

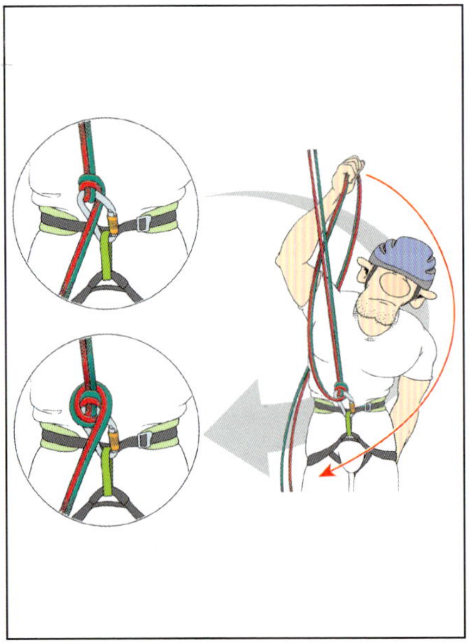

左图：借助意大利半扣绳降时，绕绳增加制动力

右图：一个缝制的薄扁带圈用于普鲁士抓结保护

侧的安全带腿环上的主锁。在绳降时用一只手控制普鲁士抓结。松开制动绳后，短普鲁士抓结会收紧并锁住。

短普鲁士抓结必须长度合适，当它拉紧时，不应碰到绳降装置或是跑进绳降装置中。短普鲁士抓结（见第14页）的直径和缠绕圈数对实现最佳的抓紧效果和舒适的推入是起决定性作用的。将5~6 mm粗，约30 cm长的尼龙或凯夫拉辅绳系出普鲁士抓结，通常缠绕两圈就足够，如果主绳湿且细，则需要三圈，以确保移动时有良好的抓紧效果。短的缝制扁带也很适合作为抓结使用，下降中如果需要也可以用于连接挂片。

绳降时，将短普鲁士抓结系在绳索上并将其挂入相应的腿环。如果绳索下端是自由的，则通过短普鲁士抓结将其拉起。现在整条绳索的重量都施加在短普鲁士抓结上，因此将绳索装配进下降装置会更容易。一切准备就绪后，攀岩者可以松开安全绳索，开始下降。

若短普鲁士抓结太长，会碰到绳降装置，失去锁定作用，此时可以将绳降装置悬挂得高一些来解决问题，但要注意整个下降过程中下降器始终位于攀岩者可以触及并操作的范围内。并且，下降装置不应挂在安全带的攀登环中，而应挂在中间准备好的保护环上。这增加了绳降装置和短普鲁士抓结之间的距离。需要注意的是，

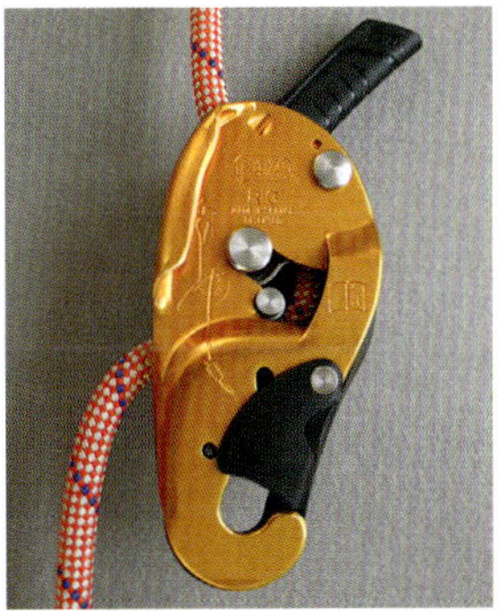

左图：Petzl装备系列提供了一个阻挡系统，用于单绳滑降

中图：注意！太长的短普鲁士抓结在绳降时不能锁定，也不能起到保护作用

右图：绳降装置的理想长度，普鲁士抓结不可以接触到保护器

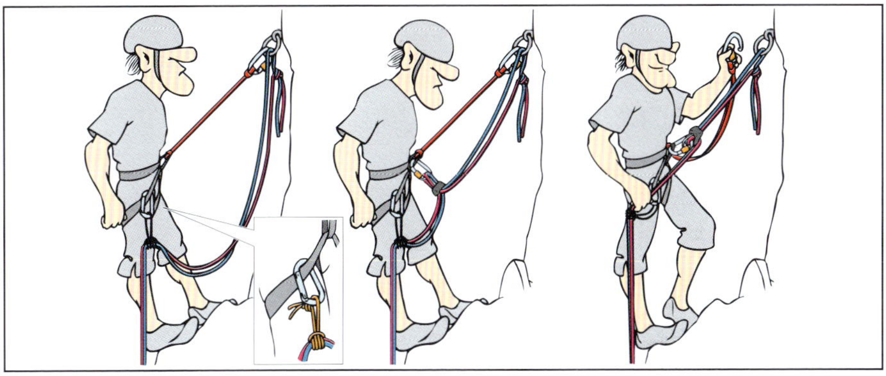

绳降准备的顺序：先系好短普鲁士抓结，然后把绳子置入下降制动装置

在高处悬挂下降器

在垂直绳降时，攀岩者的长头发容易卡入下降设备中，这是非常痛苦且危险的。

这种加长结构的缺点体现在单结的使用上。绳降后，绳结被拉紧，且很难打开。因此作为替代，也可以系一个比例为2:1的双合结或双套结，将自我保护扁带挂到保护环上。绳降装置应悬挂在较短的绳股中，较长的则用于自我保护。

下方保护下降

绳降的另一个选择是下方保护下降。在这个过程中，已成功绳降的人将两条绳索准备好拉到手中。如果绳降者放开了制动绳索，下面的人可以通过牵拉停止下降。然而，这种方法仅适用于已成功绳降的人到达地面或能够将自己固定在岩石上，并且能在牵引范围内观察到下降者的情况。

绳尾结

绳降时，绳索末端要有一个额外的安全措施，防止攀岩者意外滑出坠落。因此，要分别给绳子的每一端系一个绳尾结。这种安全措施的缺点在于，当回收绳索时，可能忘记打开绳尾结并导致绳索卡死在顶部，所以在拉下绳索时攀岩者不可以忘记及时打开绳结。如果攀岩者在短普鲁士抓结的保护下绳降，并时刻注意绳索的自由端，可以不在绳索末端系结。

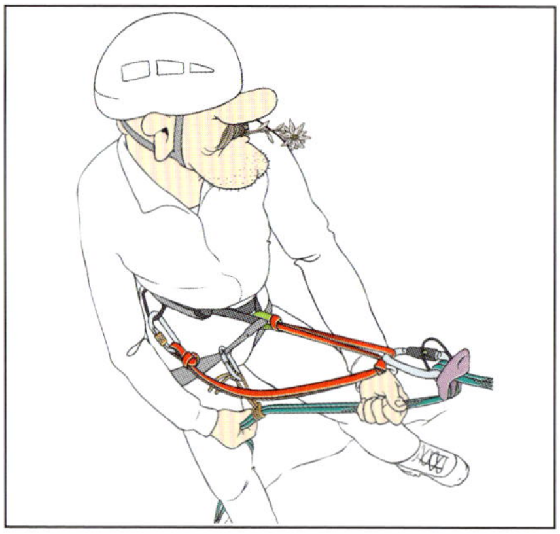

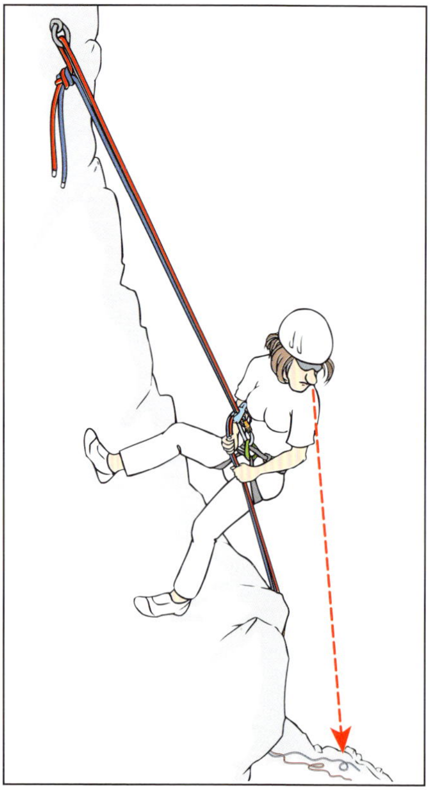

左上图：在系结的自我保护绳上方某一高度悬挂的绳降装置

左下图：绳降时对紧急情况的保护——绳索末端系结

右图：绳降时，若绳索末端没有系结，则应注意绳索两头末端，并借助短普鲁士抓结下降

在自然岩壁上设置绳降保护站

如今，攀岩者在绳降时通常会备份可靠的挂片和顶链。对岩钉上的旧装备，要严格检查。以下规则在每个绳降保护站中都一样重要：应该避免在固定点脱落时，备份保护可能承受的额外的力（见第81页）。如有必要，排查有问题的部分，并从下方提供保护。检查旧绳索是否有因锋利物体造成的磨损，并通过拉动绳索来测试损坏程度。不应完全信任未损坏但陈旧的绳索（见第159页，使用寿命）。

以下是经验法则：

- 始终使用自备的新装备。
- 扁带材料的老化速度比绳索快。
- 有问题时可以抛弃装备，不再回收。例如一些普鲁士抓结，在紧急情况下甚至需要抛弃一条绳索。

如果攀岩者必须自己设置保护站，可以在已有挂片上设置一把不再回收的安全主锁，也可以通过辅绳或绳索，在不造成大的装备损失的情况下，快速设置保护站。绳索不应直接穿过挂片，因为这样很难再将其抽回。

如果没有挂片，攀岩者必须按惯例设置两个或多个固定点并连接，最便宜的是用岩钉、岩楔，紧急时也可用绳结。一个保护站“只需要”承担约攀岩者体重2倍的下降负荷，因此可以用直径为6 mm的辅绳系单结、8字结或布林结连接两个安全固定点。中心圈用单结系成。

左图：下降中的保护站，有备份，无锁链，无顶环

右图：最简单的是在下降时用长绳圈固定

在冰上设置绳降保护站

冰洞绳最适合用于绳降。在冰洞中可以直接穿入绳索，这种方法可以节省材料，但不能在低温下使用湿绳索，因为绳索可能会被冻结，难以拉出。

在下降点和下降时设置备份保护，建议采用以下步骤。

- 设置冰锥和悬挂短的保护站扁带。
- 在中心圈挂入较短的自我保护装置，发出“完成”口令（现在可以解除下方保护）。
- 在自我保护冰锥下方50~70 cm处钻一个冰洞穿入绳索。
- 将中心圈另外悬挂在冰洞绳中。负载应只作用于冰洞，冰锥仅作为备份。
- 将绳索末端穿入冰洞绳并拉至地面。
- 冰洞绳圈还可以通过中心点的主锁固定主绳。

这种方法为所有的自我保护提供了一个明确可识别的中心点，并提供了下方保护。此外，冰洞由辅绳支撑，并通过所有绳索构件的最大重量进行测试。只有最后一次绳降时，检查并拆除备份保护。

在“拧紧的冰锥”上绳降非常复杂，容易出错，因此在冰洞绳上下降总体来说更好。若仍然希望在冰锥上绳降，需要19~22 cm长的冰锥，一条大约3 m长的细辅绳（直径4 mm或5 mm）和一把快挂。首先，将快挂拆除直门锁后，直门锁扁带圈插入冰锥，然后将辅绳固定在冰锥螺杆上，将螺丝与冰面调成锐角。当拧入冰锥时，辅绳在夹板后面逆向缠绕在冰锥主体上。如果螺杆露出冰面一半，请在螺丝周围再缠几圈，最后将主绳扣入快挂，并将辅绳挂在下降主绳上。现在，辅

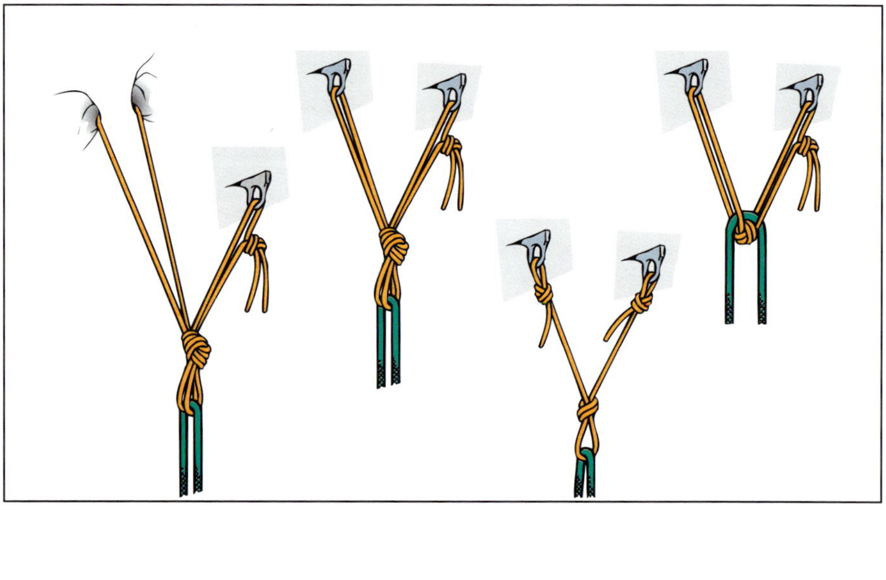

设置下降站的可能性

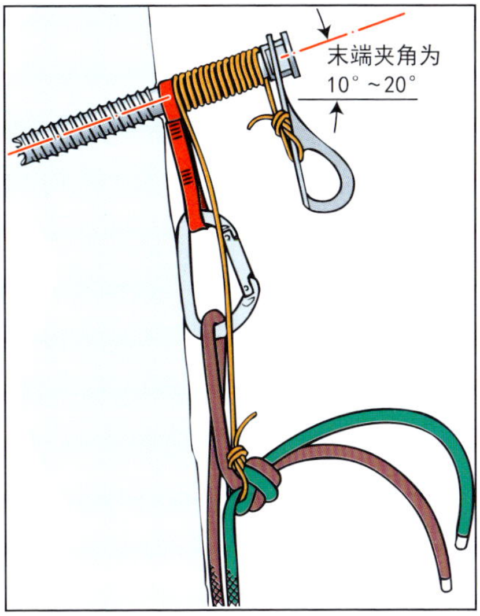

上图：可拉动主绳旋出的冰锥

左图：冰洞沙漏结构绳降

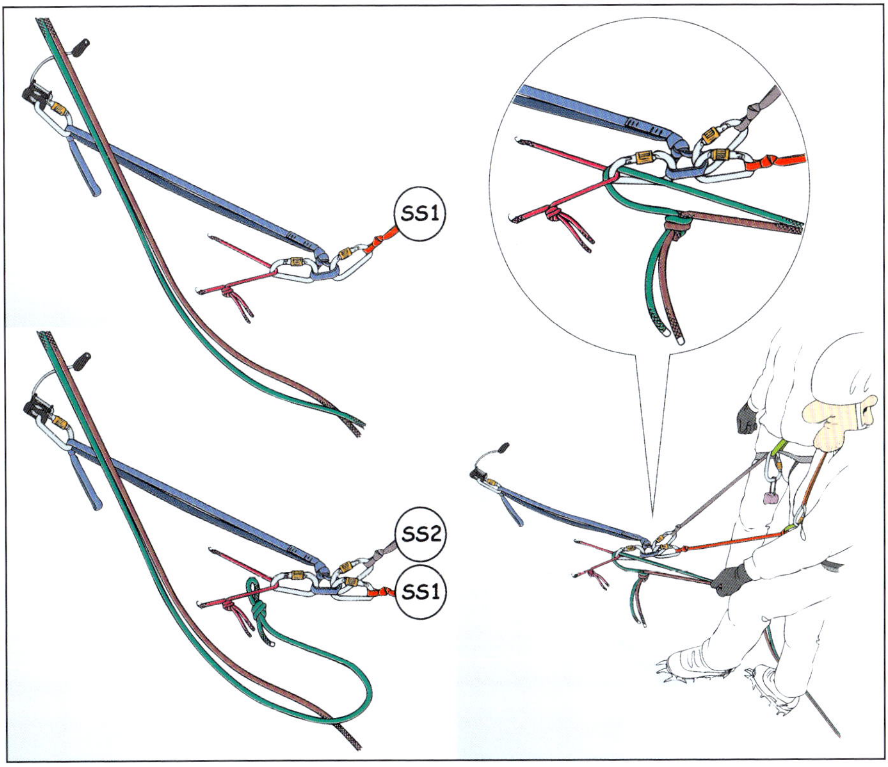

在冰上设置下降系统

绳的自由端固定在绳子上，下降，然后通过拉动主绳将辅绳和冰锥装备组拉下来——完成。在紧急情况下使用之前，请在安全条件下预先练习！

组织与技巧

攀岩者在多段路线攀岩中下降时，不是通过下降速度节省时间，而是通过设置下降中的保护站节省时间。每位攀岩者都配有自我保护扁带、短普鲁士抓结、腿环中的主锁以及下降保护器。反复检查好第一段下降路程，就可以保障所有攀岩者的安全。通过单结和预留的长绳尾（30 cm）将绳索系结，每条绳索末端单独系出绳尾结。先下降的攀岩者系好普鲁士抓结并将它挂到主锁上，拉高绳索挂入下降保护器中，取回自我保护扁带，沿绳索下降。记住稍后拉动取回那条绳索，或者为了系住这条绳索，将其扣入自我保护扁带上的主锁上。

同时，后下降的攀岩者已经在绳索上系好短普鲁士抓结并将其挂在腿环中的主锁上。如果已与先下降的攀岩者事先约定了绳降的下方保护方式，后下降的攀岩者可不使用短普鲁士抓结。先下降的攀岩者已经到达下一个下降保护站并反复检查，确认安全后，可放开绳索。后下降的攀岩者将绳索拉高，将其挂入下降器中，然后就可以开始下降。这时，先下降的攀岩者通过下降保护站将绳索末端穿过顶环，抛出并系上绳尾结。解除另一端的绳尾结，检查安全并保障绳索末端在保护站不被过多系结损耗。

到达保护站时，后下降的攀岩者确保自己挂入中心点，取出下降保护器并开始拉回上方绳索。先下降的攀岩者帮助他取绳索并穿过此处的下降点拉绳。后下降的攀岩者平行于先下降的攀岩者并准备将保护器挂入绳索。此处要注意事先打开抽动绳的绳尾结，否则会因无法取回绳索导致一场下降事故。

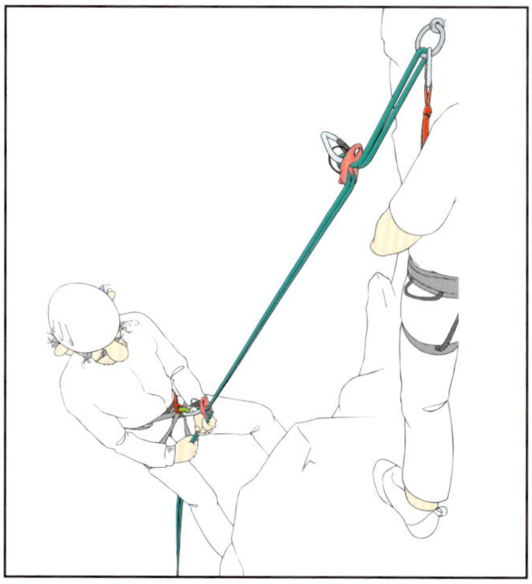

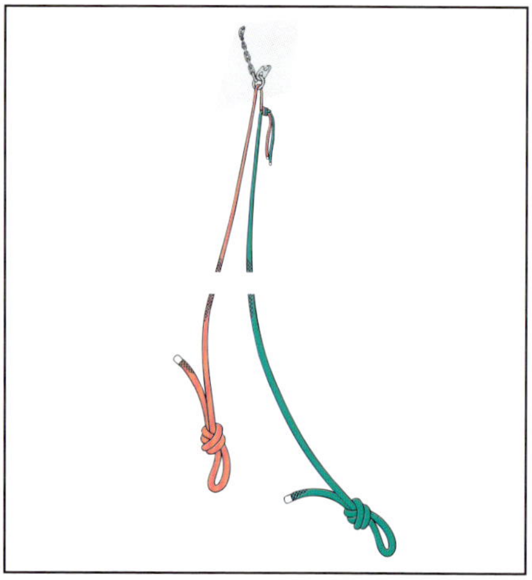

左图：准备并安装好下降器

右图：建议在连接结与单独绳尾结处留出的长绳端

顶绳保护下降

无论是户外攀岩还是室内攀岩，顶绳保护下降都是安全可靠的方法。虽然在高山地形中很少用到顶绳保护下降，但在一定的情况中它也可有效代替绳降。登山向导会通过上方送绳，用顶绳保护的方式让攀岩者下降，这样既可以避免像绳降一样浪费时间，也可以防止攀岩者因操作不熟练造成事故。但对于熟练的、有经验的攀岩队伍来说，使用顶绳保护下降的方式是比较少见的。顶绳保护下降的优点在于不必将绳索抛出，绳索在平坦地带不会卡住也不会缠绕在一起，在风化地带也很少会引起岩石坠落。使用该方式的前提是直至下一个保护站位置，同伴间可以互相沟通（通过喊话）并且下降的攀岩者知道下一个下降固定点在哪儿，还有多远的距离。

顶绳攀登的下降

当攀岩者到达顶环并可以顶绳保护下降时（到达下降主锁或是大而圆的金属顶环），要确保绳索够长。绳索中间点标记作为辅助（见第149页底部右图），若标记在保护者下降器下方或下降器前方，绳索就足够长。另外，在同伴互检（见第118页）时就要反复检查好，自由悬挂在空中的绳索末端系有绳尾结，这样即便因计算失误导致绳索过短也不会让同伴坠落。符合保护器的顶绳保护下降条件（见第32页，保护器的制动力）时，保护者应慢慢地、可控制地将同伴送回地面。室内攀岩时必须注意，同伴下方的保护站是无障碍的。如果攀岩者从仰角过大的岩壁开始下降，保护者要多加小心，因为你的同伴在空中悬挂。保护者应利用扁带固定自己，下降的攀岩者如果需要回收路线上的装备，要用快挂固定自己。如果攀岩者需要下降至比保护者更低的位置，则应该注意保护器设置的方向，而且保护器必须能随时锁定。

从保护站顶绳保护下降

如果想使同伴从保护站下降，有两种方式：使用意大利半扣或管式保护器。

系统设置：借助管式保护器下降

借助管式保护器下降操作简单，但损耗绳索，因为制动效果取决于绳索间的摩擦。如果需要更大的制动效果，在借助管式保护器下降时，在保护器中装配两条绳索用于顶绳保护下降。如此一来，当放下攀岩者后，双绳下降系统就已经不需要再进行复杂地搭建，而且还能有效防止锋利岩石边缘切割绳索造成事故。

下降前绳索末端必须已经在保护站系结固定，这样就不会发生绳索脱出保护器的事故。并且，在整个下降过程中，保护者应能看到下降者，彼此能听到喊话的内容。

索道攀登

目前，索道攀登已经发展成一项独立的运动项目。19世纪与20世纪之交，在高山上，攀岩者用绳索、梯子和木结构的装备保护自己。第一次世界大战期间，悬崖峭壁上所有的道路和隧道都被炸毁。昂贵的金属缆绳设施使进口与给战地送补给变为可能。如今，索道攀登没有了最开始的目的，“达到顶峰”成为攀岩者的目标。为了增加吸引力，索道上还会建设“娱乐道路”，如绳索桥或者短的悬垂岩壁。

将攀爬路径区分出不同的范畴与特征是必要的：

- 高山索道备有连续的金属绳索，且具有高山特征。与运动型索道相比，传统的高山索道大多没有那么陡峭，通过危险道路时，攀登者可用梯子或借助手点、脚点。建议使用固定的索道以便攀登。
- 运动型索道攀登的主旨在于运动性，即用连续的金属绳索通过陡峭的岩壁。攀岩者通常不配备或只配备有限的额外助行器。对运动型索道攀登来说，较好的身体素质和已经设定好的索道攀登系统是必要的（如莱茵哈德施埃斯特索道攀岩路线、约茨山谷攀岩路线、凯泽马克斯索道攀岩路线或马丁岩壁攀岩路线）。
- 娱乐索道攀登起源于法国阿尔卑斯山，从1992年起就设立了超过100条索道攀登路线。它们通常布置在山谷

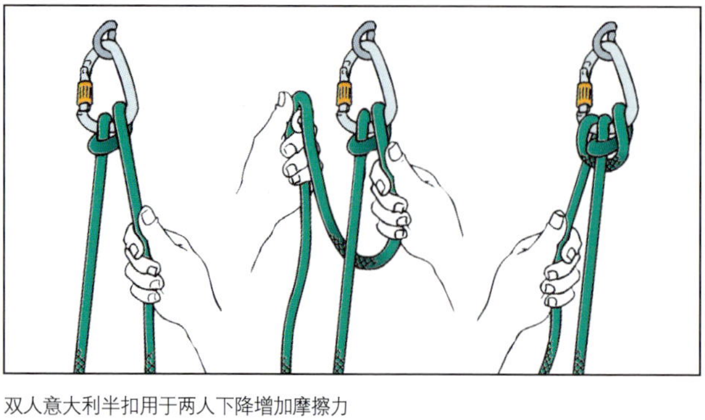

双人意大利半扣用于两人下降增加摩擦力

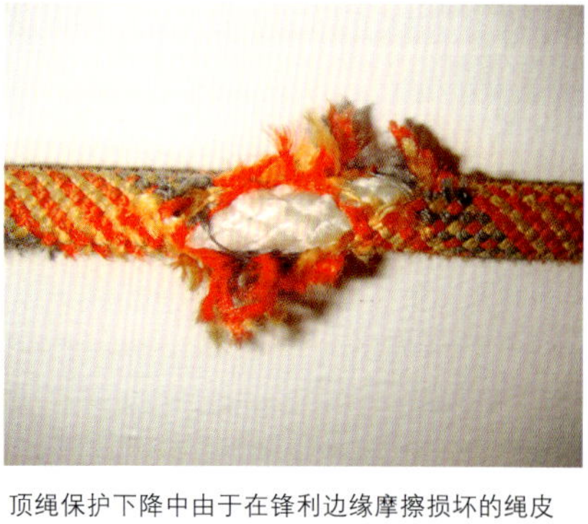

顶绳保护下降中由于在锋利边缘摩擦损坏的绳皮

间，在陡峭的岩壁上设置出尽可能壮观的路线，一部分不与岩石接触，有很多固定设施和各种艺术元素，如绳索桥、钢网和滑动绳索。在此类索道攀登中，登山经验不是必要的，重要的是兴趣。几年来，这种类型的索道攀登在东阿尔卑斯山区出现得越来越多（如波斯塔姆峡谷萨尔茨卡默古特、希伯来、达赫斯坦、迪朗斯峡谷、布里昂松、弗列斯托山峡、苏萨山谷）。

- 有部分索道攀登路线没有连续的保护绳索。攀岩者可对路线中出现的危险、有中断的位置采取防护措施。这些索道攀登路线大多不从固定路径开始。例如，用金属绳索防护高山路径的部分路段（如朱比劳姆山脊、尔斯坦、石头航道、凯泽山）。

安全技术

在索道攀登中的冲坠是登山运动中最危险的冲坠，因为相对于冲坠高度，它只有很短的制动距离用于吸收能量——这使冲坠系数位于3~5之间！这样的冲坠会导致所有绳索、扁带及大部分的主锁达到载荷极限。因此，索道攀登时要通过势能吸收器（Energy Absorbing System，又名能量吸收系统、攀岩制动器、冲坠力减震器）保障安全。

对此，有两种不同的作用原理。扁带势能吸收器的阻尼元件是编织或缝合的扁带，其在负载下会断裂并吸收能量。已经过时的绳索摩擦势能吸收器通过将扁带或绳索穿过孔板来进行缓冲制动，此时摩擦力在制动绳端滑动下吸收势能。在实际情况中，扁带势能吸收器效果更好，第一是因为即便不整理恼人的制动绳端，也不会阻断其运作。第二是其制动值是恒定的。例如当岩壁潮湿时，绳索摩擦吸收器会产生与干燥环境下不同的制动值，甚至在极端潮湿的条件下，一些绳索摩擦势能吸收器会失效。

图中使用的保护装备均不符合索道攀登的标准，这是经常出现的错误

用双合结将索道攀登的装备与安全带上的保护环连接。注意：腰带装备环不是安全的悬挂位置！在标准中仅测试攀登环和腿环以及保护环。在Y形受力系统中，两把主锁都挂在钢丝绳上并随身携带。为了连接钢丝绳螺栓，一把主锁应装在另一把之后。重要的是，攀登者应该很好地利用索道攀登主锁的闭合系统，从而快速安全地在陡峭岩壁上攀爬。尤其是在许多情况下儿童会遇到难以处理的系统问题，这不仅因为他们的手比成年人的小，还因为索道攀登需要一些特殊的运动技能。应始终注意保护儿童。

安全规则

索道攀登时，冲坠者会沿钢丝绳索降落至最后一个固定点。由于冲坠路线在这里是沿着岩壁向下的，因此在索道攀登中的冲坠会对攀登者造成严重伤害。攀爬路径上的装备与汽车中的安全气囊作用类似，是一种应急系统，可以防止发生致命的坠落事故。一旦系统因冲坠而负载，在使用后必须将其丢弃，因为扁带势能吸收器或绳索摩擦吸收器的制动力和制动距离不再符合标准要求。

只有扁带势能吸收器（最上面）可无限制使用；绳索摩擦吸收器是有缺陷的；V形受力系统（最下面）根据UIAA不再符合标准

在索道攀登时，两个定位点之间应该始终只有一个人。如果攀登者之间距离过近，那么处于较低位置的攀登者将不可避免地因上方攀登者的冲坠而冲坠。例外情况是一位成年攀登者紧跟在儿童攀登者身后保护、帮助儿童。

除势能吸收器之外，索道攀登者还需要佩戴头盔，一方面是因为攀登者有可能因上方攀登者的攀登而面临落石危险，另一方面是其面临冲坠时的撞击危险。

额外的安全绳索

在索道攀登中应尽量避免发生冲坠，在陡峭或复杂的路径中，儿童和较柔弱的攀登者应该用额外的绳索保护自己，并且也会节省体能。当存在摆动危险或当攀登者想在停靠点休息时，自我保护系统应被连接。此时，需使用双绳结将扁带固定在固定点上，并通过意大利半扣或上方管式保护器固定（见第54页，上方保护）。

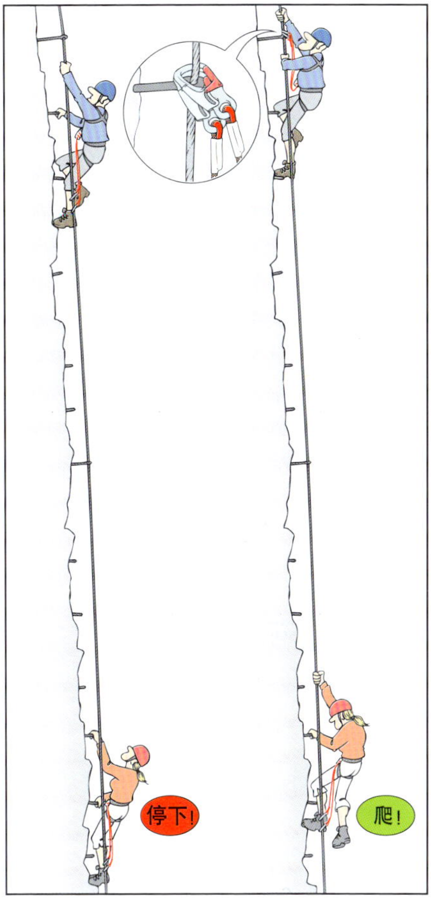

左图：注意间距是索道攀登的一个重要规则

右上图：儿童可由其后方的成人攀登者照顾

右下图：头盔是索道攀登的标准配置

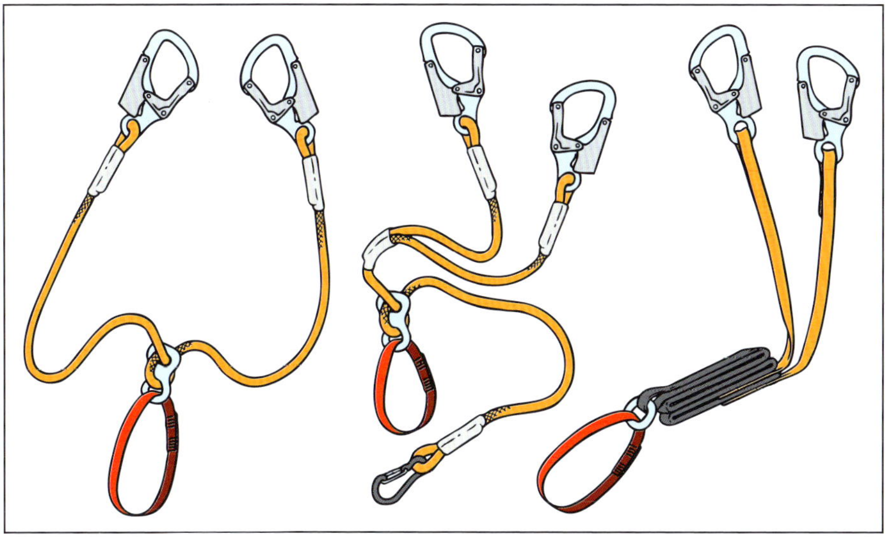

从左到右依次为V形受力系统（不被认可）、Y形受力系统、扁带势能吸收器

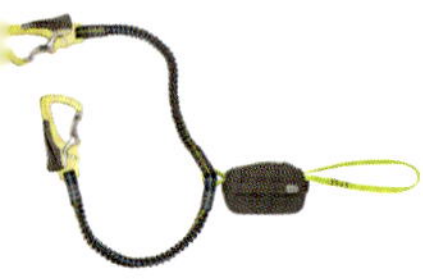

上图：Vario（一种攀岩制动器材）可以调节与使用者体重相适应的制动力

下图：额外设置简单的安全系统，保护儿童

通过势能吸收器保护儿童和轻体重攀岩者

德国登山协会安全研究表明，若使用者的体重轻于50 kg，2017年以前符合标准的传统势能吸收器会失效或制动效果不好。体重30 kg的攀岩者在5 m距离的冲坠中，传统势能吸收器的平均制动距离只有10 cm，制动效果不好。相反，一位80 kg的成年攀岩者的制动距离却有90 cm。安全研究表明，体重超过50 kg的攀岩者才可使用扁带势能吸收器，体重超过60 kg的攀岩者才能使用绳索摩擦势能吸收器，因为其摩擦力的峰值在由静摩擦过渡到滑动摩擦时才出现。

体重轻的攀岩者需要使用低敏感度的势能吸收器（见第173页）。根据旧标准，效果较弱的势能吸收器不能进入市场，因为其在测试中的制动距离超过了120 cm的允许制动距离。势能吸收器最好能够根据使用者体重来调节制动敏感度。此外，应额外保护儿童和经验不足的攀岩者。

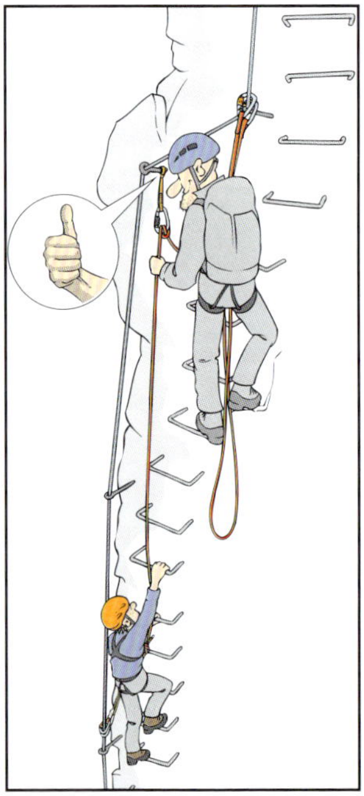

应额外保护儿童和经验不足的攀岩者

绳索口令

自登山运动开始时，就使用绳索口令。沟通有助于消除误解，预防事故。

室内攀岩中的绳索口令

在室内攀岩中“完成”口令经常被错误使用。因为在高山攀登中，当攀登者到达顶点喊出“完成”口令时，指他想要在穿绳后被解除安全保护。“完成”的意思是位于上方的攀登者已经做好自我保护，保护者应解除安全措施。如果上方攀登者在穿绳后仍受到下方保护，他就会因口令被误解而坠落。在攀岩室或户外攀岩时，常见的“收紧”“下降”口令就已经能够让搭档明白自己要做什么了。如有必要，额外的给绳和“给绳”口令也很有帮助。攀岩室内同时进行着许多活动，攀岩者应与搭档互相告知名字，这样就能明了“收紧”口令是给谁下的了。

自然岩壁攀岩中的绳索口令

在自然岩壁攀岩中，“完成”和“解除保护”口令是必要的。此外，诸如“收绳”“收绳到位”和“可以攀登”之类的口令虽然很常见，但不是必需的。特别是在多绳距结组攀登路线中，攀岩者们应在开始前就统一口令和步骤。

简单明确的口令和明确的步骤不会造成误解。为了避免在风中交流困难或攀岩者间距离过远，也应该约定好拉绳口令。例如，拉红色绳索三次表示“完成”。大约10秒钟后，如果绳索被收紧说明口令得以传递。与此同时，保护站和上方保护已经准备好，在绳索收紧后立即进行固定。后方攀岩者在绳索收紧后10秒，当他感觉到保护者开始匀速拉绳子时，就可以开始攀登了。

除了呼喊外，也可以用手势交流，例如，喊出“完成”口令时挥动双手，喊出“完成”口令时高举大拇指。

配合默契的团队知道如何在不说话的情况下通过信号示意来沟通。绳降时，“下降完成”口令就足够了。此时攀岩者通常可以在不说口令的情况下进行操作，因为攀岩者可以感觉到下降绳索的松紧程度。

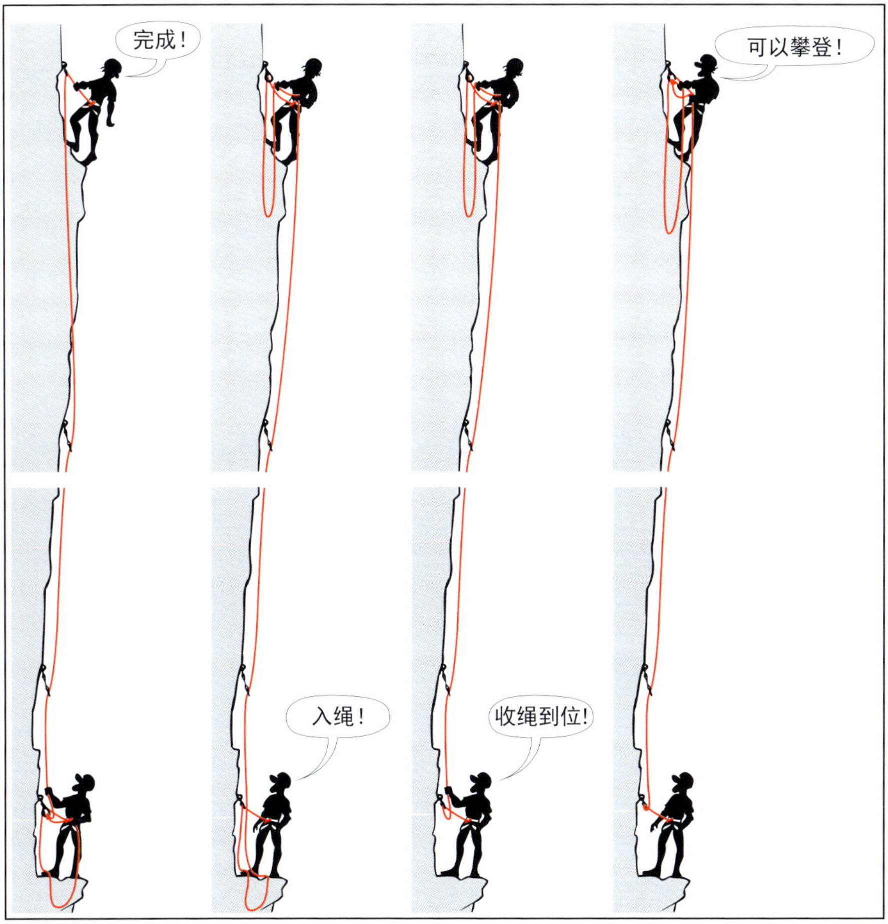

多绳索长路径中的绳索口令

竞技攀登的基本规则

无论是在许多人共处的狭窄空间，例如室内攀岩馆，还是在那些不同的利益群体共同使用的自然空间，都必须约定规则。

在室内攀岩馆中已预先确立规定，例如由于高粉尘污染，只允许使用镁粉球，除此之外，通用的保护技术规则也已经确立，例如同伴互检。因为攀岩是一种风险竞技项目，那些清楚风险并掌握相应保护技术的人，才能不受伤害并从中长久地得到乐趣。因此，去训练自己吧！如果你观察到其他攀岩者所犯的错误，应该与他们就此进行商讨更改。

下面列出了由德国登山协会制定的攀岩规则。

同伴互检

在开始攀登前，同伴之间需要互相检查四点：

1. 是否正确穿戴并锁好安全带？

2. 绳结是否连接正确？

3. 是否正确放置保护器，并将其与带锁定装置的主锁正确连接？

4. 绳索是否足够长且安全？

有经验的攀岩者只要看一眼保护器或者绳结，就能知道它们安装得是否正确。如果还感到不确定，就要更仔细地检查保护器和绳结——因为在这里，错误带来的后果是灾难性的！

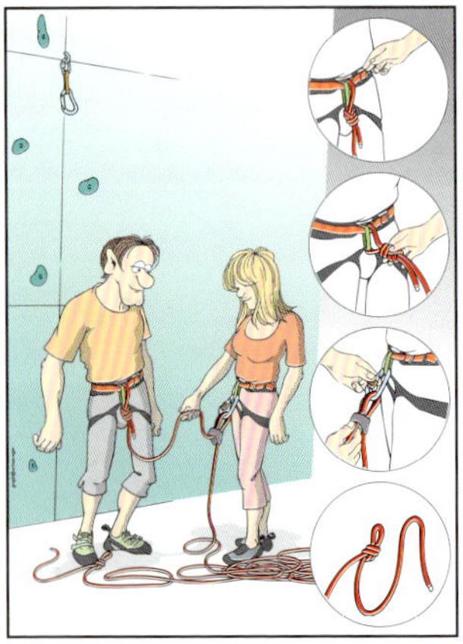
同伴互检避免了由轻率鲁莽引起的致命错误

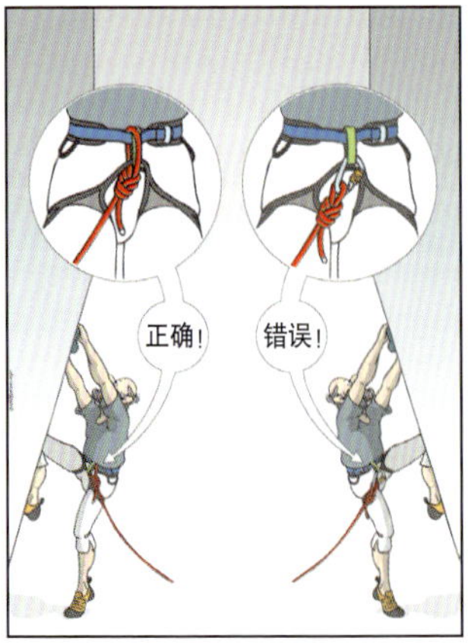

危险！攀岩时不要用主锁连接绳索

在先锋攀登时直接连接安全带

在先锋攀登时始终直接用8字结或者双布林结将安全带攀登环与主绳连接在一起（见第20页，连接主绳）。在后续攀岩时也要直接连接；只有在例外情况下，要用两把相对的主锁或一把安全主锁（见第154页，封闭系统）将绳索挂在保护环中。

不要对儿童要求过高

儿童并不是体型较小的成年人。显然，他们比成年人体重更轻，拥有的力量也有限。而且儿童也不应当承担像成年人那样的责任。因此，儿童不能保护体重较大的成年人的安全。更多与“保护儿童”主题相关的信息，见第120页的“儿童的自我保护能力”。

正确操作保护器

大约三分之一的室内攀岩者在通过保护器保护先锋攀登者的安全时，会无意中产生重大的操作失误！糟糕的是他们从不重视这些！因为事故发生的频率相对较低，并且在室内攀岩馆很少出现没有预示的冲坠。大多数情况下，先锋攀登者会在临近路线的一个大手点上挽救自己，或者通过已经挂好的顶绳攀登。认真负责的攀岩者会很熟悉他们的保护器，而且不轻易更换不熟悉的装备，并且向其他攀岩者指出他们的错误操作。要保持一只手抓住制动绳端，还要在用管式保护器进行安全保护时尤其注意制动手的位置。更多以录像片段的形式出现、与保护器的准确操作相关的信息，要加强关注。

在进行安全保护时要全神贯注

保护器操作错误还可能是因为攀岩者在保护搭档时过量预留给绳长度和站立位置错误。因为攀岩者手握着自己搭档的性命，所以必须投入全部注意力保护搭档的安全，而且只有在感到自己能胜任这个任务时，才能去承担这份责任。

挂好所有的中继保护点

必须挂好所有的中继保护点，因为冲坠随时都有可能发生，而且室内攀岩馆的支点也有可能发生断裂或松动。如果谁因为遗漏了快挂而撞上了远在后方的攀岩者、从旁经过的人或者自己的搭档，谁就要为他们的受伤负责！

悬挂中继保护点时不要过度向上拉绳

在稳定的位置处挂绳，并且尽可能挂至自己的髋部高度。因为室内攀岩馆的快挂比较密集，即便在第五个挂片处过度伸展拉绳，也存在掉落到地面的危险。应该避免在距离地面较近处，过多拉出绳索来挂绳。

保持冲坠区域畅通

在攀岩者下方的冲坠区域应始终保持畅通。这不仅关系到旁边路线上攀岩者的安全，还有地面上人员的安全。室内攀岩馆和攀石场地不是儿童的游戏场所，因此儿童在这些地方必须被时时照管。冲坠区域内的人要负起责任。

儿童不应当保障成年人的安全

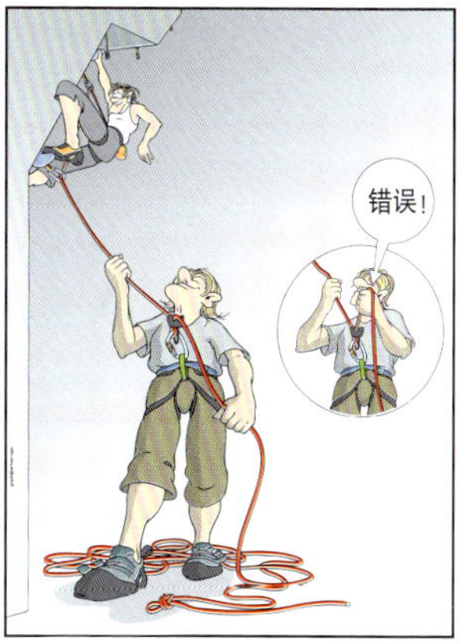

在用管式保护器进行安全保障时正确的制动手位置至关重要

顶绳攀登时不能只使用一把主锁

顶绳攀登者在设置顶点时尽可能始终使用两个独立的保护点和两把主锁（见第98页，顶绳顶环）。

注意摆荡的危险

只有挂住每个中继保护点，才能在大幅度仰角路线上进行跟攀。注意此时应防止大幅度地摆荡。

永远不要绳索叠绳索

永远不要把两条绳索挂在同一个顶点上。如果两条绳索互相摩擦或者一根超过了另一根，会损伤表面，甚至会被熔断。

小心下降

下降前必须清楚路线是否已被拆除，以及是要穿绳、反向还是绳降？绳索是否足够长？在这里，信息交流非常重要（见第116页，绳索口令）。保护者要将搭档匀速缓慢下放，并注意保持落地区域空旷。

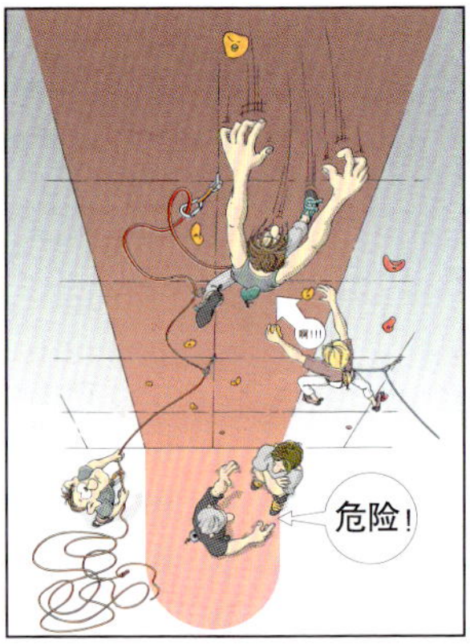

下放时要谨慎小心

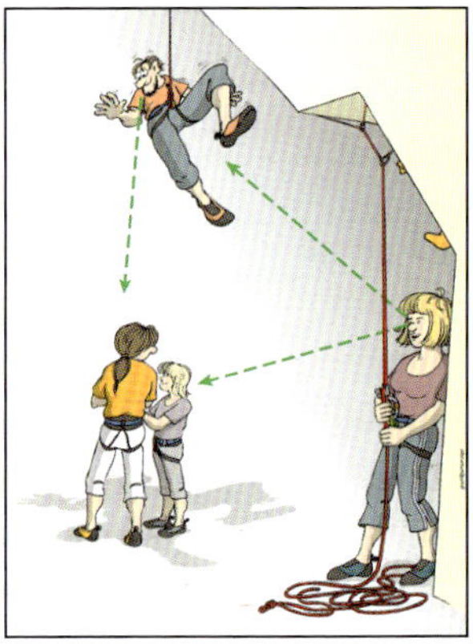

保持冲坠空间畅通

儿童的自我保护能力

成年人对儿童和青少年要承担“监护义务”，它可以由父母承担，也完全可以交给除父母外的第三人（青少年负责人、教练等）承担。承担监护义务的人要负起责任。

14岁以下的人都被视为儿童，按照法律，他们还没有达到对自己的行为负完全法律责任的年龄，行为能力也有限。这也就是说，如果发生事故，儿童并不承担主要责任，而是监护人自行负责。对14~18岁的青少年，可以根据他们的个人能力和技能适当给予其更大的责任。

当儿童攀岩和独立保护他人安全时教练要给予指导。因为这是对责任心的挑战，所以监护形式是非常重要的，儿童会伴随着这种监护逐渐可以责任自负地进行安全保护。备份保护的形式、保护器的选择、对个人能力的评定以及每位儿童个体的成熟度至关重要。下页图根据儿童及青少年的认知、社会和运动机能方面的能力划分了保护能力等级，能在判断“他们何时能够保护其他儿童安全”时提供帮助。

认知方面的能力包括判别危险情况并相应地作出反应的能力，比如先锋攀登者在挂绳时向上过度预留给绳、遗漏了一个中继保护点，并根据冲坠情况极速收紧或相对动态地保护先锋攀登者的安全。社会方面的能力包含了使对方理解自己活动的意义的能力，以及满足对方需求的能力。例如，要能辨别先锋攀登者何时感到恐惧、可能坠落、何时调动他们的积极性以及何时必须向他们指出危险。运动机能涵盖了安全操作即快速给绳与收绳、保持安全冲坠以及适当动态地进行安全保护的能力。

监护形式与下方保护

为了给予儿童和青少年学习的机会，就要在不对他们自己和其他人身上产生不

攀登方式	直接监护	非直接监护		无监护
	控制下的安全保护	看护下的安全保护（由第三方进行的备份保护）	看护下的安全保护（无备份保护）	独立的安全保护
顶绳攀登	约8岁起可进行	约10岁起可进行	约12岁起可进行	约14岁起可进行
先锋攀登	约12岁起可进行	—	约13岁起可进行	约14岁起可进行

良后果的情况下，允许他们犯错误。首先，选择监护形式时，教练应该参与其中（控制下的安全保护）或者有效地采取下方保护（由第三方进行的下方保护）。只有在观察到儿童或青少年确实具有上文所述的能力，才能发展到下一个监护阶段，即在看护下进行安全保护。

在选择保护器时，推荐使用半自动装置，如ClickUp保护器或Smart半自锁保护器。也可以携带动态保护装置如管式保护器或意大利半扣与主锁，但这样的话会大大延长下方保护的时间。

控制下的保护和由第三方进行的下方保护

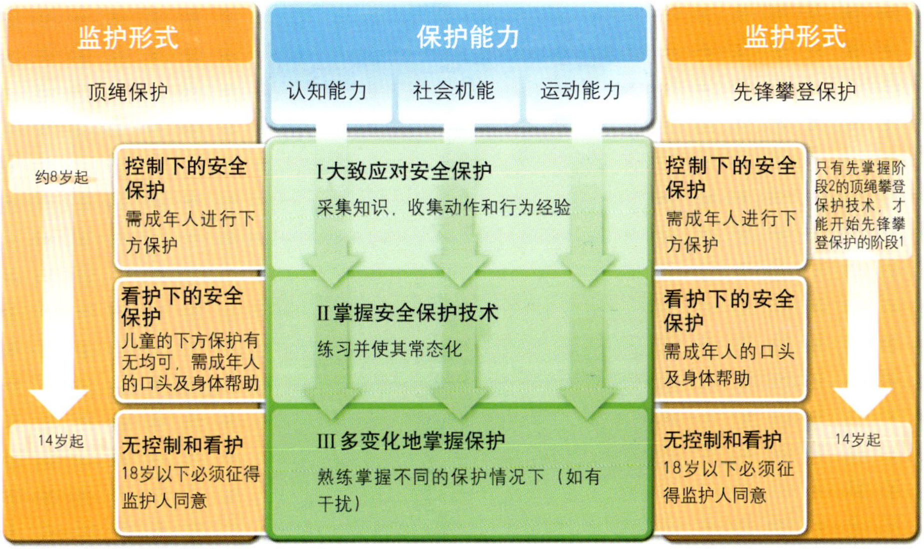

儿童的自我保护能力

攀岩证书

自2005年起便有了“德国登山协会攀岩证书”，内容上与“德国山地和滑雪向导协会证书”相同。“人工岩壁顶绳攀登”“人工岩壁先锋攀登”与“自然岩壁攀登”这几个等级可颁发证书。

自2013年起，针对使用机械岩塞的攀岩也提供了“传统自然岩壁”攀岩证书。可通过学习相应课程来获得这些证书，这也促使攀岩者习得这项运动中的现有安全标准。然而这些证书并不具备法律效力，也不是许可证，而是类似于保护技术（攀岩能力从属于此）领域内的一种运动等级标志。保证攀岩时绝对不发生事故，这样的要求是不合理的。

顶绳攀岩证书

专为攀岩初学者设计的独立顶绳攀登课程，建议最低学习年龄为12岁。考试内容如下。

- 同伴互检。
- 顶绳保护。
- 顶绳攀登。
- 口令和下降。
- 冲坠模拟。

先锋攀岩证书

专为进阶攀岩者设计的课程，目标是与相关的先锋攀登保护者配合登顶。建议最低学习年龄为14岁。考试内容如下。

- 如未完成顶绳攀登证书所要求的内容，则再考查一遍。
- 同伴互检。
- 先锋攀登保护。
- 先锋攀登。

自然岩壁攀岩证书

专为进阶攀岩者设计的自然岩壁攀岩课程。考试内容如下。

- 绳索与身体的位置关系。
- 穿绳与做顶。
- 下降。
- 自然保护。

已经开始攀岩但是未完成过正式培训的攀岩者也可以参加这些考试，同时这也是一个可以了解到最新保护技术的机会。由德国登山协会有关部门、大学、私人攀岩馆与登山学校进行证书的授予与验收。对此感兴趣的攀岩者最好向上文提到的指定机构进行咨询。通常只允许有相应攀岩经验和许可证的培训师（登山向导、专业培训师）进行此类考核，具备最新专业知识是前提条件。

德国登山协会证书——人工岩壁攀岩

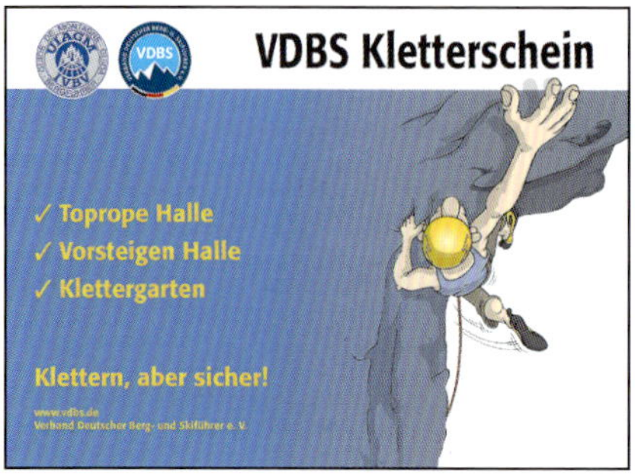

德国山地和滑雪向导协会证书

路线规划

良好的路线规划可以提升体验感和安全性。在风险管控方面，它的意义在于取得能力与意愿之间的适当平衡。应该选择与所有团队伙伴的能力相匹配的路线，合理的策略可以保证攀岩顺利进行。同时，根据“风险三步”（见第7页）把所有可预期的风险提前考虑进去，进行评估，并且制定相应预案。在实际攀岩时，攀岩者会把计划外的新情况不断补充进去，必要时予以纠正并作出适当决策。

对此需要攀岩者有持续的专注力，清醒的认知与务实的自我评价。提早了解难点，确定检查点以及制定撤退的时间计划，若有可能也可准备替代方案，这些都是很有帮助的。“计划就是调整”策略也被称为“滚动式计划”。

路线——地形

50年前，还是采用“散文式”描写攀岩的路线走向，所以现在人们使用所谓的“路线——地形”一词。不同的地形符号代表不同的路线走向，指明攀登的要点，也提供了安全信息。

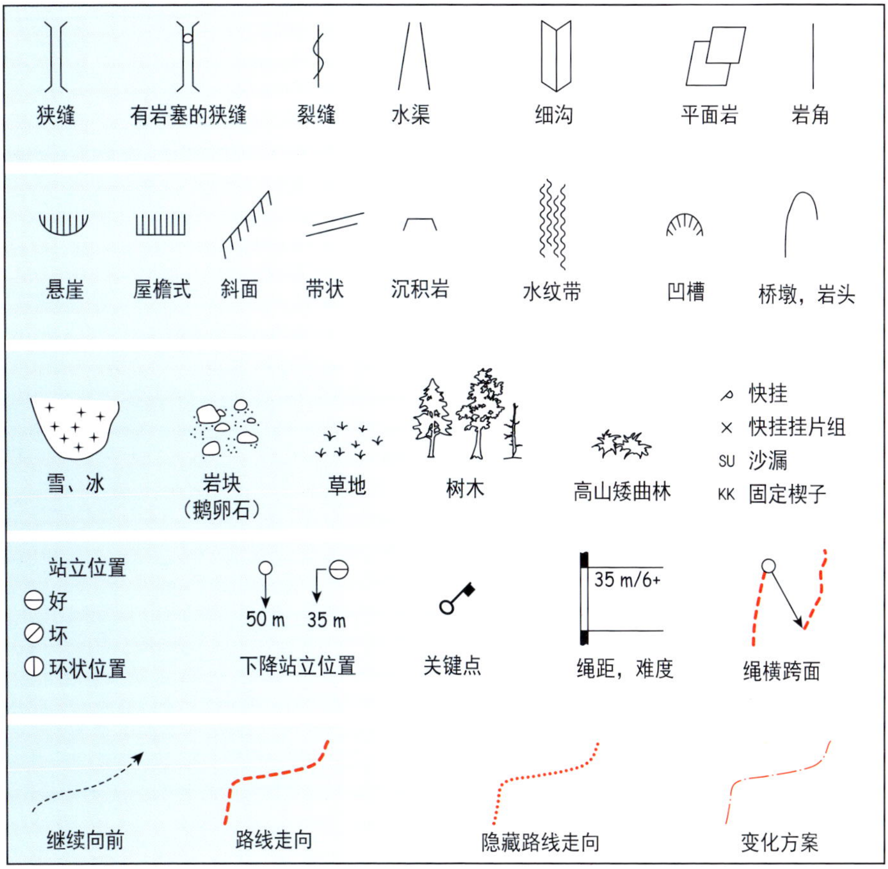

标准的地形符号

这些符号是统一的，并且国际通用。除了关于攀岩路段的长度和走向的信息之外，安全保护与难度分布在优秀的攀岩导引书里也是很常见的，书中会将表现路线走向的岩壁照片刊登出来。

难度评级

为了表明攀岩通道的难度，不同国家制定了不同的刻度标准。其中大多数为数字标度，只与攀岩难度有关。

其中不同路线（包括保护站的质量、快挂长度等）对攀岩者的心理素质要求也反映在等级中。通常快挂质量、快挂长度或者路线暴露程度的单个参数以“E评级”形式展现（E1~E6）。以自由攀岩的方式通过线路，还是以人工攀岩的方式通过，则需要在难度评级上进一步区分。关于人工攀岩技术，国际上有通用标准，即A0~A5。在冰面上也使用通用标准“WI-标准”（技术等级有WI1~WI7）。冰岩混合路线则有M3~M13的“M-标准”。

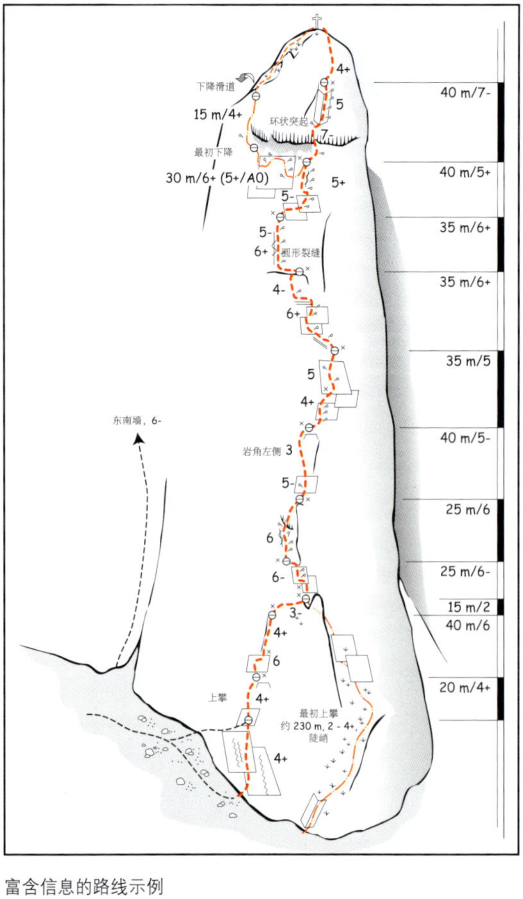

富含信息的路线示例

在霞慕尼魔鬼山脊的高山攀岩

当然所有这些参数信息都是主观的，也会受到区域不同的影响。尽管如此，如前面提到的“路线——地形”这样的评级对于多数攀岩者来说，是非常重要的辅助指南，对路线规划也十分必要。

高山风险

人类进入山地区域面临的风险被称为高山风险。具体来说，就是由天气或者气象状况所产生的危险，如雪、雨、风等，或者由裂隙、雪原、岩口、断崖、冰柱、高地这样的地形条件所产生的。其中的危险有时也是因为其他攀岩者或野生动物造成的，如落石与雪崩。

难度等级对比表

<table>
<tr><th>国际登山联合会</th><th>法国</th><th>英国</th><th>易北河砂岩</th><th>美国</th><th>澳大利亚</th></tr>
<tr><td>4+</td><td>4</td><td></td><td>IV</td><td>5.4</td><td rowspan="3">17</td></tr>
<tr><td>5–</td><td>5a</td><td rowspan="2">4a</td><td>V</td><td>5.5</td></tr>
<tr><td>5</td><td rowspan="2">5b</td><td>VI</td><td>5.6</td></tr>
<tr><td>5+</td><td>4b</td><td rowspan="2">VIIa</td><td>5.7</td><td rowspan="3">18</td></tr>
<tr><td>6–</td><td rowspan="2">5c</td><td>4c</td><td>5.8</td></tr>
<tr><td>6</td><td rowspan="2">5a</td><td rowspan="2">VIIb</td><td>5.9</td></tr>
<tr><td>6+</td><td>6a</td><td>5.10a</td><td rowspan="2">19</td></tr>
<tr><td>7–</td><td>6a+</td><td>5b</td><td>VIIc</td><td>5.10b</td></tr>
<tr><td>7</td><td>6b</td><td rowspan="2">5c</td><td>VIIIa</td><td>5.10c</td><td>20</td></tr>
<tr><td>7+</td><td>6b+</td><td>VIIIb</td><td>5.10d</td><td>21</td></tr>
<tr><td>8–</td><td>6c或6c+</td><td rowspan="2">6a</td><td>VIIIc</td><td>5.11a或5.11b</td><td>22</td></tr>
<tr><td>8</td><td>7a</td><td>IXa</td><td>5.11c</td><td>23</td></tr>
<tr><td>8+</td><td>7a+</td><td rowspan="2">6b</td><td>IXb</td><td>5.11d或5.12a</td><td>24或25</td></tr>
<tr><td>9–</td><td>7b或7b+</td><td>IXc</td><td>5.12b</td><td>26</td></tr>
<tr><td>9</td><td>7c</td><td rowspan="2">6c</td><td rowspan="3">Xa</td><td>5.12c或5.12d</td><td>27</td></tr>
<tr><td>9+</td><td>7c+</td><td>5.13a</td><td>28</td></tr>
<tr><td>10–</td><td>8a或8a+</td><td rowspan="2">7a</td><td>5.13b</td><td>29或30</td></tr>
<tr><td>10</td><td>8b</td><td rowspan="3">Xb</td><td>5.13c或5.13d</td><td>31</td></tr>
<tr><td>10+</td><td>8b+</td><td rowspan="2">7b</td><td>5.14a</td><td>32</td></tr>
<tr><td>11–</td><td>8c或8c+</td><td>5.14b或5.14c</td><td rowspan="2">33</td></tr>
<tr><td>11</td><td>9a</td><td rowspan="2">7c</td><td rowspan="2">Xc</td><td>5.14d</td></tr>
<tr><td>11+</td><td>9a+</td><td></td><td>34</td></tr>
</table>

简单的救援方法

本书会介绍基本的救援技巧，掌握这些并将它们灵活地结合运用，你就可以在大多数危险情况下自救。为了不让自己陷入绝境，一个清晰的应对方案以及在每个阶段都有远见地采取行动是非常重要的。

通常，在攀岩过程中会出现三种情况：人们要不把某人拉向自己，要不让某人远离自己，或者是接纳某人和他一起绳降。对此，掌握不同的固定技巧、悬挂法，以及沿固定绳索的下降技巧、上升技巧是很有必要的。

紧急情况下的救援规则

如果在山里出现了意外事故要保持冷静，用清晰的头脑审慎行事。首先要考虑自己的安全和保护措施，然后主动行动。应急攀岩救援的操作步骤：拨打紧急呼救电话，营救处于危险地带的人，进行初级处置并安置、转移伤员。什么时候拨打紧急呼救电话要视情况而定。在遭遇雪崩、山崩时要先确定位置并清除路障，但在大多数情况下要尽快向救援组织求助。

了解概貌

在阿尔卑斯山区，出现事故时，人们所处的环境很重要。事故发生后的最初10~30秒内，你要进行位置判断，并实施以下一系列重要的决策。

急救电话

通过手机进行紧急呼救。即使你没有输入SIM卡的个人识别密码（PIN码），在任何可用的运营网络中你的手机都可以拨打求救电话。每个国家都有不同的组织（警察、消防队等）接听求救电话。这些组织会将求救电话转接到各自的救援调度中心，所以会出现短暂的耽搁。地区性的，通常由地区政府牵头的急救电话会对这种情况进行补救——在国外的话不要忘记每个地区的区号！完善的旅行计划中的一项内容就是将这些电话号码存到手机中。

国家和地区急救电话

国家	电话
德国	红十字会–高山救援19 222（巴伐利亚州）
奥地利	红十字会或救援调度中心144
意大利	救援118（南蒂罗尔）
瑞士	空中救援组织1414
	冰川凌空1415
	144（瓦莱州）
法国	中央急救电话15
	消防队–救援18
	救援调度中心（法国空中救援队）0033 450 53 16 89

高山遇难呼救信号

你需要在一分钟内发出六次可以被看见的或者被听到的信号，信号之间的间隔要有规律。在休息一分钟之后继续重复上述动作。应答信号为每分钟三次的可以被看见或被听到的信号，信号之间的间隔同样要有规律。

紧急情况下可采用的救援程序

事故 ⇩ 判断位置 ⇩ 确认自身安全：事故地点对于我或团队来说是可以安全到达的吗？	
是	否
是否有另外的风险？ 是否必须有安全保障措施？	⇩ 手机是否可以收到信号？
⇩ 系统地检查伤者 ⇩ 病人是否还能交谈？	欧盟国际求救电话 112 （不输入个人识别密码也可以拨通） 或者地区急救电话（见指导手册）
⇩ 可以	⇩ 手机没有信号
询问“哪里疼？”，初级治疗处置，安置伤员，防止其伤情继续恶化。	⇩ 高山遇难呼救工具： 哨子、手电筒、照明管（红色）
不可以	
对疼痛的刺激是否有反应？ 呼吸道是否通畅？	最好发出两组信号 并手写说明
⇩ 否 将呼吸道清理干净，将头转向一侧并清理口腔。 是 控制呼吸——过度伸展头部然后听、看并感受（耳朵靠近嘴巴，眼睛看着胸腔，胸腔是否一起一伏）？	发生了什么？ 在哪里发生的（山、高地，周围的布局结构，位置是否可以在地形图上进行标注）？ 有多少伤员？ 什么时候发生的？ 谁发出的信号？
是否还有呼吸？ ⇩ 是 使伤者保持稳定的侧卧位，防止继续受凉并观察伤者情况。 否 采取心肺复苏术 （人工呼吸或胸外心脏按压两分半钟） 持续时间尽可能长，直到救援组织到来。	在伤者多的情况下，要马上拨打紧急救援电话，在伤者人数少时，要首先采取急救措施救命，然后再拨打紧急呼救电话。 如果有必要进行心肺复苏术，而现场只能进行初级治疗的话，要在心肺复苏术开始之前就拨打紧急呼救电话！

发信息

重要的说明内容包括：

- 发生了什么（对事故发生情况或形势进行简短说明）。
- 在哪里发生的（地形、地势，位置是否可以在地形图上标注）。
- 有多少伤员。
- 什么时候发生的。
- 谁发出的信号（他在哪里，如何能得到回复）。

锁定结

人们使用锁定结让承重的攀岩绳在意大利半扣或者管式保护器中固定。锁定结对采取临时的救援措施非常有帮助（或者只是为了让休息中的下降者放开双手）。

意大利半扣上的锁定结

先锋攀登时，保护者想要固定攀岩者，后方攀岩者想要长时间挂在攀岩绳上，或者搭档想要在身体受保护的情况下休息一段时间时，就会出现以下情景。

1. 制动手在距离梨形锁主锁一手宽的地方抓住制动端。制动端与放出的负重端平行。

2. 制动手旋转系出一个环，这样松的制动端就可以在紧的制动端和负重端后面了。

3. 现在，松的制动端要环绕负重端和制动端，然后穿进由此产生的绳环中。通过拉紧已经被穿过的攀岩绳环可以将锁定结拉得尽可能离主锁近一些。

4. 在负重端附近系一个安全绳结（反手结），它同样也要离主锁近一些。

5. 松开锁定结：首先打开安全绳结，再拉小绳环，然后用双手拉制动端（在此之前要通知你的搭档，结要松开了）。

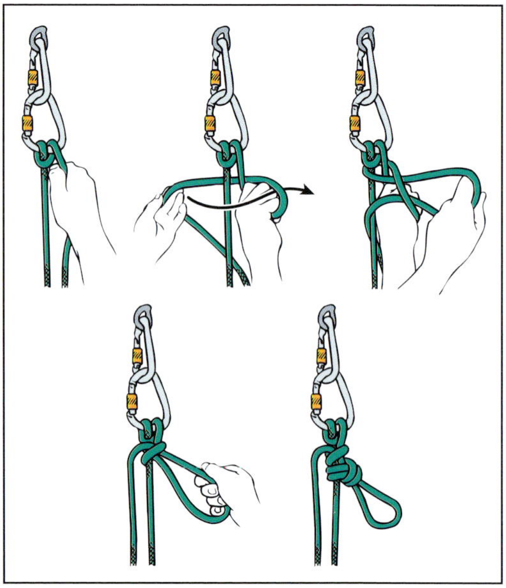

左图：意大利半扣上的锁定结，通过主锁保障安全

右图：在意大利半扣的梨形锁上用绳索系出锁定结

管式保护器上的锁定结

1.制动手牢牢抓紧管式保护器下方的制动绳端。

2.尝试抓住制动绳端并拉它穿过主锁。

3.现在转一下拉出的制动端绳环。

4.让刚才的制动手穿过这个绳环，抓住松的制动绳端并拉它穿过绳环，直到这个绳环位于主锁附近且攀岩绳已经被拉紧。

5.用已经产生的绳环在负重绳端附近系一个安全绳结（反手结）。

6.松开锁定结：首先打开安全绳结，再拉小绳环，然后用双手拉制动端（在此之前要通知你的搭档，结要松开了）。

连接攀岩绳

如果攀岩馆中的一条攀岩路线比攀岩绳一半的长度还要长，或者当一个或几个受轻伤的攀岩者在经过一长段距离下降之后要被迫脱离大队伍（从领导技巧上看，有时这是有利的解决办法），延长连接攀岩绳就是非常有必要的做法。延长攀岩绳的前提当然是手头上有第二根攀岩绳。在阿尔卑斯山区，紧急情况下人们也可以使用已经截断的攀岩绳。

可以将水滴状单结作为连接攀岩绳的绳结。很重要的一点是，绳尾留出足够的绳长（30~40 cm）。系好单结后要拉紧全部的攀岩绳。相对于其他绳结，单结的优势在于它有平坦的一面，在拉动绳索通过岩角的时候能自行竖起来通过，因此可以更好地在岩壁上滑行，甚至可能可以通过意大利半扣。

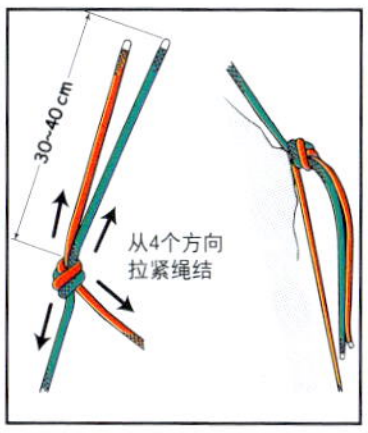

用有较长绳头的单结连接攀岩绳

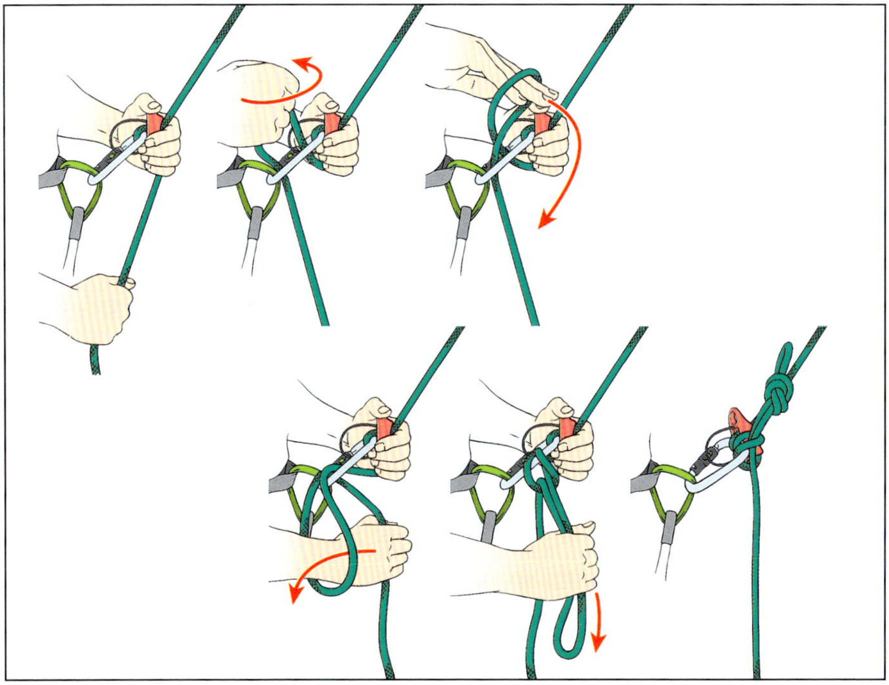
在管式保护器上系锁定结保障安全

绳索的断裂应力至少为7000~8000 N，然而在正常下降中即便双人同时下降也不会达到这一负荷标准。当绳索的直径不同时，也可使用水滴状单结连接。

延长绳索时的绳尾

若在下降时发现绳索过短，则有必要延长绳索。依照安全标准，绳尾应固定在绳包上，或在绳尾系一个尾端绳结。

使用意大利半扣连接绳索

1. 用锁定结（距离绳尾处约2~3 m）将绳索固定在梨形锁中。

2. 分配延长绳（例如：设定新的绳距）。

3. 打开原先的绳尾结。

4. 用水滴状单结将绳索连接起来并在4个方向上将绳索拉紧。

5. 解开锁定结。

6.将带有绳结的绳索穿过梨形锁（同伴可以帮忙共同完成此动作），直到在绳结上方形成一个小的绳环，再将绳结穿过此绳环，同伴可在绳尾处拉绳保护，稍微松开制动端绳索（约5 cm）后继续开始保护下降。此时，需下降的攀岩者可以沿着线路降至地面。

可能出现的问题

- 在操作中，一把很小的梨形锁和一条相对较粗的绳索可能会造成麻烦。补救措施：参照用管式保护器进行绳索延长时的操作方法和流程。
- 下降线路很长，且中途挂有若干中继保护点：延长绳索的绳结可能会卡在第一个中继保护点处。补救措施：按照以下所述内容延长绳索。当绳结穿过梨形锁之后，立刻用锁定结锁住意大利半扣。紧接着，保护者借助下降者的拽拉攀登至各中继保护点处，并将它们取出。之后，下降者以此方式下降到地面。接着，保护者松开卡住的位置并沿着制动绳端下降至地面。由上方导入绳索穿入梨形锁这一步骤尤其重要，通过此步骤将确保在下降过程中尽可能少出现绳索缠结，并确保不会出现主锁的锁套被旋开的危险。

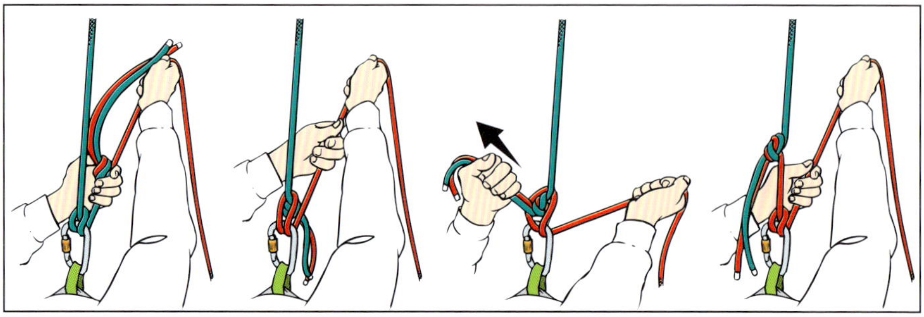

单结穿过梨形锁的过程

使用管式保护器连接绳索

1. 在绳尾之前2~3 m处用锁定结将绳索锁在管式保护器上（见第129页，管式保护器上的锁定结）。

2. 分配延长绳（例如：设定新的结组）。

3. 打开原先的绳尾结。

4. 用水滴状单结将绳索连接起来并将其拉紧。

5. 在水滴状单结之后挂入一个保护器，并将此保护器卡住（例如8字形保护器、管式保护器或意大利半扣保护器）。理想状态下，此保护器应挂在另一名攀岩者身上，但在紧急情况时也可将其挂在保护者身上。

6. 解开管式保护器上的锁定结，并在保护绳上施加一定的制动力（用手），以便让单结穿过保护器。

7. 将负荷传递给另一名保护者或保护器，并继续下降至地面。

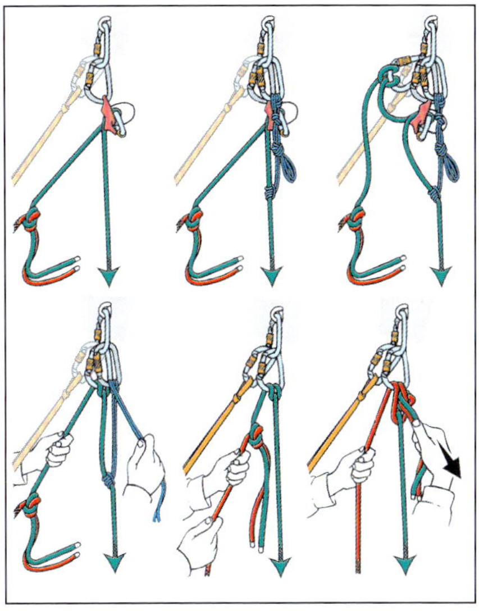

左图：若单结无法穿过保护器，则利用转换负荷的方式来延长绳索

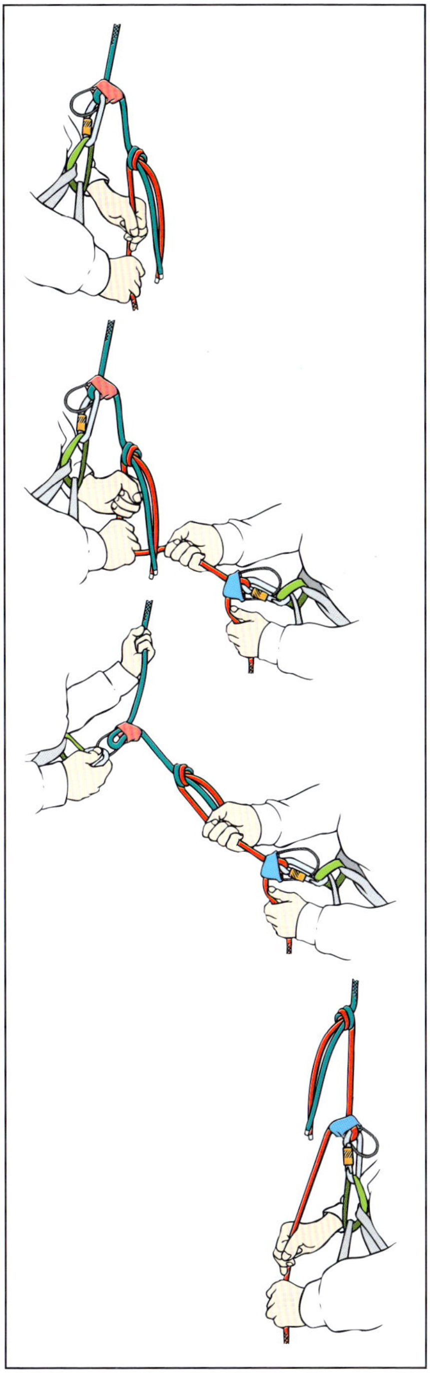

使用身上的管式保护器来延长连接绳索

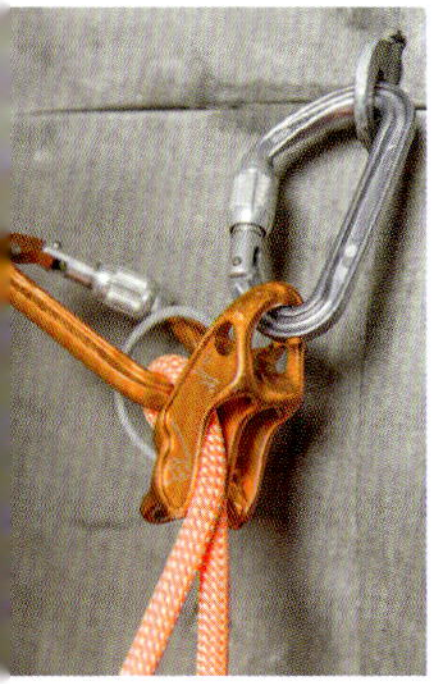

将管式保护器作为滑轮中心轴使用

固定点保护时延长绳索

一名攀岩者位于完成点，用意大利半扣保护另一名攀岩者下降。

1. 用锁定结将绳索固定在梨形锁上（距离绳尾最多3~4 m）。

2. 分配延长绳。

3. 完成自身其他的自我保护措施（将安全带和主锁上的扁带或有双合结的辅绳，挂入完成点上的中心点中）。

4. 用水滴状单结将绳索连接并拉紧。

5. 解开锁定结。

6. 将带有绳结的绳索穿过梨形锁，直到在绳结上方形成一个小的绳环，将绳尾穿过此绳环并用一只手拉绳尾，另一只手（制动手）同时稍微放松一点（3~5 cm），下降者可以沿绳继续下降。

可能出现的问题

- 一把很小的梨形锁和一条相对较粗的绳索可能会造成麻烦，甚至会令绳索无法继续给出。必要时，必须通过事先放置的滑轮或抓结减轻绳索负荷。

滑轮中心轴

攀岩者可通过不同的方式安装滑轮系统，例如普鲁士抓结、单向滑轮、管式保护器或特别的滑轮中心轴。

将普鲁士抓结作为滑轮中心轴应注意，普鲁士抓结也应稳固地卡在绳索的受力端。若存在不确定因素（绳索较细或潮湿），则最好在单绳束上设置三圈。若绳索在滑轮中心轴上可能转向移动，则最好使用管式保护器或单向制停滑轮。

可夹紧绳套：借助两把结构相同的常规主锁和一把快挂制作可夹紧绳套。当连接绳结朝另一面卡住时，它会确保绳索仅可单向通过。它的夹紧效果在以下情况下才能得到有效保证：把两把相同的、侧面尽可能平的主锁挂入快挂并用双合结把绳索挂入两把主锁中（或如同自制滑轮的情况，将其放入坐式安全带的保护环中，见第139页底部图）。

挂入绳索时要借助负荷的力量，之后再次将绳索穿过第一把主锁。

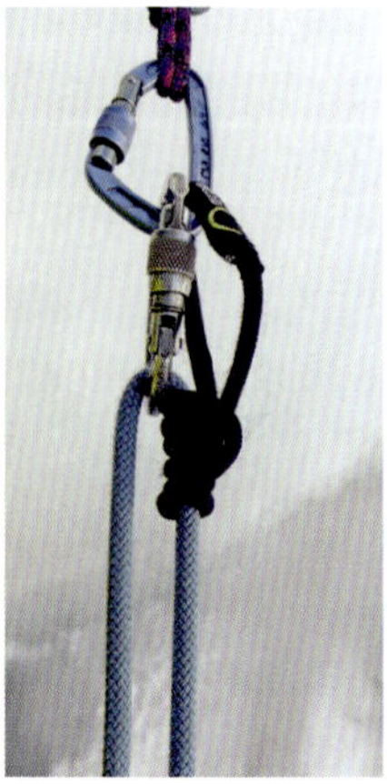

左图：为保证锁紧效果单绳上采用三圈的普鲁士抓结

中图：Microtraxion（Petzl生产的一种极轻巧的单向制停滑轮）被用作带有滑轮中心轴的顶点

右图：普鲁士抓结被用作顶点处的滑轮中心轴

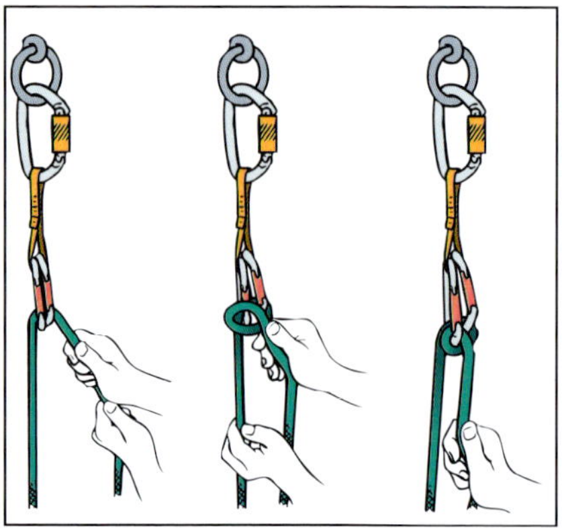

制作可夹紧绳套

与可夹紧绳套相比，管式保护器和Microtraxion型单向制停滑轮这两件装备更值得推荐，因为它们在使用中会产生更大的摩擦力。

高效单向滑轮

高效单向滑轮用于为随攀者在攀登过程中提供帮助。搭设合适的系统，就能将半空悬挂的随攀者拉上去。

操作过程：

1.在完成点用锁定结将悬挂在绳索上的高效单向滑轮固定住，或者在保护过程中已经借助管式保护器将高效单向滑轮固定住。

2.上方攀登者应能够通过双套结不断使保护器随活动范围调整。

3.将短的普鲁士抓结连接在受力的绳索上，将一个锁具（可以为普通单锁）挂入抓结中。在此处，制动绳端扣入单锁并转向上。

4.解开锁定结，用一只手抓住制动绳接近单锁的那端，另一只手拉取松动的、已转向的制动绳，直到绳索绷紧为止。接着，向上拉绳索，如使用意大利半扣，这时绳结在此过程中会变向并随着相应的拉绳动作运动。

5.若普鲁士抓结被拉至过高的不利于继续拉动的位置，则用一只手保持制动，另一只手将减轻负荷的普鲁士抓结尽可能远地向下推，然后将其重新拉紧到转向的绳索上。不断重复此操作，直到成功拉上随攀者。为拆除普鲁士抓结，攀登者可以重新用锁定结将保护绳索短暂固定，接着再拆除普鲁士抓结。若肢体灵巧且手指灵活的话，攀登者也可以用一只手抓紧制动绳，另一只手则单手拆除普鲁士抓结绳套及主锁。若攀登者用管式保护器代替梨形锁，则攀岩将事半功倍，因为管式保护器本身就可以当作单向滑轮中心轴来使用。

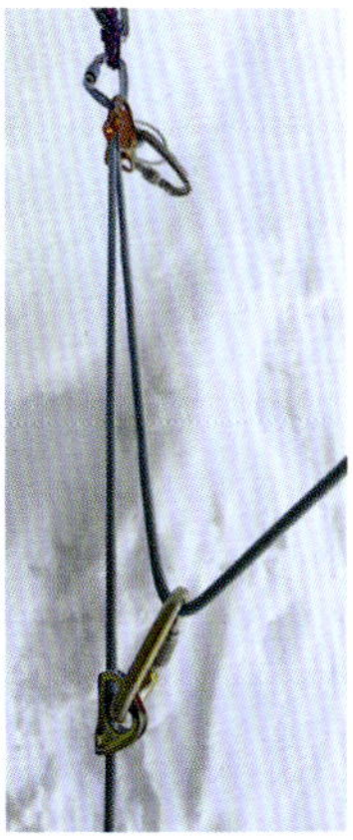

管式保护器本身可以当作一个单向滑轮中心轴来使用

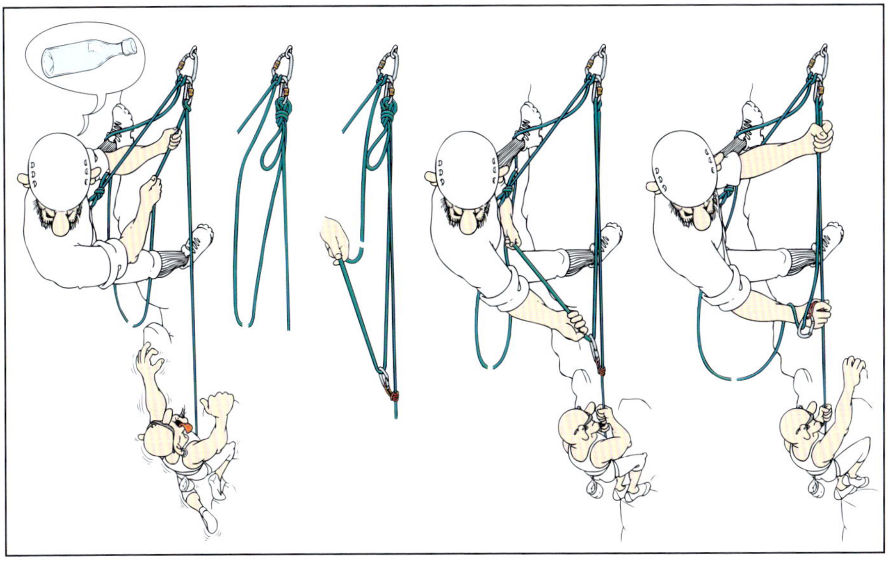

安装高效单向滑轮

双滑轮系统

当以较少人数快速营救悬挂在冰裂缝中或悬垂区域的人时，通常会使用双滑轮系统。这时，如果不考虑摩擦力，则将人举起所需的力为原来的一半。因此，在安装时尽可能地减少摩擦力。安装的基本原则是将绳索固定在一个地方，然后将一个带有双滑轮系统的绳圈递给被营救人员。你可以在拉绳上安装连接器或普鲁士抓结，作为滑轮中心轴。

在冰川上，两人或三人结组攀登时通常使用双滑轮系统。在人数众多的情况下，人们更倾向于使用全员牵拉方案。在两人结组攀登中，救援人员必须预留出冲坠距离2倍长的绳索用于双滑轮系统搭建。冰川结组攀登中，在冲坠者的重量拉拽下安装一个固定点格外困难。绳索两端剩余过短的情况下，人们无法在绳索上安装双滑轮系统，但此时人们也可在过短的绳索上（双滑轮系统下方）连接一条辅绳或一条扁带。向上拉起时，必须多次重复移动抓结和拉拽动作。

安装双滑轮系统

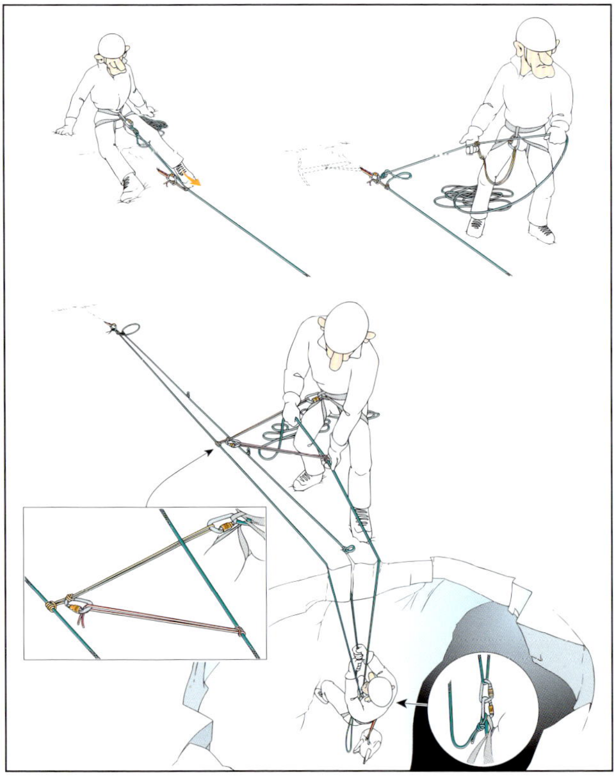

下文将描述两人结组攀登时，在裂缝救援中如何安装双滑轮系统。岩石内部的结构是相同的，安装过程通常可以简化为安装固定点的步骤，负载、传递直至被营救者安全接近裂缝边缘。

过程

1. 冲坠制动（在冰川上）或固定负载（在边缘处系一个活结）。

2. 救援人员在负载情况下设置固定点（例如T型锚、冰锥等）。

3. 将辅绳系普鲁士抓结连接到负载绳上，并将其连接到固定点，尽可能将其拉紧并缓慢地将负载转移到辅绳上。仔细检查固定点是否稳固，一个人在固定点上活动时仍需安全保障。

4. 整理剩余自由绳索端并且将普鲁士抓结作为自我保护装置连接到自由绳上，此时应注意抓结位置需要远离固定点，并在靠近抓结一端处事先系出一个反手结小绳圈。

5. 普鲁士抓结作为自我保护装置通过闭合主锁连接在主绳上，然后从安全带上取下主绳结并将其与固定点上的中心主锁连接。

6.沿带有普鲁士抓结的活动绳索接近裂缝的边缘，在到达边缘之前使普鲁士抓结抓紧。

7.与在裂缝中悬垂的人呼叫联系，并告知他们进一步的做法。

8.放下松动的滑轮，并把它用一个额外的卡环挂入主锁，将绳索铺在割断的绳索左右，也可能在裂缝边缘用一把冰斧（固定好防止丢失）作为支撑。在牵引绳上，将带有普鲁士抓结的绳索系成与保护绳长度大致相同的结，用安全锁扣钩住系短结的自救绳。

9.向上救援可以开始了，救援人员会在裂缝边缘拉动绳索。被救援者可用手拉拽自己的悬挂绳索向上移动。

瑞士滑轮系统

瑞士滑轮系统可用在冰川或者高海拔岩石上。当一个人自由悬挂，想要向上拉至一个稳定立足点或者试图从一个冰川裂缝中被营救出时，在剩余绳索不足以安装一个双滑轮系统，或者结组攀登的同伴因伤无法连接双滑轮系统的情况下，可以选择使用瑞士滑轮系统。

过程

1.冲坠制动和固定(系一个锁定结)。

2.在受力绳上系出抓结，并将其与快挂主锁连接。

3.将尽可能长的扁带或普鲁士抓结连接到固定点，向下穿过位于普鲁士抓结上的弹簧锁扣，然后再准备一个弹簧锁扣，将其挂入扁带结。

4.设置滑轮中心轴（单向滑轮、可夹紧绳套或主锁与普鲁士抓结）。

5.确认安全稳定后，松开锁定结并将负载慢慢转移到扁带上。

6.从滑轮中心轴向下引导绳索，并将其插入扁带上的弹簧锁扣中。

7.向上拉起一段（30~40 cm）绳索，直到少量绳索穿过滑轮中心轴。现在松开

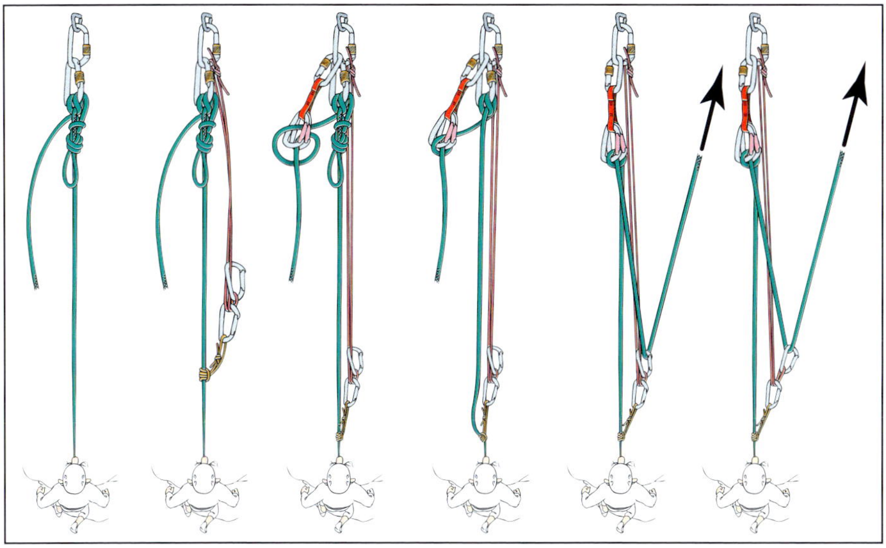

安装瑞士滑轮系统

拉绳（短绳和扁带无负载）将扁带上的弹簧锁扣从绳套中取下，使其只作为拉动端绳索顶点。

8.该系统现已设置完毕，可以继续向上拉动。

绳索下降救援

根据结组攀登的人数，救援人员和伤员可在第三人的帮助下（双人救援技术或合作救援技术）下降，或救援人员须单独下降并带走伤员（单人救援技术、独立救援技术）。这些方法仅在被救援者无法独立下降时使用。一方面重要的是设置托架，以便伤员在救援人员的背上处于最佳位置。另一方面，绳索下降装置的制动效果必须能够应对双人的重量。

双人救援技术（合作救援技术）

这项技术包括救援人员依靠准备好的托架（针对救援人员和伤员）将伤员转移到救援人员的背上，并绳降。

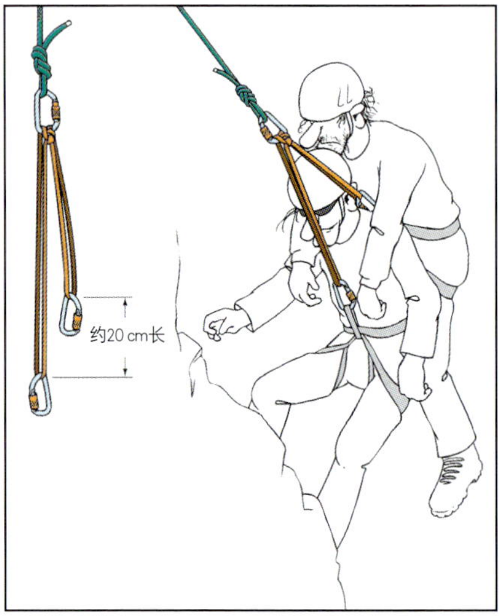

双人救援合作时，通过不等长扁带建立托架

正确的悬挂位置是救援人员始终低于伤员。这样做可以确保伤员在救援人员的背上被更高地抬起。最简单的方法是使用长扁带（180 cm），并以3:2的比例系结，或者使用60 cm和90 cm的两条扁带。伤员的扁带应当比救援人员短20~30 cm。在顶部悬挂一把带有双套结的主锁，并将救援人员的绳索固定在其中。救援人员连接长扁带，伤员连接短扁带。在伤者下降救援开展前，应当检查他的锚固点高度是否舒适、合理，并且通过松开绳结或用另一把主锁来调整绳套长度。

单人救援技术（独立救援技术）

除了可以使用上述托架外，救援人员还必须知道如何独立下降。由于救援人员必须在绳索下降装置上承受双人负荷，因此建议使用增加管式保护器摩擦系数的装配方法，说得更确切一些是将两把主锁装配在管式保护器上（见第104页）。救援人员将他的下降器连接到延长扁带上。这时，适当延长自我保护装置十分有必要。

撤离

根据情况不同，有各种临时运输方法将受伤人员运出危险区域，或在恶劣天气条件下将受轻伤的人运送到小屋。

自制救援担架

自制救援担架分为单搬运者和双搬运者两种不同的方法。在单搬运者方法中，可以将两个带衬垫的伸缩式滑雪杖或登山杖（将其双层包裹，例如包裹在羊毛外套中）或一把长冰镐连接到下部户外双肩包背带托架上。伤员骑坐在滑雪杖上，并抓住搬运者的上身。在双搬运者方法中，滑雪杖应当尽可能拉长，连接到两人户外双肩包的背带托架上外侧。

户外登山伤员背负

一个带有背部硬质隔板的大型徒步旅行背包可临时用于运输伤员。

运输环

使用运输环运输是一种非常简单的方法，救援人员可以快速地将伤员从危险区域救出，或者在地形较平缓的情况下短距离运输伤员。运输环的简易制作过程：将三角巾或其他坚固织物卷起成条，再穿插成环，其两端缠绕在最终的环上。伤员被放置在运输环上，两个救援人员用他们外侧的手握住运输环。在运输环制作过程中可以使用多次折叠的辅绳或扁带代替三角巾。

户外睡袋或救援担架

在某些情况下，伤员可能需要躺着运输。这时，可以选择将户外睡袋和两对滑雪登山杖组合到一起制作成救援担架。

盘绳索运输

盘绳索运输主要用于短距离运输轻微受伤的人员（通常是膝盖、小腿或脚踝受伤）。盘绳索运输使用盘起的绳索，盘起后长度为60~70 cm，并且需要扎紧绳尾。对不同身高的人，环行长度可以略有不同。绳索分成两段，伤员要么面向救援者背部，要么坐在救援者背包上。最好将绳结放置在伤员臀部后面，双腿放入绳环内，然后救援者像背背包一样背负伤员。如果还有背包，则伤员坐于背包与绳

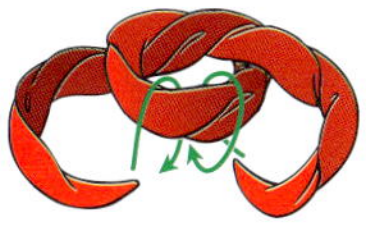

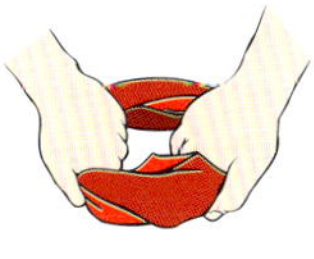

运输环

由户外双肩包及支撑杆组成的单搬运者和双搬运者救援担架

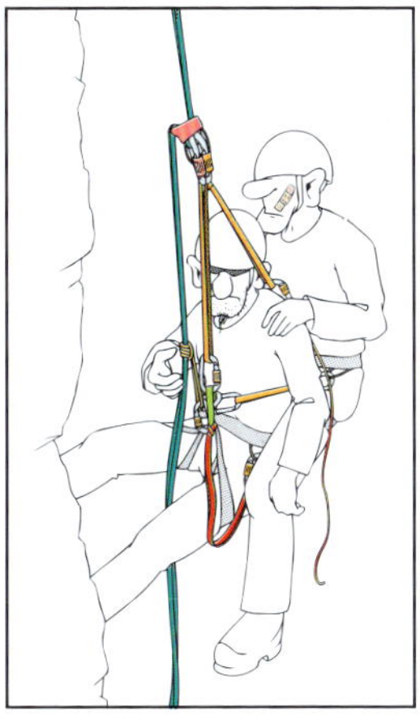

单人救援法的绳索下降

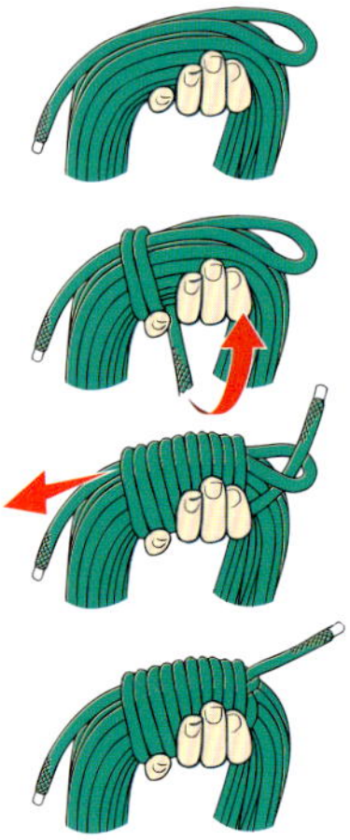

绳盘收尾

圈之间。绳环需要在救援者胸前固定。

在更陡峭的路线上下降时，运输者和伤员可以进行额外的固定。

长绳索运输座可以提供安全稳定的运输。长绳索运输座中的绳环用于背负和搭载伤员，且绳环在伤员背后起到了稳定伤员的作用。

自救（普鲁士抓结）

通过这项技术你可以运用自己的力量在绳索上向上攀登或下降。它主要应用于从冰裂缝中自救或在固定绳索上进行应急爬升。

它与攀岩运动中在固定绳索上的向上攀登的不同之处，在于不需要使用滑轮或搭建受力系统。为此需要两根中等长度的辅绳系好普鲁士抓结或两根120 cm长的扁带。

过程

1. 悬挂中的伤员将一根辅绳用普鲁士抓结系在绳索上，在普鲁士抓结后方再系一个单结绳环，将已经准备好的主锁挂上，在辅绳另一端系单结，然后通过闭合主锁将其挂在安全带上的主绳连接点上。

2. 接下来，在第一条辅绳下方同样设置第二根辅绳，并用普鲁士抓结连接到绳索上。它不必连接安全带，其作用为攀登脚环。

3.开始向上攀登：将第一条辅绳向上推，用一只脚踩攀登脚环并用双手拉动紧绷的绳索站直身体向上。当站立时，尽可能向上推上部的普鲁士抓结，并坐在安全带上将负荷传递给它。如此一来，攀登脚

改造户外登山背包

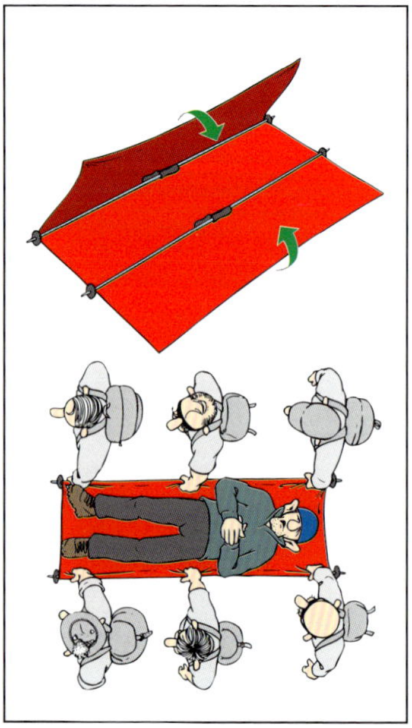

户外睡袋救援担架

盘绳索运输

环再次减负并且可以进一步向上推。随后重复该过程，直到到达裂缝边缘。通常，由于绳索被岩壁压住，不能再使用这种技术继续前进。如果上升时碰到绳结，则必须通过这些节点（打开攀登脚环上的普鲁士抓结并重新在节点上方系结，连接安全带进行保护，并拆开之前保护用的普鲁士抓结并再次在节点上方系结作为新攀登脚环）。

4. 现在需要挪动自救器。将攀登脚环移除，把两把相同的卡扣式登山锁穿入坐式安全带上的保护环。

5.将普鲁士抓结下面的松散绳索挂在两把快挂主锁上并系出可夹紧绳套。

6.将滑轮系统拉动，检查锁死状态。

长绳索运输座

7.通过拉绳子同时向上推动臀部完成向上运动，绳索首先穿过可夹紧绳套并在负荷处夹紧。释放拉绳。此时，辅绳抓结无负载并且可以进一步向上推动。通过用脚在裂缝边缘推动身体向上，将绳索从雪中拉起。重复此过程，直到顺利通过裂缝边缘。

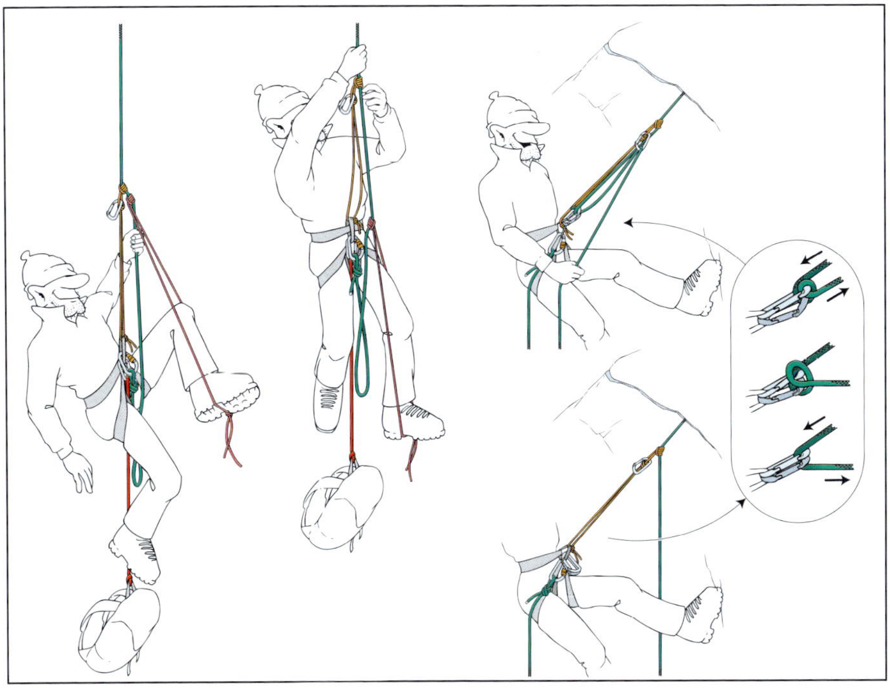

用普鲁士抓结自制滑轮来自救

装备

国际登山联合会检测标记，带有检测机构编号的CE标志（慕尼黑技术监督协会）和带有认证编号的欧洲标准（EN）

标准和规定

登山设备需要符合各种标准。在欧洲除了强制性的欧洲标准（以下简称EN）之外，还有“自愿性”的国际登山联合会标准（以下简称UIAA标准）。此外，个人保护装备（PSA）等级分为I、II和III三个等级。由于登山设备旨在防止“从高处冲坠”，立法者已将大多数山地运动装备归类为最高级别，即个人保护装备III级。

过去，在德国实行德国标准化研究所标准（DIN标准）。目前，所有的标准均按照欧洲标准执行。欧洲标准对所有想要在欧洲市场上提供设备的制造商具有约束力，它保障了产品的安全性，而国际登山联合会标准提出了更高的要求。

欧洲标准

欧洲标准由标准化机构为每件设备配制，它包含了设备的强度、尺寸、测试设

标准一览表

物品	EN		个人保护装备等级	UIAA	
	认证编号	发布年份		认证编号	发布年份
雪崩信标器	282	1991	—	—	—
辅绳	564	2006	III	102	2009
散扁带	565	2006	III	103	2009
成型扁带圈	566	2006	III	104	2009
上升器	567	1997	III	126	2009
冰锥	568	2007	III	151	2009
岩钉	569	2007	III	122	2009
动力绳索	892	2005	III	101	2009
冰爪	893	2011	II	153	2009
势能吸收器	958	2006	III	128	2009
挂片	959	2007	—	123	2009
楔状岩塞	12270	2011	III	124	2009
主锁	12275	2010	III	121	2009
机械岩塞	12276	2010	III	125	2009
安全带	12277	2007	III	105	2009
攀登滑轮	12278	2007	III	127	2009
头盔	12492	2003	II	106	2009
人工攀岩装置	12572	2007	—	—	—
冰镐	13089	2010	II	152	2009
保护器	15151	2011	III	129	2009
静力绳索	1891	1998	III	107	2009
雪锚	—	—	—	154	2009

置、测试条件等。每项标准都有属于自己的编号，例如攀登动力绳索的编号为EN 892。

产品印有CE标志代表其符合欧盟产品安全认证标准。PSA II级或III级产品的检验必须由独立的检测机构进行，III级物品必须有质量保证。CE标志的编号可提供相关检测机构的信息。如果一把主锁带有CE标志0123，则该数字表示慕尼黑技术监督协会对此类主锁认证负责。

如果产品带有CE标志但无编号，则表明该产品尚未经过独立测试。欧洲各国登山协会的代表和负责认证机构的代表均为欧洲标准委员会（CEN）成员。

国际登山联合会标准

登山联合会的标准不仅适用于欧洲，在世界范围内也是有效的。它比德国标准化研究所标准和欧洲标准制定的时间更早，是它们的模板。尽管国际登山联合会标准是非强制性的，但它仍然具有先锋作用。

国际登山联合会的标准更新速度比欧洲标准委员会快得多，原因是制造商的新产品推出速度加快。例如，针对主锁或冰锥的标准制定。国际登山联合会能够对新装备做出快速反应并采取相应措施，早在2004年国际登山联合会就对冰锥进行了5 kN的轴向强度试验，而欧标在2007年才推出相关标准。在2004年国际登山联合会标准测试中也进行了有关攀登主锁弯曲载荷的试验，而欧洲标准没有此要求。

因此，大多数国际登山联合会标准对登山设备的要求均高于欧洲标准。因此，具有国际登山联合会标记的设备符合更高的要求。

个人防护装备

个人防护装备分为I至III级。不同级别需要不同程度的质量保证（生产和最终检验）。I级（最低级别）适用于园艺手套，如果园艺手套有缺陷，没有人会因此死亡。III级是最高级别的防护装备，这意味着它需要质量保证和产品验证（独立认证和生产监控）。

不属于个人防护装备的产品（例如钻机）不需要由立法者进行合法认证，因此很少带有CE标志。

标准的意义和限制

立法者或国际登山联合会规定了相关标准，保护消费者免受有缺陷商品的侵害。标准测试通常是高强度的，以确保有一定的安全余量。另外，并非所有对实践有用的东西都可以在标准中制定和测试。有时，欧洲标准委员会中的众多制造商拒绝推行有意义的测试。以下是标准的含义和受限制的例子。

- 在对攀岩绳索的标准冲坠测试中，通过80 kg的铁质重物来测试单绳。绳索的固定是静态的，冲坠系数（见第8页）约为1.75（见第145页）。

在登山时可以运用动态保护的形式，给冲坠者一定的缓冲，即将绳索通过制动装置或保护者开始移动并将自己的重量作为动态平衡重量。然而，在标准冲坠的情况下，绳索是静态固定的，只有拉伸绳索才能吸收能量。尽管如此，标准要求（对于单根绳索至少通过五次标准冲坠测试）也是有意义的，它可以确保绳索在实际使用中不会断裂（除了岩壁锋利边缘的摩擦和化学品的腐蚀等）。

- 之前关于主锁横截面（类型B，见第153页）的标准表述过于复杂，为了简化和改进，该标准已在欧洲标准中删除。随即制造商开始用6 mm厚的金属板冲压制造主锁，虽然符合欧洲标准，但由于偏转半径小，并不利于配合绳索使用。究其原因，生产制造更加关注利益：金属板材冲压成形的工艺与锻造工艺相比，成本要便宜很多。
- 尽管有些规定有益于提升攀岩的安全性，但仍受到许多制造商的强烈反对。在上攀设备中，一些制造商拒绝接受德国登山协会改变上攀设备的质量要求（例如，潮湿条件下的强度测试，错误使用时的最小强度，标记制动绳索位置为使用者提供信息，指定的制动绳索存放区域）。不幸的是，在这里经济利益优先于登山协会的安全要求。

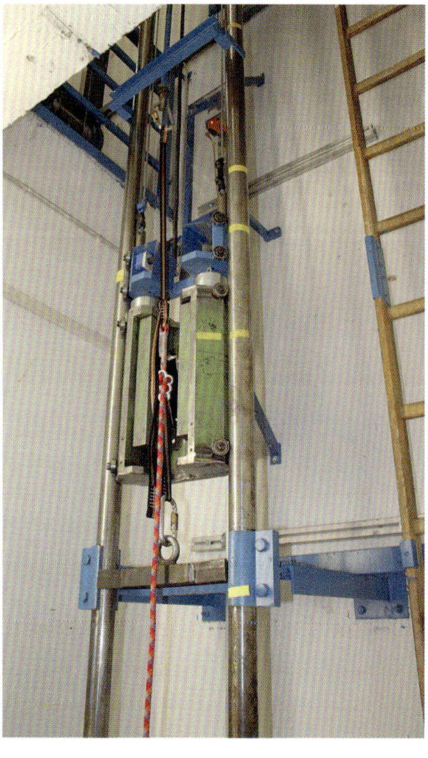

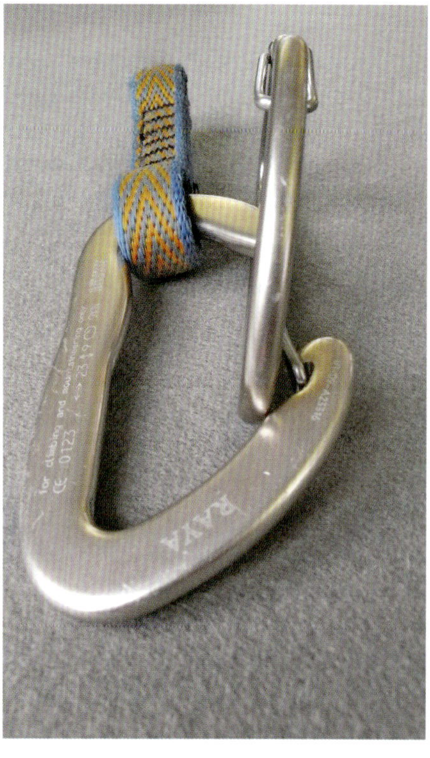

左图：在标准冲坠条件下的检测

右图：用金属板冲压而成的主锁，符合标准，但并不是最佳选择

绳索

在登山运动中人们会使用动力绳索和静力绳索。动力绳索负责吸收同伴保护中的能量，静力绳索主要作为上升或下降的固定绳索。它们常用于高海拔攀登、大岩壁攀登、洞穴攀登或高空作业。动力绳索全部由尼龙制成，而静力绳索主要由尼龙、丙纶（聚丙烯）、迪尼玛或其他织物制成。

动力绳索（EN 892）

动力绳索是在有限的最大冲击力下用于保护自由冲坠的攀岩者的绳索。动力绳索有三种类型：单绳、半绳、双绳。

与EN不同，以下是补充的UIAA标准101。

- 被认证为可以多次冲坠的单绳必须至少能够支撑十次标准冲坠。

标准冲坠是一种确定的测试规定，其冲坠系数为1.75。标准冲坠试验规定绳索须保持绷紧状态，也就是说，顶点上的负荷总是作用在同一位置的绳索上。单支线上的绳索必须能承受至少5次冲坠测试且不断裂，而双支线上的双绳索必须能够承受12次冲坠测试且不断裂。

制造商必须在绳索末端标记绳索类型和制造商的名称或商标。此外，应当给出绳索长度并告知防水涂层等相关信息。

绳索类型	标记	直径	每米重量
单绳		8.9~11 mm	52~75 g
半绳		7.8~9 mm	40~53 g
双绳		7.1~8 mm	32~42 g

EN 892 和UIAA标准 101

绳索类型	单绳	半绳	双绳
检测处	单支线	单支线	双支线
标准冲坠配重	80 kg	55 kg	80 kg
标准冲坠数量	至少5次	至少5次	至少12次
冲击力	≤12 kN	≤8 kN	≤12 kN
静态拉伸率	≤10 %	≤12 %	≤10 %
绳皮移动量	≤20 mm	≤20 mm	≤20 mm
最大拉伸率	≤40 %	≤40 %	≤40 %

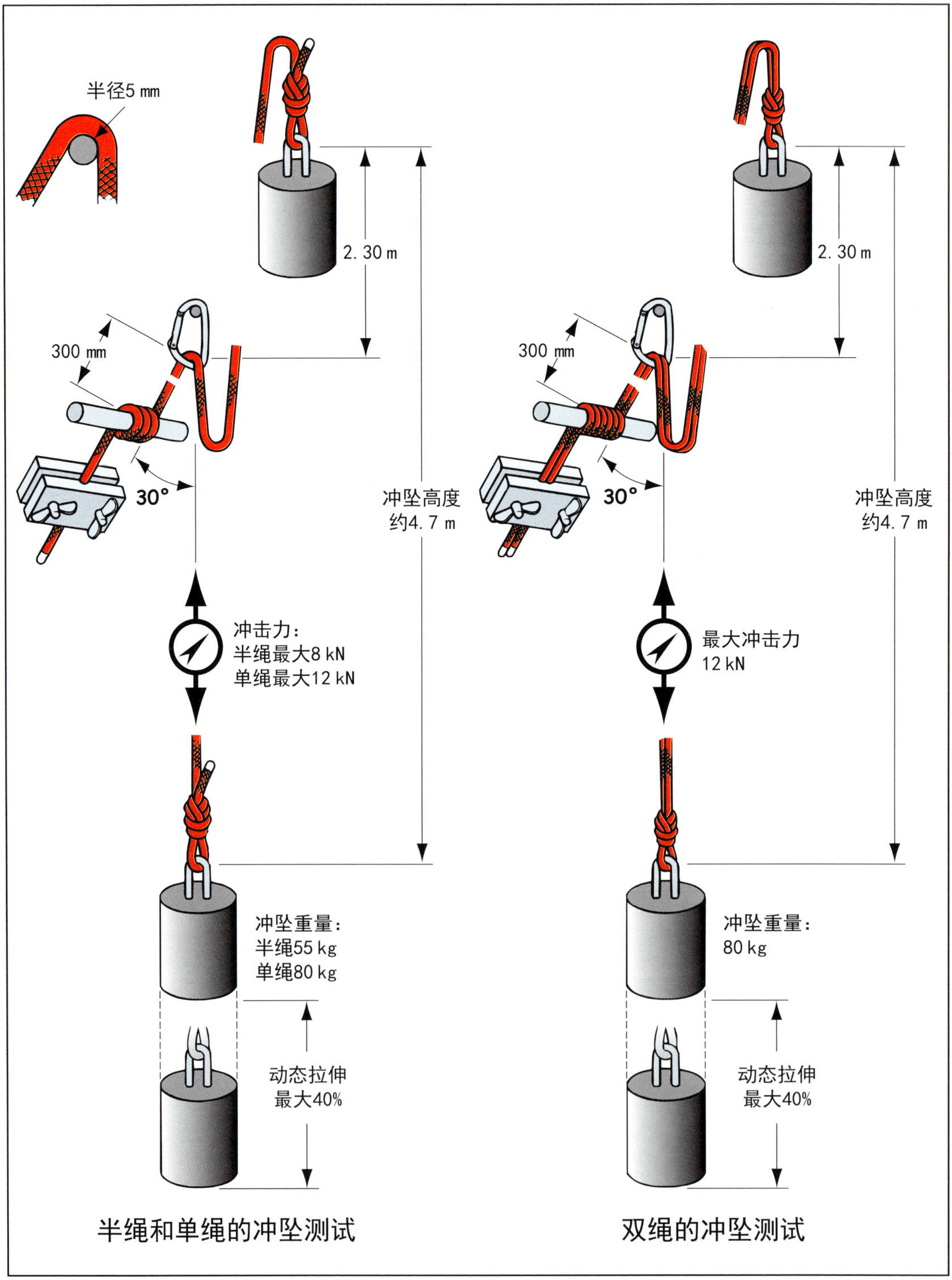

动态登山绳的标准冲坠测试一览

“包装信息”必须列有以下信息：长度、名称或制造商的商标、欧标标记、直径、每米重量、绳索类型、使用拉伸率（静态拉伸）、标准冲坠拉伸率（动态拉伸）、标准冲坠中的冲击力、可承受标准冲坠数量、绳皮移动长度、该产品所有标记的含义、有关产品使用信息以及有关维护和使用寿命信息。

绳索由聚酰胺纱线（聚酰胺6.6，也称为尼龙）制成。这些纤维的直径约为头发的一半。2~6根这样的纱线可以捻成一根螺纹线，4~6根这样螺纹线可以组成一根细芯，几根细芯制成了绳芯。扭转使绳索具有弹性，原理类似于螺旋弹簧。在编织机上，绳芯采用鞘纱编织，绳皮占35%~45%。所有绳索都有一根色标丝线，通过色标丝线人们可以了解有关制造年份和公司的信息。

绳索使用

如今，绳索的耐磨损性比20年前要高得多。室内攀岩馆越来越多，这意味着和以前相比，越来越多的山地运动爱好者更加频繁地使用绳索在室内攀岩馆中进行攀岩运动，尤其是进行放绳和顶绳攀登，这使绳索承受了强度巨大的机械弯曲。

近年来，由于较高的机械负荷，绳索出现裂缝的可能性增大。建议攀登者在进行顶绳攀登、室内攀登及高山地区攀登时使用不同的绳索，最好能够根据用途购买合适的绳索。

在人工岩壁攀登时，你需要一个基础的、较粗的，绳套比例较高可以抵抗强磨损的绳索，例如直径范围为10~11 mm，长度范围为30~50 m，绳套占量 > 40% 的绳索。

在自然岩壁上攀登时，建议使用坚固、足够长的绳索，根据主要用途应当选择较轻（复杂路线，多绳距结组路线）或坚固（大量冲坠）的绳索，直径范围为8.9~10.5mm（最终选择取决于具体用途），长度范围为60~80 m（最终选择取决于攀登区域），以便安全下降。此外，长绳

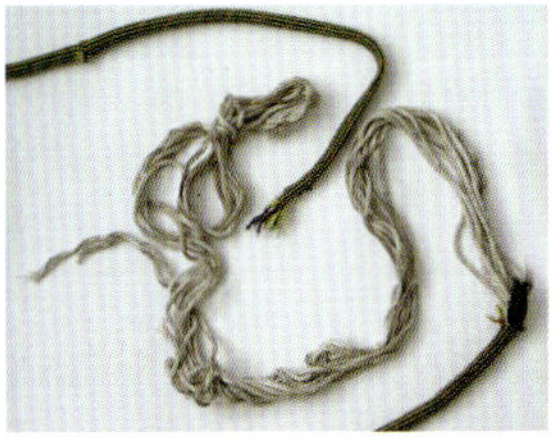

左上图：一根绳索由绳套、绳芯和一根色标丝线组成

左下图：冲坠在岩壁棱角上导致绳索断裂

右图：猛犸象（品牌）的绳索生产场景

的优点是，在必要情况下可以在两端磨损区域适当截短。

为了攀登高海拔大岩壁，建议使用两条防水，且直径在8~9 mm之间，长度为60 m的半绳。这样，两个人能够分别在一条支线绳索上进行安全保护并撤退，例如在落石时，这样做可以给自己提供一个安全备用选择。

60 m长的双绳或半绳应具有良好的防水绳皮，这更适合高海拔攀登或攀冰。由于攀冰时冰上通常没有在高山地形中的锋利棱角，因此人们可以使用更轻、更顺滑的绳索。

一条半绳对于单纯的冰川行走或没有攀岩活动的滑雪旅行来说已经足够了，其长度取决于结组攀登的人数，应当在40~60 m之间，且具有良好的防水性能。

作为上攀难点线路绳的半绳须为30~40 m长，这样才足以确保身体素质较弱的攀登者通过难点。

使用寿命

一般来说，频繁地放绳、下降、冲坠都会缩短绳索的使用寿命。放绳、下降和冲坠属于绳索的正常使用，人们应该对污垢（特别是沙子和灰尘）进行处理。如果细小的晶体和污垢颗粒穿透绳皮进入内部，它们的作用就像“细小的锯子”，会损伤细尼龙纤维的持久性。因此，你应当使用绳包来延长绳索的使用寿命。

根据欧洲标准，制造商需要提供有关登山运动装备使用寿命的有关信息。

虽然超过推荐使用寿命的装备不一定会失效，但是超过规定使用时间的绳

左上图：在冲坠负荷情况下由于落石导致的绳索断裂

左下图：单绳、半绳和双绳适用于不同的攀登方式——一根正确的绳子，可符合所有标准

右图：使用绳包地布可以延长绳索使用寿命

索，强度会降低，甚至无法进行复杂操作。攀岩者应当将这些绳索淘汰，绳皮损坏和绳芯张力损失都是绳索应当被淘汰的标志。

硫酸（汽车电池液）对绳索很危险。它可以快速降低绳索强度。与硫酸接触后，即使是轻负荷也会导致绳索断裂！盐酸、硝酸、磷酸、氢氧化钠、苯酚和过氧化氢对绳索也是有害的。德国登山协会的安全研究表明，尿酸、可口可乐、盐水、自动脱水剂、脱脂剂、脂肪或汽油和柴油对绳索并无显著影响，在实际使用中也不会降低绳索强度。

尼龙会因紫外线照射而老化甚至腐坏。为了防止这种情况，可以使用化学药品稳固纱线以抵抗紫外线的影响。这种化学物品可以与紫外线形成的自由基结合。当这种防护性能消耗至尽时，紫外线就会破坏纱线。但是，紫外线的穿透深度很低，几乎只能对绳皮产生影响。这就是有些有绳皮的绳套保护固定点长时间暴露于紫外线下但绳索强度损失较低的原因。对于没有绳套保护的扁带材料，应当更加注意紫外线照射对其产生的影响。

实践小贴士

- 绳索中间点标记可以让攀岩者获知绳索是否有足够长度进行下降操作，除此之外它还可以帮助攀岩者估计已经使用了多少绳索。标记是无法移动（不能使用胶带）的，你可以用绳标记笔或无溶剂毡笔重新涂漆或重新涂抹旧标记，加深颜色。

左图：长期使用绳索会使绳索变粗并且导致绳皮与绳芯分离

中图：如果你没有用太大的力量就能将绳索折叠挤压到一起，则表明这条绳索应当被更换了

右图：可以使用专用笔标记绳索中间点

攀岩绳索的绳索使用寿命相关建议

使用频率	使用寿命
从不使用	最多10年
很少使用（一年一次或两次）	可使用7年
偶尔使用（一月一次）	可使用5年
定期使用（一月多次）	可使用3年
经常使用（每周都使用）	可使用1年
一直使用（几乎每天都使用）	少于1年

静力绳索（EN 1891）

静力绳索是由绳芯、绳鞘构成的纺织绳，用于绳索辅助工作，如工作位置定位、救援和洞穴探查中的回收作业。

静力绳索分为两种类型：类型A和B。相比较于B型，A型对绳索强度的要求更高。静力绳索被制造为绳芯、绳皮结构，其中绳芯通常是负荷承载元件，绳皮则防止绳芯被磨损和被紫外线损坏。静力绳索的直径必须介于8.5~16 mm之间。

国际登山联合会标准还规定，滑轮上的静力绳索必须由一根绳索组成。

通过冲坠测试动态负荷能力，自由落体高度为2 m，下降系数为1。A型绳索使用100 kg坠落重量进行测试，B型绳索使用80 kg坠落重量进行测试。绳索的两端必须有标明类型（A或B）、直径（mm）和欧标信息的铭带。

安全带（EN 12277）

安全带是带有额外的调节装置和元件，包裹住攀岩者的身体，在冲坠之后可以帮助攀岩者在悬挂位置支撑身体的编织扁带的集合。

安全带用于承重、加固、吸收力，了解安全带的极限非常重要（见第152页，使用寿命）。

安全带有如下三种类型。

- 坐式安全带。
- 全身式安全带。
- 胸式安全带。

这三种安全带都有腿环可调节类型和不可调节类型。使用方式：单独使用坐式安全带连接主绳，将坐式安全带和胸式安全带组合在一起连接主绳或用全身式安全带连接主绳。每种连接主绳的方法都各有利弊（见第20页）。

EN 1891和UIAA标准107

绳索类型	A	B
静态弹性	22 kN	18 kN
绳两端连接弹性(8字结)	15 kN	12 kN
动态弹性	至少5次冲坠	至少5次冲坠
熔点	超过 195°	超过 195°
绳套移动长度	< 20 mm	< 15 mm
拉伸率	< 5 %	< 5 %
可打结性	< 1.2	< 1.2

静力绳索的标记

仅使用胸式安全带连接主绳是危险的，在任何情况下都不符合原则。该标准还为人们区分了针对40 kg体重以下人群的小体重者（儿童）安全带。

此外，人们还可以通过不同的扣环系统来区分不同的安全带（反穿扣、插扣、无扣安全带，以及无须从扣片上拆下织带的安全带）。

国际登山联合会规定，必须用对比色来缝制绳索上所有吸收力的部分。

使用

你可以将主绳连接到坐式安全带的保护环上，也可以同时连接上下两个攀登环（见第21页）。注意：切勿将主绳仅直接绑在腰带上或固定在它上面！在标准测试中，并未测试过此方式的安全性。

使用胸式与坐式组合安全带连接主绳的最佳悬挂位置见第20页的图片。在这里，我们不建议你使用全身式安全带，因为全身式安全带穿戴不舒适且悬挂位置不利于运动。

从上到下依次为需要反扣穿回的锁扣和不需要穿回的“双扣”

全身式安全带　　儿童用安全带　　坐式安全带　　胸式安全带

安全带（红色部分）类型：

A=全身式安全带

B=小体重者（儿童）安全带

C=坐式安全带

D=胸式安全带

EN 12277 和UIAA标准105

安全带类型	A	B	C	D
受力扁带的最小宽度	43 mm	28 mm	43 mm	28 mm
肩带的最小宽度	28 mm	23 mm	28 mm	28 mm
头部向上	15 kN	10 kN	15 kN	—
头部向下	10 kN	7 kN	—	10 kN
腹带的扣应力	—	—	10 kN	—
腰带扣中织物滑动量	—	—	< 20 mm	—

撕裂的攀登环

使用寿命

根据制造商和个人保护装备指南，安全带的使用寿命与绳索类似（5年储存期，5年使用期）。如果吸收力部件（上下攀登环、保护环、腰环或腿环）损坏或缝合线损坏，应立即将其抛弃。

实践小贴士

- 使用安全带应该注意：如果腿环太宽大，冲坠时，很可能严重伤害冲坠者。在购买之前，你应该试穿安全带并进行悬挂测试。
- 胸式安全带不应太紧，在垂直悬挂位置时不应承担体重。它的功能仅在于防止身体向后倾斜。
- 虽然全身式安全带舒适性差，并且价格昂贵，但可以快速安装、使用。

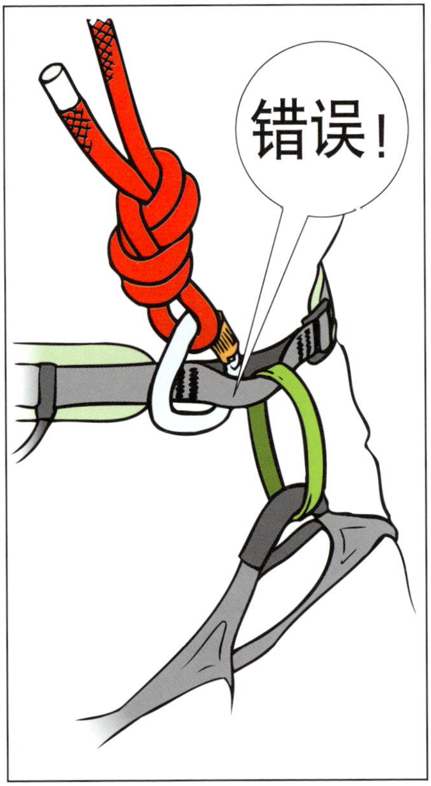

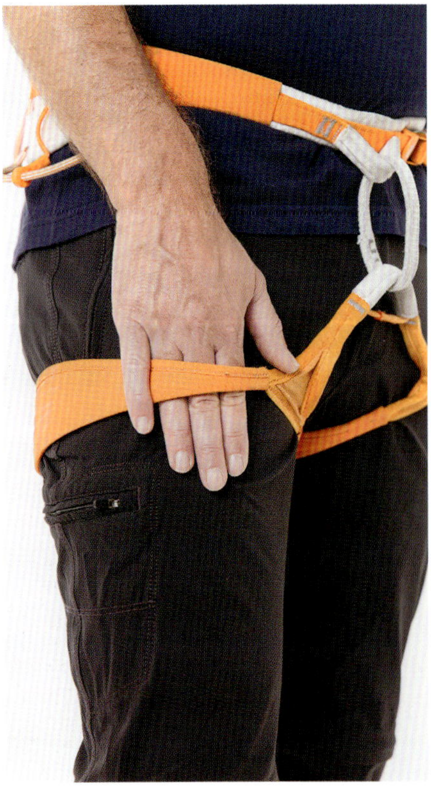

左图：切勿单独固定上下攀登环中的一个

右图：应适当收紧腿环以避免受伤

索道登山锁（EN 12275）

索道登山锁是可以由登山者直接或间接地打开和闭合的装置。山地运动中使用的主锁通常由铝合金制成。

下图中列出了七种类型的主锁。下表显示了各类型主锁相应的欧洲标准。

德国登山协会将关于提升主锁在开门状态下薄弱点的安全标准研究逐步提上日程，其中，类型B和类型T的主锁开门状态强度至少为9 kN。

EN、UIAA标准121的补充要求：

- 索道登山锁（类型K）必须具有8 kN的强度，以进行额外的开门状态和弯曲载荷试验。

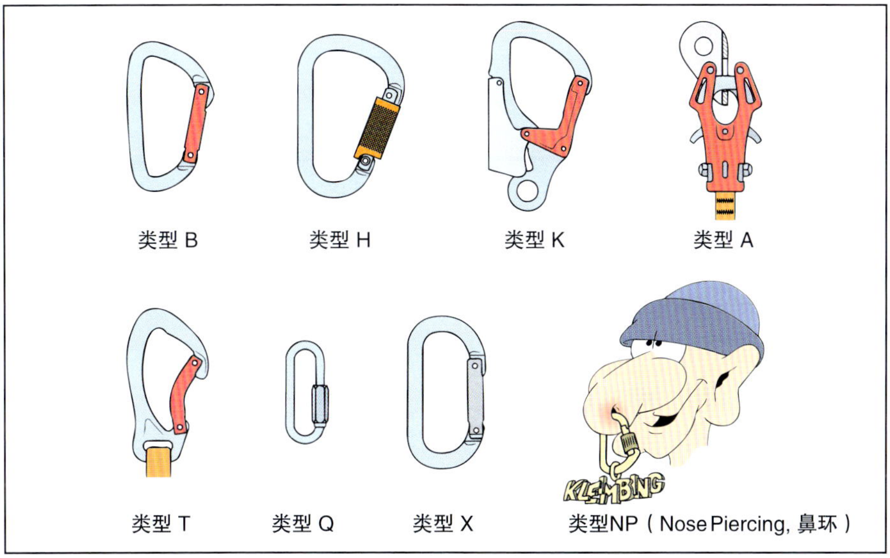

符合EN 12275的主锁类型

类型	说明	横向	纵向	开口	咬合口
B	基础登山锁	20 kN	7 kN	7 kN*	15 mm
H	梨形锁	20 kN	7 kN	6 kN*	15 mm
K	索道攀登锁	25 kN	7 kN	—	21 mm
A	特殊钩型锁	20 kN	—	7 kN	—
T	固定位置锁	20 kN	—	7 kN	15 mm
Q	梅陇锁	25 kN	10 kN	—	—
X	椭圆形登山锁	18 kN	7 kN	5 kN *	15 mm

* 代表配备自动弹簧锁装置时无需任何要求。

锁门开启载荷或弯曲载荷可能会导致主锁出现故障。为了最大限度地降低这种风险，锁门开启强度应至少为9 kN。不推荐使用仅有7 kN开口强度的主锁。

由于锁门柱惯性，碰撞时锁门可能会开启，从而发生事故，钢丝门锁具可以避免发生此情况。它不会因惯性意外打开，且锁门处不容易意外钩住绳索。

封闭系统

有保险功能的锁扣，例如安全主锁；无保险功能的锁扣，例如丝扣锁、扭锁等。此外，自锁（例如扭锁）和非自锁（例如丝扣锁）之间是有区别的。

类型	安全系统	非安全系统
自锁	球形自锁主锁、推动旋转型主锁	扭锁、滑动套
非自锁	卡扣锁、Belay Master	丝扣锁

使用方法

攀岩者在使用绳索攀登或与岩石接触时，最好使用有保险功能的锁扣。在登山或顶绳攀登时，也可优先使用这种类

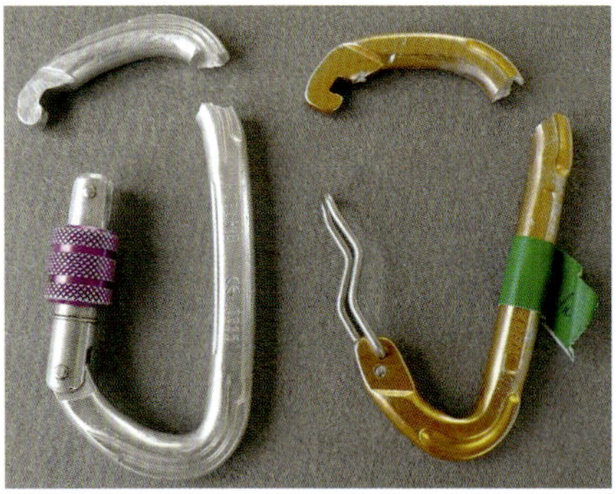

在开放性负载下断裂的主锁——断裂点总是在弯曲开始处

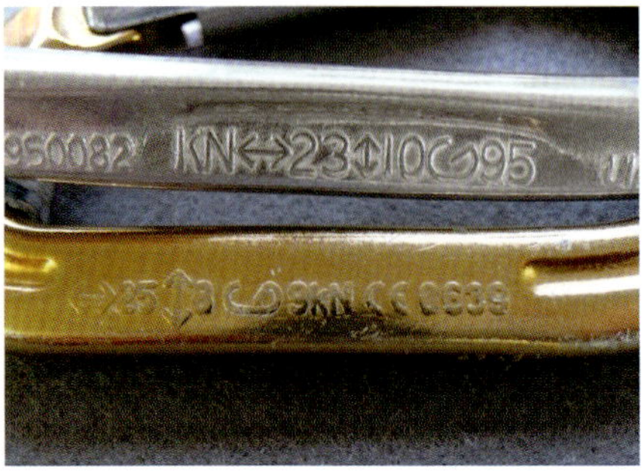

有良好断裂值的主锁

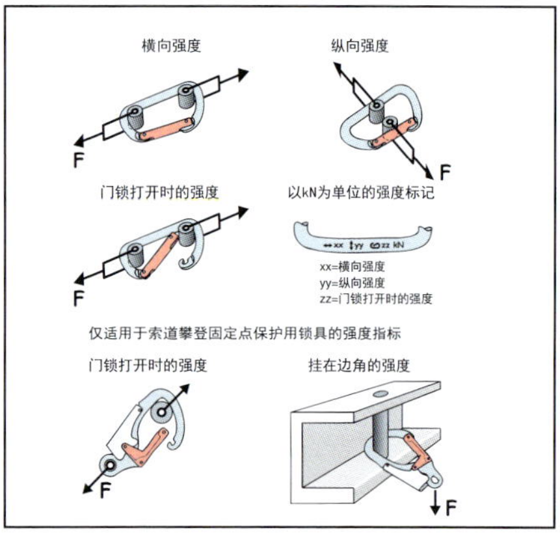

上图中上4幅图：以欧洲标准测试主锁

上图中下2幅图：K型的锁门打开和弯曲测试仅适用于UIAA标准

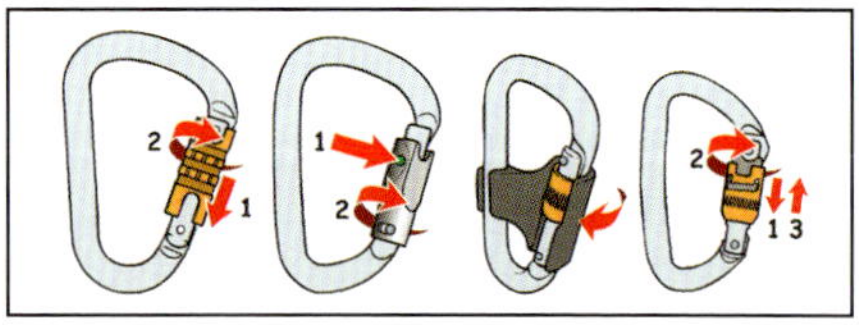

从左向右的安全主锁依次为推动旋转型主锁、球形自锁主锁、Belay Master和卡扣锁

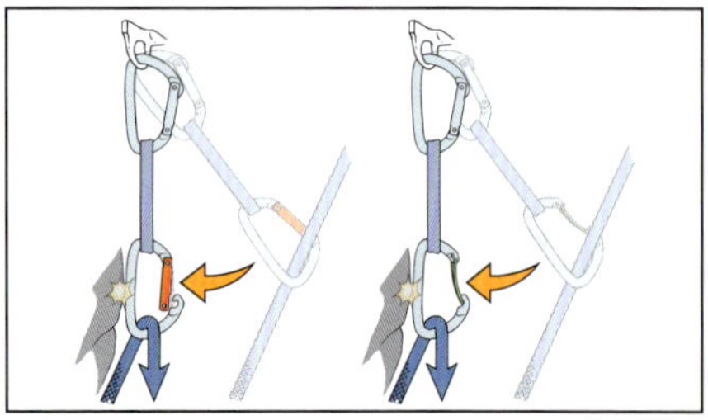

可以避免由惯性带来的锁门意外开启

型的锁扣。尽管扭锁可以自动锁定，但在实际操作中它们很容易发生事故。例如通过绳索的摩擦，锁扣可能会打开。丝扣锁也有局限性，虽然使用丝扣锁可以攀冰，但是在顶绳攀登中用于连接安全带时还是存在问题。除了所描述的具有保险功能的锁扣之外，还可以使用两把反向悬挂的主锁。相较于非自锁主锁，自锁主锁可避免攀岩者因忘记锁门而发生事故。如果攀岩者要单手操作锁具（单手挂绳作为临时保护），那么不应选择自锁主锁，而是使用更适合要求的单锁。

实践小贴士

- 在什么情况下使用单锁？在什么情况下使用丝扣锁或具有保险功能的锁扣？这有很多不确定性。原则上，如果整个系统拥有备份保护装置，那么使用单锁是完全足够的。例如，在保护站上，备份保护可以通过单锁连接到第二固定点。
- 如果主锁是安全系统的组成元件，则应使用主锁作为保护站上的中心点，自锁式安全锁可以作为安全装置的悬挂点。因为负载的变化和绳索的移动，可能会使丝扣锁、扭锁打开，所

使用螺丝刀拧下梨形锁并自行解开

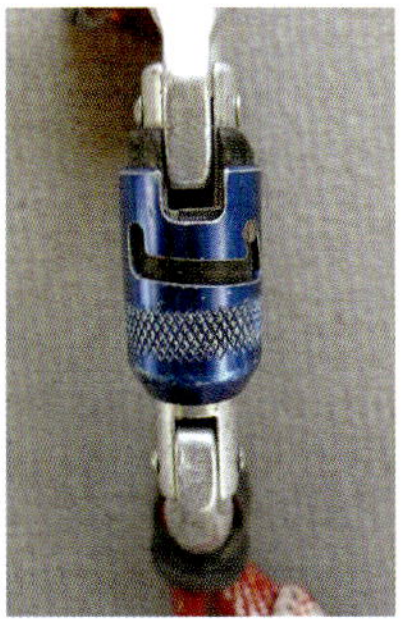

刀形锁很难找到

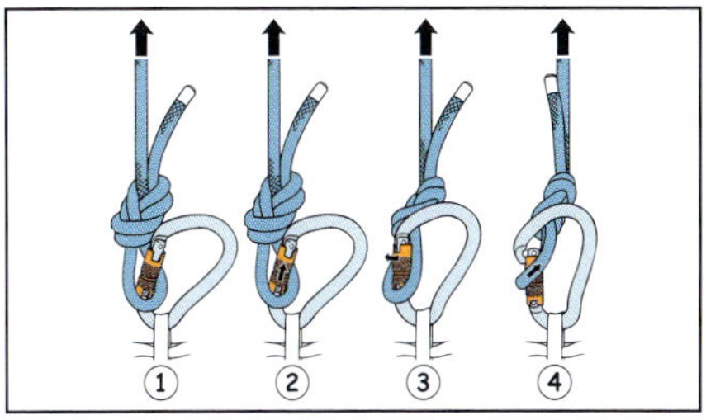

危险！推动旋转型主锁已经带来了两次事故

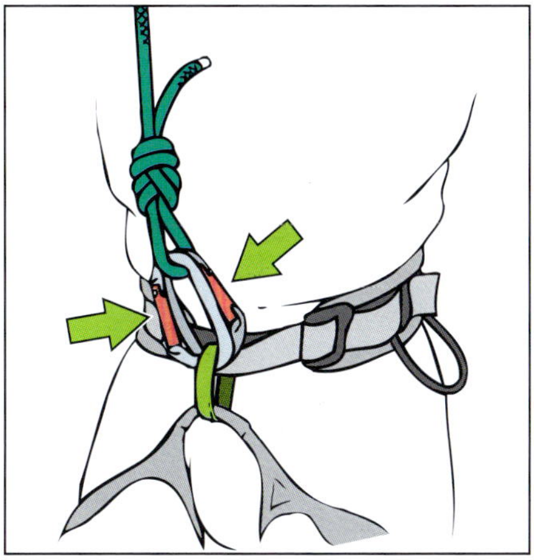

两把锁门方向相反悬挂的主锁与安全主锁的效果相同

上图：Keylock系统没有锁鼻（不会钩住绳索）

下图：左边主锁不可继续使用，右边主锁可继续使用，但容易损伤绳索

以安全主锁在顶绳攀登或通过意大利半扣进行安全保障时是十分有用的（见第33页右图）。

- 在悬挂用于保护的安全装置或下降装置（例如管式保护器或半自锁保护器）时，使用丝扣锁就足够了。它在受力后不会意外移出绳索，需要时可以单手将其打开，并松开绳索或系绳装置。
- 对于新购买的普通主锁，建议你注意其质量是否有问题。弹簧锁门在正常使用的情况下可以使用数十年，因此那些高弹回力度的锁扣通常要贵一些。
- 经常在攀岩运动中反复尝试一个动作的爱好者，应仔细注意在挂片上悬挂的锁具，并始终用一个方向安装它们，因为通过冲坠承重，锁具与挂片的冲击力会造成缺口。而锋利的缺口边缘很可能会对绳索外皮造成伤害。但对主锁本身的强度而言，这些缺口是无关紧要的。
- 快挂的最佳设计包括带有Keylock系统和高回弹锁门的单锁、轻量化而可旋转的快挂，以及具有高按扣强度的钢丝门单锁。另外，也建议将弯门锁用作扣绳一端，以便悬挂绳索。快挂的两把单锁应该指向同一方向。而且，为方便扣入绳索，不能将单锁靠在岩石上。

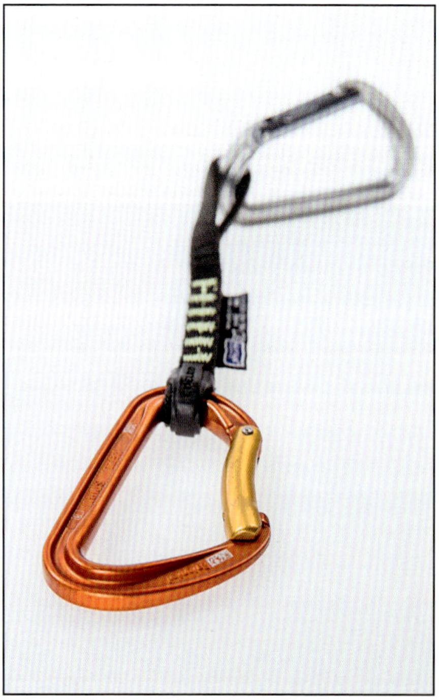

左图：虽然可以使用单锁在保护站顶部进行备份保护，但使用锁定式主锁效果更佳

右图：有用的快挂定位橡胶圈——在窄侧定位弯门锁

绳套

绳套主要用于临时固定，用于固定点的连接或用于吸收臀部和胸带组合的力。在攀岩中，绳套可以用于临时保护、延伸绳索等，通常由尼龙或迪尼玛制成的管式或扁平条状材料，缝合而成的绳套圈被称为“成型绳套”。绳套具有非常低的拉伸率，因此只用于静态或接近静态的负载，而不用于吸收能量。

- 在攀岩中，会使用到不同直径和宽度，由不同材料制成的各类型绳套。管式扁带、非管式扁带、登山绳套和成型绳套之间是存在区别的。

扁带材料（EN 565）

扁带材料由尼龙制成，宽度在13~25mm之间，分为管式扁带和扁平扁带。相较于扁平扁带，管式扁带有更高的强度和更好的抗摩擦性能。

原则上，系结制成的扁带圈和成型扁带的安全性相同。因为迪尼玛和一些织物不能系结，所以只能在出厂前缝合。

EN 565和UIAA标准103

- 带材的最小断裂载荷为5 kN。
- 必须通过扁带上的特征螺纹（每个条带5 kN）识别所达到的抗断裂强度。

UIAA标准还规定，片状、条状材料必须用同一纤维束编织而成（即不得使用多条纤维拼接在一起）。

使用方法

缝合的成型扁带强度优于打结而来的扁带圈。绳结会降低扁带的强度（见第16页），攀岩时，反手结降低扁带的强度最多（约60%），最好用8字结连接（强度损失20%）。由于表面光滑，迪尼玛材料混纺织物不能系结。由这种材料制成的绳结即使在低负荷下也会松动。

每条缝纫线代表5 kN强度——左边为15 kN，右边为20 kN

左图：从左到右依次为凯夫拉绳，尼龙管式扁带，迪尼玛扁带和混纺织物扁带

右图：从左到右依次为尼龙扁带，混纺织物扁带和迪尼玛扁带

从左到右依次为纯迪尼玛辅绳、带尼龙外套的迪尼玛辅绳、带尼龙外套的凯夫拉辅绳和经典尼龙辅绳

辅绳（EN 564）

根据标准，要求辅绳的直径为4~8 mm。非标准化的，较薄的材料只能被视为“辅助线”。根据能量吸收能力（拉伸率），较粗的绳索被分为动力绳索和静力绳索。除了尼龙绳芯外，还可以使用由凯夫拉和迪尼玛制成的绳芯。

EN 564 和 UIAA标准102

辅绳直径	最小断裂载荷
4 mm	3.2 kN
5 mm	5.0 kN
6 mm	7.2 kN
7 mm	9.8 kN
8 mm	12.8 kN

确定边缘最低强度的公式$\varnothing^2 \times 0.2 = x\,\mathrm{kN}$。因此，5 mm粗的绳索最低强度必须达到$5 \times 5 \times 0.2 = 5\,\mathrm{kN}$。

绳结可降低绳索的整体强度。根据绳结的不同，强度损失在25%~50%之间（见第18页表格）。

不仅绳结降低了材料的强度，而且因为悬挂在钩件上，绳索的强度也会降低——转向半径越小，强度损失越大。

快挂（EN 566）

快挂（缝合带环）通常由管式扁带（可由不同材料制成，例如尼龙、混纺织物和纯迪尼玛）和主锁组成。缝合扁带主要用于临时安全保护设施和保护站的建立，由于强度高，甚至不因系结而显著降低安全性，所以在攀岩中它们也很受欢迎。

EN566 和 UIAA标准104

- 快挂扁带的断裂应力至少为22 kN。
- 出于安全和标示要求，必须紧贴扁带表面缝纫。

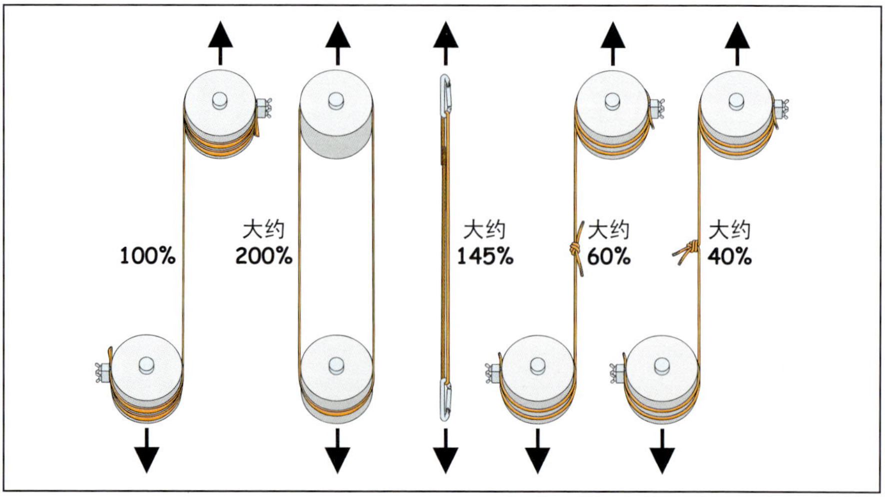

“扁带盘”的强度标准测试和实践中的优势

缝纫处的颜色必须在背景色中突出。

区分以下类型

- 由纯尼龙制成的传统扁带可通过缝制或打结形成13~25 mm宽的快挂扁带。
- 以尼龙和迪尼玛材料制成的混纺织物，宽度在12~16 mm之间。由于表面光滑，所以这种材料仅可缝合，如果系绳结，绳结在负重状态下会打开。
- 宽度在6~12 mm之间的迪尼玛扁带只能通过特殊的缝纫技术连接，因此只能作为缝合扁带使用。而且，该材料非常光滑，在负载时会打开，所以它们不可系结和染色。

使用寿命

绳索和安全带的保存寿命为5年，使用寿命为5年，共计10年。这个标准主要适用于标准材料和运动中的标准损耗。如果一条扁带经常弯曲或频繁受力，我们给出的建议与对待绳索的建议相同。在攀岩运动中，所有吸收力或吸收能量的织物有如下四种老化形式。

- 因负荷变化导致的机械老化。
- 因氢的变化导致的氢老化，例如潮湿或干燥环境。
- 因温度导致的热老化。
- 因暴露于紫外线导致的紫外线老化。

纱线可以在一定程度上抵抗紫外线老化，所以即使是旧扁带也具有较高的强度。紫外线老化对绳索材料的影响小于扁带材料，因为紫外线辐射的低穿透度对受到绳皮保护的绳芯施加的作用较小，而扁带没有绳皮保护。由于材料的温度波动在可容许的范围内，因此热老化产生的影响较小。湿度和最重要的机械老化对材料强度的影响最大。完全浸湿的尼龙扁带会

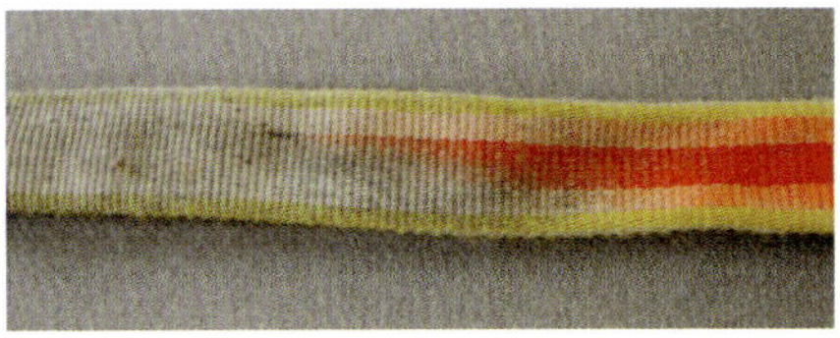

左上图：由磨损导致的机械老化

左下图：紫外线老化

右图：从左起依次为迪尼玛织物、两条混纺织物、两条尼龙织物

在测试中，主锁材料总是在转向处断裂

损失约20%的强度。扭曲扁带，会降低其强度的20%~50%。绳结可降低尼龙扁带60%的强度，降低迪尼玛扁带75%的强度。

实践小贴士

- 在实际攀岩中，难以判断旧扁带的强度。你应先检查扁带圈的机械磨损程度，如有任何疑问，请立即更换旧材料和扁带。
- 单股扁带不可以系结使用。因为除了因系结减弱强度（可高达60%）外，它还会承受动态载荷，与静态抗断裂强度相比，安全性会再次降低。因此，所有吸收力的部件（如果需要系结并且可能会由于攀岩者跌落而动态加载）应使用扁带圈。这适用于临时保护站、止坠器等的连接。直径为8㎜的绳索或类似尺寸的绳索除外。对于静态载荷而言，单股绳索的强度就足够了。

尽量避免在单股扁带上打结

通常使用扁带圈进行强度试验。单扁带圈（以及缝合线）在实践中可保持的强度约为15~16 kN。测试中扁带的裂缝通常出现在悬挂点上。

除了尼龙之外，混纺织物（尼龙和迪尼玛）作为材料也相当常见。优点在于迪尼玛的强度比尼龙的强度大约高5倍。因此，扁带圈具有较小的横截面。纯迪尼玛扁带圈因为其材料光滑，所以只能通过特殊的缝纫技术连接，且无法染色，所以白色是最典型的颜色。

除了迪尼玛具有更高的抗断裂强度外，迪尼玛纱线的抗切割强度和边缘可加工性也高于尼龙。但是，迪尼玛的熔点明显低于尼龙的熔点。

挂片（EN 959）

挂片为锚固装置，使用复合粘合剂技术、底切技术（强制锁定系统）或挤压（摩擦锁定系统）应用于岩石中的孔洞中。

挂片可分为两个“系统”：机械挂片系统和粘接挂片系统。

机械挂片系统

机械挂片系统可以细分为摩擦锁定系统和强制锁定系统。摩擦锁定系统（也称为膨胀螺栓）产生膨胀效应并靠膨胀压力将自身固定在钻孔中。强制锁定系统不产生膨胀压力，而是靠贴合岩石，与岩石互锁发挥作用，其强度取决于岩石的硬度，这种咬合是由底切技术或螺纹产生的。

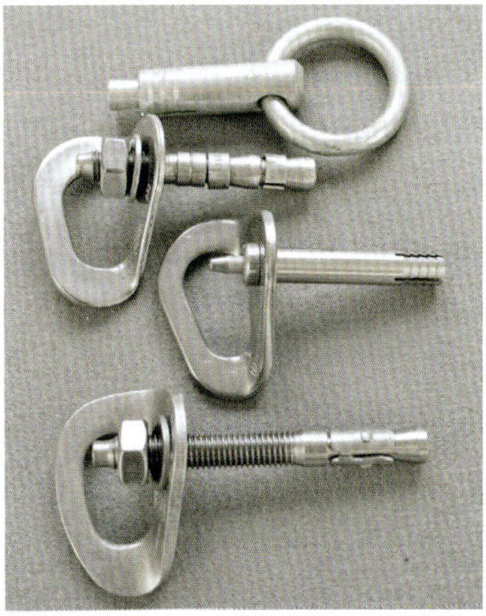

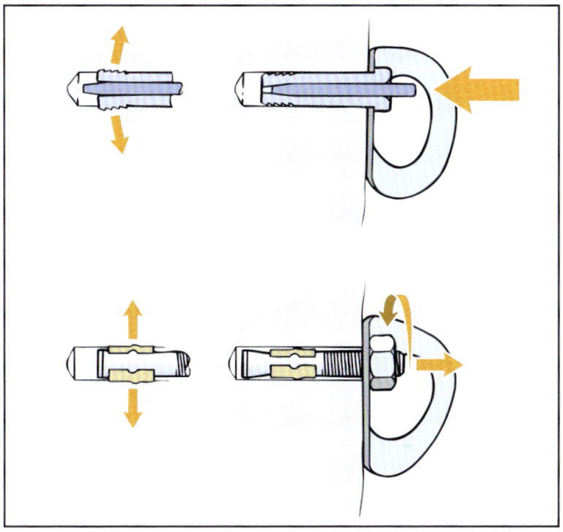

左图：摩擦啮合系统通过摩擦固定在钻孔中

右图：上图为冲击锚，下图为快速锚

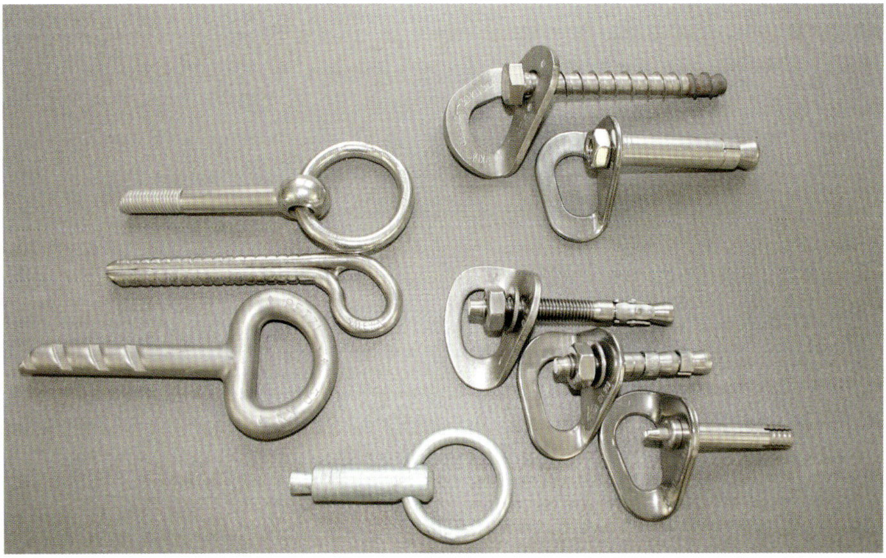

不同的挂片系统（并非都符合标准）

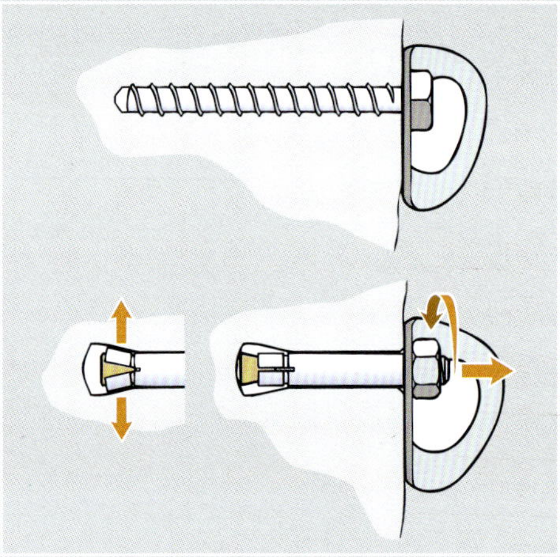

上方：混凝土螺钉。下方：底切锚，并不可靠

在破碎的岩石位置

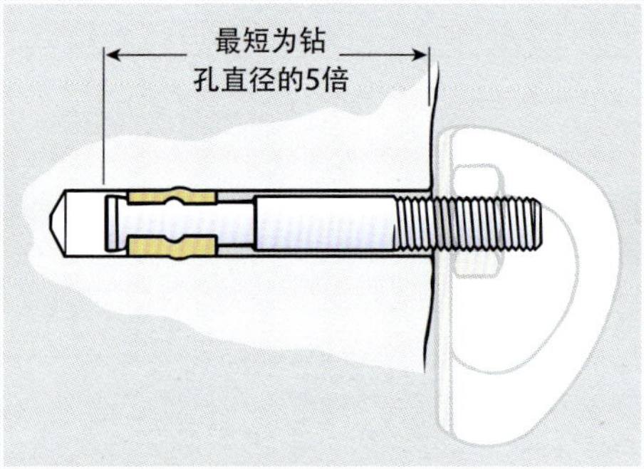

规定的机械挂片的最小设定长度

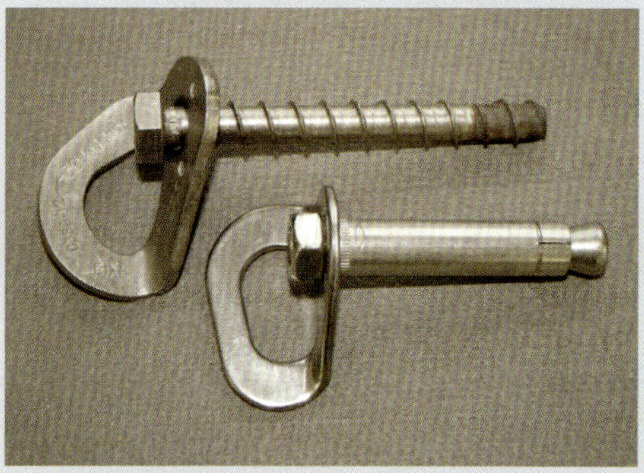

混凝土螺钉和底切锚

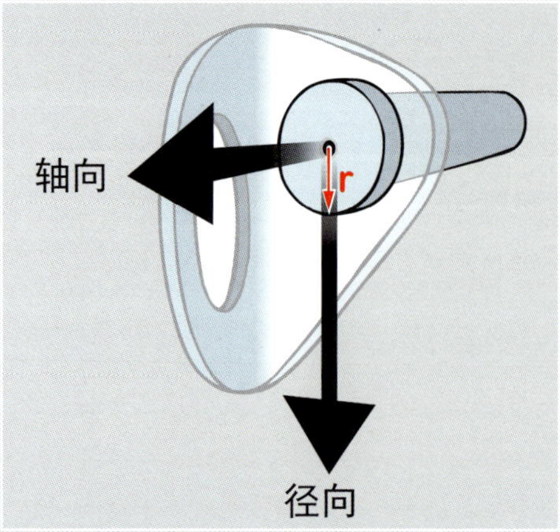

轴向和径向测试方向

粘合剂和化学锚栓

粘接挂片系统

构建该系统可使用经典的布勒粘接剂和复合粘接剂。

EN 959 和 UIAA标准 123

- 径向强度必须为25 kN（在混凝土中进行测试，抗压强度为50 N / mm²）。
- 轴向强度必须为15 kN。
- 挂片的所有部件必须由相同的材料制成。
- 对于粘合锚，嵌入深度至少为70 mm。
- 对于机械挂片系统（膨胀锚、螺栓和后锚），设定长度至少是钻孔直径的5倍。
- 挂片的锚固必须独立于钻孔底部（钻孔深度）。
- 挂片的所有边缘必须是光滑的曲线。

UIAA标准 123 还要求必须使用由不锈钢这种耐腐蚀材料制成的螺栓。不允许使用镀锌材料。此外，UIAA标准要求更高的轴向拉伸强度应为20 kN。德国登山协会安全研究建议，除须满足EN或UIAA标准外，还要做到如下要求。

- 使用膨胀螺栓系统，无论直径是多少，都应提供至少70 mm的嵌入深度。
- 根据UIAA标准，所有外部挂片系统应使用不锈钢材料。
- 在软岩中，如砂岩、砾岩等，应放置长度至少为10 cm的粘接挂片。扩展销钉系统不适用于此情况。

使用方法

不同的系统各有利弊。例如，在使用粘接挂片，设置快速锚时，用过大的扭矩拧紧使岩石过载，这种操作就存在问题。

岩石质量对挂片的强度起决定性作用。即使是高质量和配置完好的螺栓也只能在适宜的岩石上发挥应有的保护作用！

不同种类的挂片系统的适用情况

要求	岩石		
	软(砂岩)	中等质地（石灰、白云石）	硬（片麻岩、花岗岩、玄武岩）
频繁冲坠	复合钩，100 mm及以上	快速锚M12 螺丝锚MMS12复合钩	快速锚M12复合钩
罕见冲坠	复合钩，100 mm及以上	快速锚M10 螺丝锚MMS10复合钩	快速锚M10复合钩

频繁冲坠指在固定点每年发生的冲坠超过100次

罕见冲坠指在固定点每年发生的冲坠不足100次

由于没有一块岩石是完全相同的，应根据岩石的硬度和质量以及路线的攀爬频率选择合适的挂片。

问题

挂片没有划归为个人防护装备，因此不需要由独立的测试机构认证。许多登山运动商店提供的是不符合标准的装备（例如长度太短，它们的长度在与孔深相匹配时才具有安全性）。对靠近海洋的地方或城市聚集地（高氯化物），建议使用更高质量的钢（V4A，材料质量至少为1.4401）。环境（海水附近的湿气，盐水空气，环境影响和岩石成分）决定了所用材料被腐蚀的速度。

在接触腐蚀性物质时需要特别注意，应该尽量避免使用易损耗的金属材料。例如，铝和钢接触，在短时间之后铝的强度明显下降。

岩石的硬度在很大程度上影响挂片的嵌入深度。相较于坚硬的花岗岩，在较软的砂岩上嵌入的深度必须更深才行。嵌入深度是有标准要求的，德国登山协会安全研究建议，在石灰石、花岗岩上嵌入深度至少为70 mm，在更软的岩石（砂岩）上则需要100 mm以上的嵌入深度。

实践小贴士

- 如果需要在单个粘接挂片上建立保护站或下降，应该检查它能否承担攀岩者的体重。可以将挂片中的锁具作为小杠杆倾斜并尝试用手转动它，如果挂片松脱，说明强度不足。如果未松动，它的强度就足够了。复合粘合剂只存在硬化或不硬化两种形式——不存在介于二者之间的固体形式。

常在靠近海边处，三周后设备被腐蚀

铝和钢之间的接触使设备腐蚀

适用于易北河砂岩的固定点

粘接挂片的旋转测试

保护器（EN15151）

保护器是一种机械装置，绳索可通过，并由此产生可被控制的制动力使绳索运行停止。半自锁保护器和动态制动装置是有区别的。半自锁保护器以绳索的特定速度为触发因素，制动停止绳索运行，动态制动装置通过手动在制动绳索上产生有效制动力。

EN15151和UIAA标准129

- 在欧洲标准中，区分半自锁（EN 15151–1）和手动保护器（EN 15151–2）。
- 手动保护器静态强度为7 kN，半自锁保护器静态强度为8 kN。
- 半自锁保护器必须在没有制动手的情况下控制住攀岩者下落，且制动距离不得超过1.5 m。

使用方法

使用动态保护器，诸如管式保护器或意大利半扣，直接或间接连接，利用绳索保护或放下同伴。半自锁保护器（如GriGri保护器）的自动锁定功能通常仅适用于单股绳索，这就是在绳降时很少使用它们的原因。这一类保护器应该始终与攀岩者的身体连接，因为它们的保护效果过于静态，所以不能提供必要的缓冲。

问题

由于在实践中冲坠保护情况不同，因此关于保护装置的最佳制动力的观点是不同的。在大多数情况下，需要较低的制动力，因为通常存在绳索摩擦并且冲坠距离并不长的情况。

目前市面上常见的保护器

在极端情况下，如果摩擦力很小，可能会进一步发生自由冲坠。因此什么是最佳“制动装置”还得取决于具体情况。在安全性较高的攀登路线中，诸如管式保护器之类的动态装置是优先选择。对于绳索摩擦力很小的情况，像“带摩擦唇的管式保护器”或意大利半扣这样的“更硬的”保护设备是更有用的。对于手部力量较小的人，建议使用半自锁保护器设备，如Ergo、Jul²、GriGri、Smart或ClickUp。

实践小贴士

- 每个保护器都应保证质量。正确操作的全面培训是必不可少的！
- 绳索直径应与制动装置相匹配。
- 手部力量较小的人不应将细绳和管式保护器配合使用。
- 另外，具有较大手部力量的体重超重人员不应该使用梨形锁或GriGri保护器来保护体重较轻的人员。

头盔（EN 12492）

攀岩头盔有两个作用。一方面，防止坠落的岩石砸伤头部，另一方面，防止撞击受伤。注意，自行车头盔仅能满足后者，所以它不是攀岩头盔的合适替代品。

基本上，所有攀岩头盔都必须满足上述两项要求。

头盔可以分为两种类型：经典的攀岩头盔和现代嵌入式头盔。经典的攀岩头盔有由塑料制成的坚硬外壳，通过带子与头部连接。虽然它们在很大程度上可以防止攀岩者被落石砸伤，但它们的能量吸收能力有限，特别是攀岩者在受到侧面碰撞的情况下，并且此头盔相对较重。现代嵌入式头盔由发泡材料和相对柔软的外壳组成，它能最佳地应对冲击并且重量轻。但它们在应对落石方面存在缺陷，而且不耐用。

EN 12492和UIAA标准106

- 垂直减震能力试验：直径为10 cm，重量为5 kg的半球形钢制冲击器从2 m的高处自由落下。它传递给头部最大的力不

左图：Ergo半自锁保护器的设计考虑到了使用者的需求

右图：不同类型的攀岩头盔

应超过10 kN。

- （侧冲击试验）与正方向（头顶）成60° 夹角，分别从前方、两个侧方和后方进行减震测试，直径为13 cm的5 kg扁钢（钝头）重物从50 cm高处自由落下，头部承受的冲击力不得超过10 kN。
- 锐物穿透试验：一个3 kg重的锥状体从1 m高处自由落下，头盔必须承受两次这样的冲击保证锐物不能触及头部。
- 拉带强度：在下颌带承重500 N的情况下，带子不得拉伸或松开超过2.5 cm。
- 拉带效果（位移）：若头盔的前部和后部边缘突然受到撞击，头盔不得向前或向后移动。因此，应通过钢索穿过顶点连接一个坠落高度为17.5 cm的10 kg摆锤来测试。
- 登山头盔通风孔的表面横切面积必须至少达4 cm^2。

国际登山联合会标准规定，在所有的冲击试验中（垂直、正面、侧面及背面）可接受的最大的力为8 kN。

应用

减震测试显示，轻型或泡沫聚苯乙烯头盔能够更好地吸收冲击力，降低撞击伤害。而传统头盔尤其在面对侧面撞击时，能提供的保护要少得多。尽管泡沫聚苯乙烯头盔在锐物穿透试验中通过了检测，满足了撞击物不会碰到使用者头部的要求，但是由石头撞击泡沫聚苯乙烯产生的力量还是能够以点状方式传递到使用者的颅骨。相比之下，传统头盔可以通过分散受力系统将能量分布到头部的大片区域上。

在实践中，有必要考虑防范由撞击和落石带来的风险。

寿命

塑料老化、损伤和被阳光照射都会使头盔失去最佳的冲击力吸收能力。根据标准，头盔上必须标有制造年份和季度。在操作说明中，制造商必须提供使用期限。通常头盔的存放和使用寿命为5年。

实践小贴士

- 如果头盔未正确按照头部的形状佩戴，在发生撞击时它几乎无法提供任何安全保护。因为头盔会向后滑到颈部或向前滑过眼睛。通过调节下颚带来避免这种情况。

按照欧洲标准的头盔测试

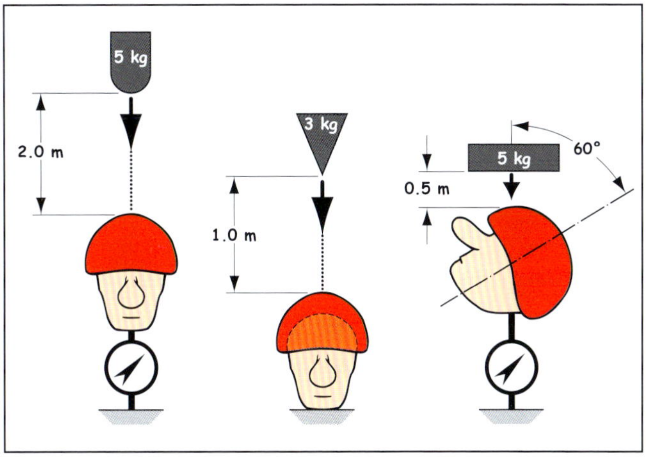

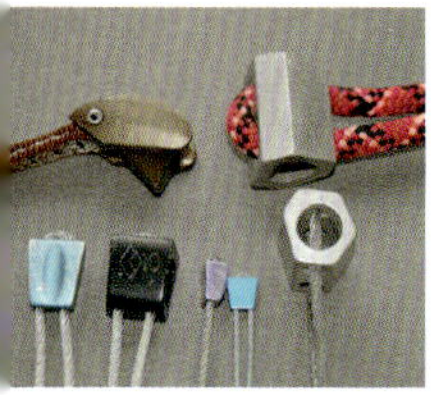

带绳套、辅绳和钢丝的不同形状的岩塞

- 在不确定的情况下适用的准则：配戴任何类型的头盔都好过没有头盔！

岩塞（EN 12270和EN 12276）

楔状岩塞是不可调节的楔形体，用来夹在岩石裂缝中，吸收纵向载荷。机械岩塞是可以调节的楔形体，同样夹在岩石裂缝中吸收纵向载荷。

根据楔状岩塞（EN 12270）的形状可以细分为Stopper岩塞、六角岩塞和三角岩塞。这些岩塞配有钢丝、扁带和辅绳。此外，Stopper岩塞有很多不同的形状。

机械岩塞（EN 12276）有两种系统："凸轮系统"和"滑块系统"。凸轮系统由三四个凸轮，一两个轴和一两个刚性杆或柔性杆组成。

EN 12270和UIAA标准124

- 岩塞强度必须大于2 kN。
- 在测试过程中，将岩塞下三分之一的部分装入测试仪器中，持续施力直至它迁出或断开。将获得的值，四舍五入到最小整数，且必须以kN为单位标记到岩塞上。

EN 12276和UIAA标准125

- 机械岩塞的强度须不小于5 kN。
- 在测试过程中，将机械岩塞安装在两个平行的钳口之间。以两种不同的调节宽度（一个大的和一个小的凸轮角度）进行测试。持续施力直至岩塞断裂或从测试仪器中迁出。获得的值必须以kN为单位（通常在吸收力的绳套上）标记到岩塞上。

正确调节安全绑带很重要

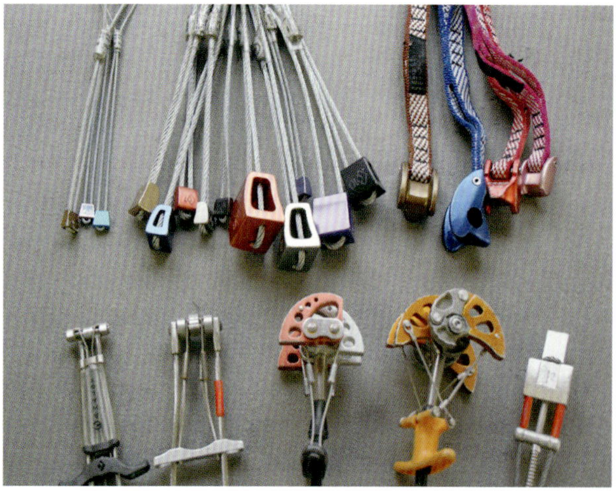

上方从左到右依次为微型岩塞、钢丝Stopper岩塞、三角岩塞；下方从左到右依次为C3TCU、Camalot、Link-机械岩塞和滑块岩塞

应用

很少有关于楔状岩塞形状和尺寸的标准规定。因此，不同生产商会用不同数字给岩塞的尺寸进行连续编号。

机械岩塞：凸轮系统是相对于滑块系统设置的。滑块系统仅用于特殊的区域（例如钩孔或钻孔）。凸轮系统灵活性强，因此可以安置在横向裂缝或孔中且无须附加固定。具体使用三个还是四个凸轮是个人喜好问题。较小的岩塞（三个凸轮）最好放在孔中，具有四个凸轮的岩塞更稳定且不易扭曲。

具有两组凸轮的岩塞应用领域更广，有的可以放在宽度较大的裂缝中。

实践小贴士

- 强度低于6 kN的岩塞不是保护装置，而是移动辅助装置。
- Stopper岩塞通常能够更好地放置在向外开口的裂缝中（形状贴合）。
- 一些生产商在岩塞上制定了两个强度值，指岩塞在纵向、横向上的迁出和断裂值。在实践中，要注意较小的数值。
- 在旧版岩塞上，一部分强度由星号（*）表示。类似于扁带材料的识别方式，每个星号代表5 kN。相较于扁带和绳索，钢丝在吸收冲击力上更有优势（直径小，强度大）。楔状岩塞有膨胀力量增大效果，为拉伸载荷的1.5~4倍。

从左到右依次为带双凸轮、环节凸轮、三节凸轮、外向杆和带滑块的不同机械岩塞

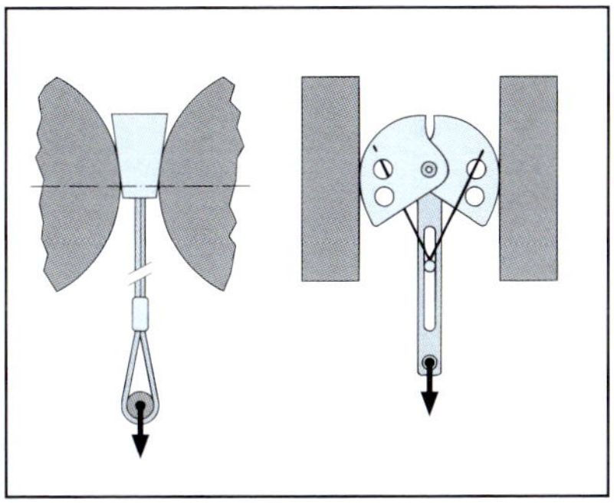

楔状岩塞和机械岩塞的标准测试

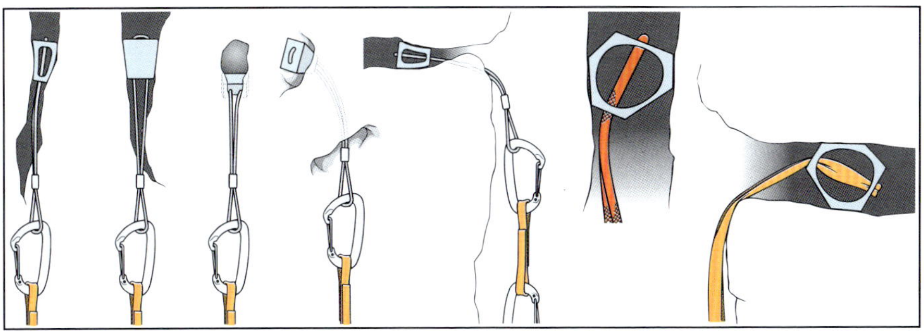

岩塞的使用

- 凸轮的钢材质量和螺旋形状（较大的圆半径）对机械岩塞的质量起决定性作用。钢的强度不足会导致凸轮变形甚至发生故障，弧形的凸轮在岩缝中无法支撑（没有张力）。因此，不能使用没有CE标志或没有UIAA检测标志的产品。
- 凸轮系统对岩缝的张力是拉伸载荷的2倍。

其他硬件装备

岩钉（EN 569）

岩钉是由锤子或其他等值的工具敲击进岩缝的物体，从而形成固定点，分为固定岩钉和移动岩钉，材料分为软钢和硬钢。它需要较大的断裂强度和90 mm的最小轴长。随着挂片组和移动保险装置的成功推广，攀岩者已不再将岩钉用于固定点。

EN 569和UIAA标准122

- 在相应的拉力方向上所需的最小断裂力值（F_1为法线方向，F_2为相反方向，F_3为横向）：

挂片种类	受力方向上的力值（kN）		
拉力方向	F_1	F_2	F_3
固定岩钉	25	10	15
移动岩钉	12.5	5	7.5

- 在岩钉上必须印有制造商的名字或品牌标志，轴长（*L*）一般以cm为单位。固定岩钉需要额外印有相应的符号（带“S”圆圈）。

此外，国际登山联合会的标准规定硬钢岩钉的硬度至少为HRC28，且颜色为黑色或深色。软钢岩钉的硬度需低于HRC22，可以是除黑色和深色以外的任何颜色。

应用

硬钢岩钉适合古老的岩石（花岗岩和片麻岩），这种岩石的岩缝通常更直，挂片更易适应岩缝。软钢岩钉适用于石灰岩，且需要适应岩缝。可以用手测试，确保软钢岩钉三分之一或硬钢岩钉三分之二的轴长能够插入岩缝中。在古老的岩石上，主要使用U形岩钉和箭头状岩钉。在石灰岩上，要使用扁平的岩钉（纵向、十字、刮刀形和扭矩型岩钉）。通过反复锤击和移除硬钢岩钉可能产生极细的裂缝，但这些裂缝通常要仔细检查才能看到。

单向自锁器（上升器、止坠器）（EN 567）

单向自锁器，即连接在登山绳或辅绳上的机械装置，在受力时朝一个方向锁定，并向相反方向移动。

除上升自锁器“Jümars”外，还有带把手的自锁器和无把手的较小的自锁器。

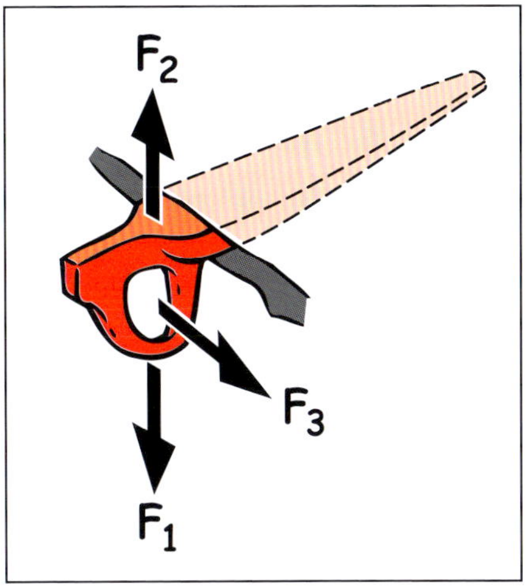

岩钉的拉力方向

不同形状的岩钉，左上是多孔岩钉

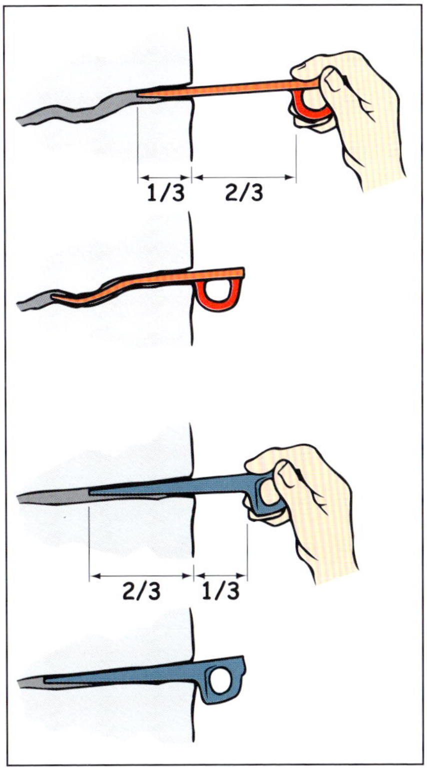

在石灰岩和花岗岩中的岩钉插入长度

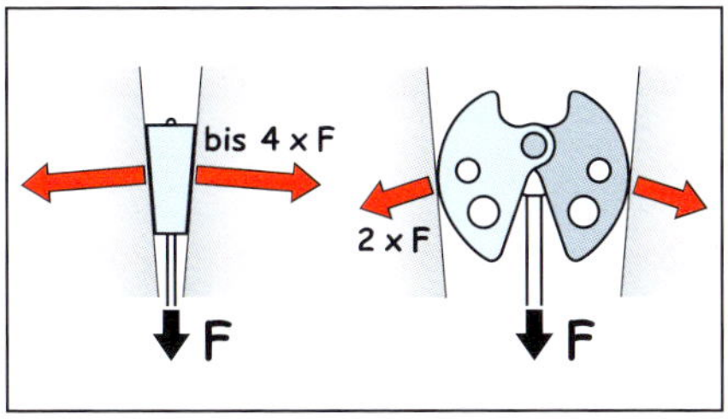

楔状岩塞和机械岩塞的使用效果

上方：从左到右依次为软钢的纵向岩钉、Fichtelhaken、刮刀岩钉、扭矩岩钉和环形岩钉。下方：从左到右依次为硬钢U型、V型、Lost Arrow、刀锋型、Pecker 和 Rurp岩钉

EN 567和UIAA标准126

- 单向自锁器必须带有防止自动松开的装置。
- 必须有一个直径至少为13 mm的孔用于连接主锁。
- 连接登山绳或辅绳可承受的强度须为4 kN，且不会断裂和产生影响功能的变形（绳索或辅绳也不能有断裂）。
- 单向自锁器上要明确标注适用的绳索直径。

此外，国际登山联合会标准规定，适用于自我保护的单向自锁器在锁绳时，不能因攀岩者用手抓绳而失效。

应用

单向自锁器在固定绳上发挥着止回和辅助爬升的作用。在实际中的负载不超过4 kN。然而，问题在于单向自锁器作为活动的绳索开关，本身没有较高的强度（如Shunt、Ropeman）。

为了保证单向自锁器能够发挥最佳性能，选用合适直径的绳索很重要。攀岩者在固定绳索上做自我保护时，应使用具有额外长度的保护绳型号。

绳轮（EN 12278）

在绳索或辅绳负载时使用滑轮可以减少摩擦力，确保登山者的安全。

可以找到具有不同数量的承载轴和无固定轴的绳轮。此外，绳轮还分为有背架和无背架两种类型。

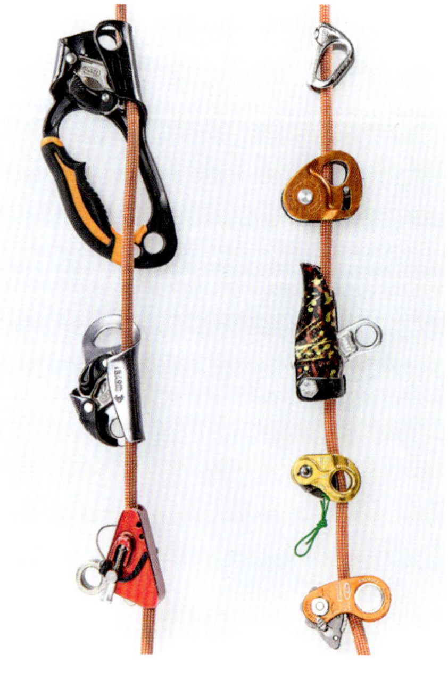

左图：左边从上到下依次为带把手的单向自锁器、Petzl Basic和Microcender（Petzl生产的一种上升器）；右边从上到下依次为Tibloc、MicroTraxion、Shunt、Ropeman与Roll´n´Lock（一种攀岩上升器）

右上图：不同的摩擦制动系统：从左到右依次为板状、孔状、V型开口板、螺栓型制动器

右下图：不同的绳索滑轮

EN 12278和UIAA标准127

- 用于连接主锁的开口直径至少为12 mm。
- 滑轮上必须标注适用的绳索直径。
- 轴不得松开。
- 在负载为2 kN时，可以向两个方向旋转。抗拉强度至少为12 kN。

国际登山联合会标准规定滑轮的抗拉强度为15 kN。

实践小贴士

- 无固定轴的，悬挂在主锁上的简易滑轮在实践中通常不好用。因为绳索很容易从滑轮的引导槽中“跳出”，这样反而不能起到减少摩擦的效果。

势能吸收器（EN 958）

自2017年起，势能吸收器（针对最大冲击力系数，也叫作索道制动器或冲坠力减震器）有了新标准。对于体重轻于50 kg的人来说，旧标准下的势能吸收器在制动力方面有严重问题。从2017年开始只有Y形受力系统仍被允许使用。

EN 958和UIAA标准 128

- 在坠落高度为4.5 m，坠落物质量为40 kg时，通过势能吸收器的最大冲击力不超过3.5 kN；当坠落物质量为120 kg时，通过势能吸收器的最大冲击力不超过6 kN。不得超过最大制动距离，即220 cm，且要有12 kN的静态抗拉强度。
- 在潮湿的环境下进行额外的冲坠试验，冲坠距离为4.5 m，坠落物质量为120 kg，通过势能吸收器的最大冲击力为8 kN。
- 带有弹性臂的势能吸收器必须经过50000次负重周期（疲劳测试），且具有12 kN的静态抗拉强度。
- 势能吸收器的静态臂须具有15 kN的抗拉强度。
- 系统的触发力要大于1.3 kN。
- 如果配有主锁，系统须装配上。
- 一套攀岩制动装备（除去主锁）是不能拆卸的（没有连接处）。

按照国际登山联合会标准，势能吸收器必须能够通过两条牢固的绳索同时连接到固定绳索上，这仅适用于Y形受力系统。

势能吸收器标准检测的组成部分

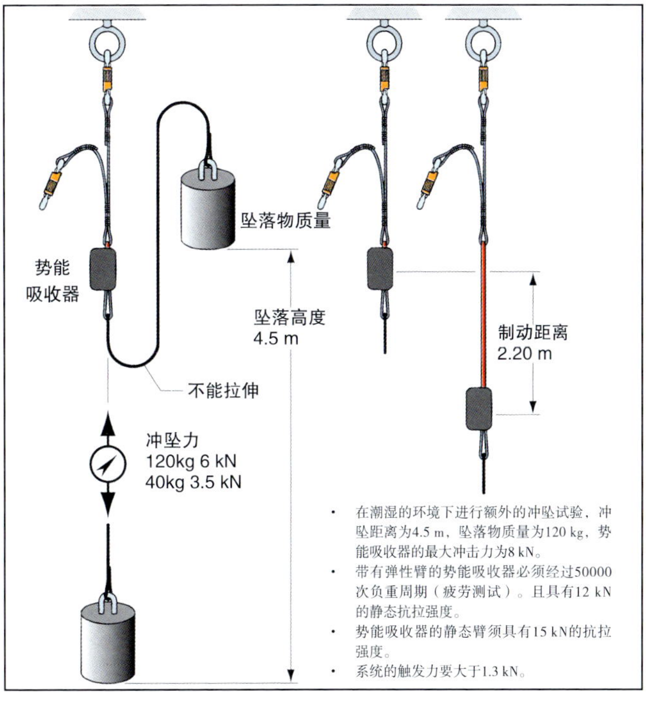

应用

与摩擦制动系统相比，势能吸收器（扁带势能吸收器）一旦断裂就不能再次使用，而摩擦制动系统在这一点上相反。如果因为这样就摒弃势能吸收器，是非常肤浅的。首先，在势能吸收器失效或摩擦制动系统发挥效果的条件下，很少有攀岩者可以独立再完成攀登。其次，到目前为止，在实践中观察到的势能吸收器撕裂长度仅为5~50 cm（120 cm的长度里还剩余70 cm）。并且，摩擦制动系统在触发后不能再次使用，一方面只能通过工具完成再设置，另一方面，因为绳索在制动过程中表面受损，制动值在一次摩擦制动后会发生极大改变。势能吸收器的优点：无论设备老化、潮湿或变脏，它们的制动效果都保持不变。此外，制动绳的存放是个问题，在设置绳索时，绳索缠绕会极大地影响制动效果。

V形受力系统已经过时了，需要更换。

对于孩子和体重轻的人来说，应当使用可以根据体重调节的制动系统，即适合对应体重的制动系统（见第116页上图）。

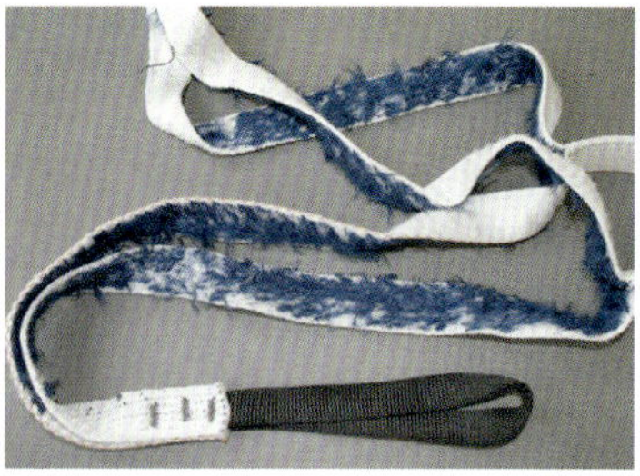

撕裂的势能吸收器

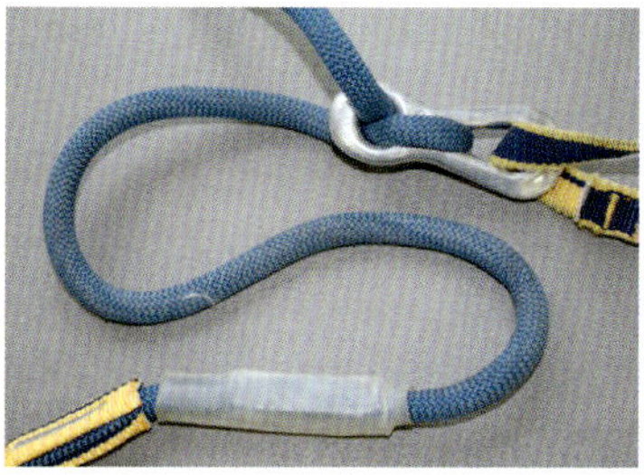

一部分已通过摩擦制动的绳索

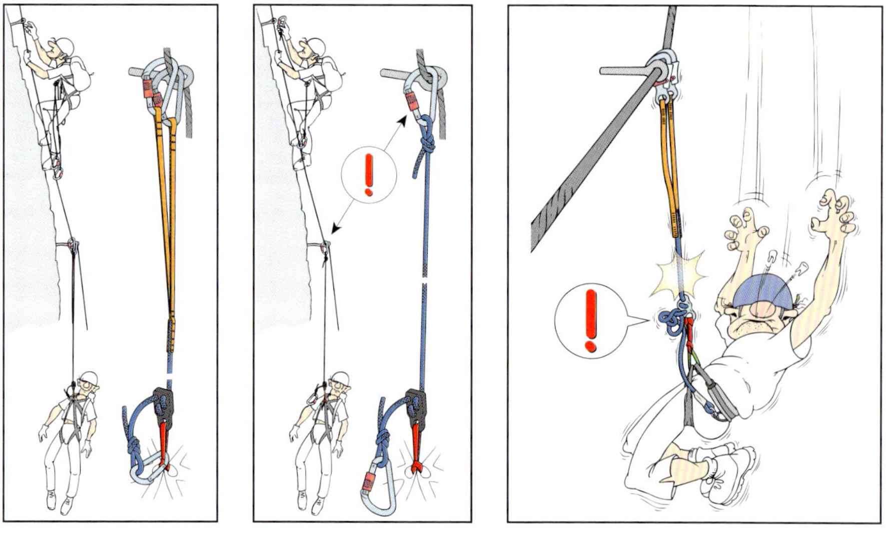

左图：Y形受力系统

中图：V形受力系统

右图：在摩擦制动时，绳索缠绕（缠结）阻碍绳索通过

冰爪（EN 893）

冰爪是带有外露爪齿的装备，它从鞋尖覆盖至鞋跟，从鞋的一侧覆盖到另一侧，在冰壁、雪面或冰岩混合地面提供牢固抓力，并为鞋提供固定力。

从手工锻造的冰爪到增加了前齿、后跟齿和阻雪板，冰爪的外形发生了很大的变化。根据使用领域和固定方式，可以对冰爪进行细分。除了攀冰冰爪和行走冰爪，还有简易冰爪。在固定系统中有卡杆、后跟捆绑带、脚趾捆绑带或卡套固定器。通常将以下几种绑带结合应用于不同的领域。

- 脚趾绑带和卡杆（用于冰壁和登山）。
- 固定器和卡杆（用于登山）。
- 固定器和捆绑带或全绑式（适用于登山和简易攀冰）。

其他不同的特征体现在冰爪齿的数量（8~12个）和前齿的形状。

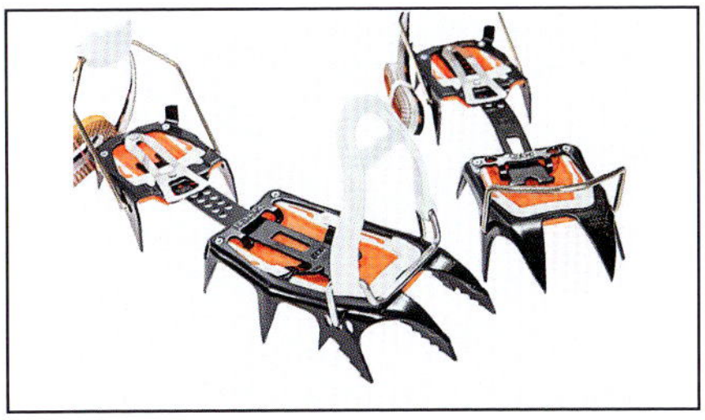

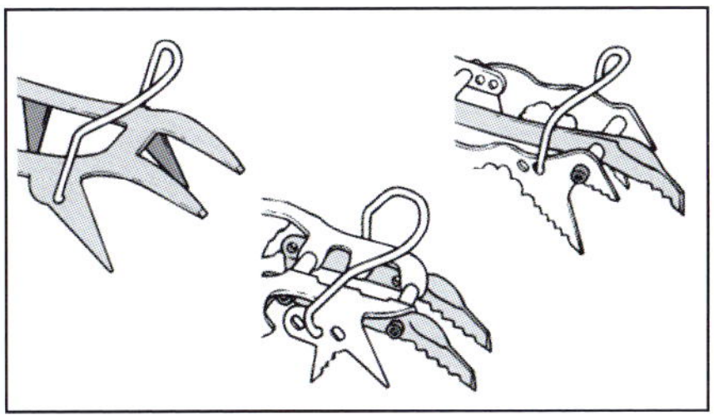

左上图：
左，用于攀登陡峭冰壁的带有固定器的登山冰爪
右，带脚趾捆绑带的简易登山冰爪

右上图：
左，用于传统登山中，用于攀登冰壁
右，攀登冰瀑和冰岩混合岩面的单齿冰爪

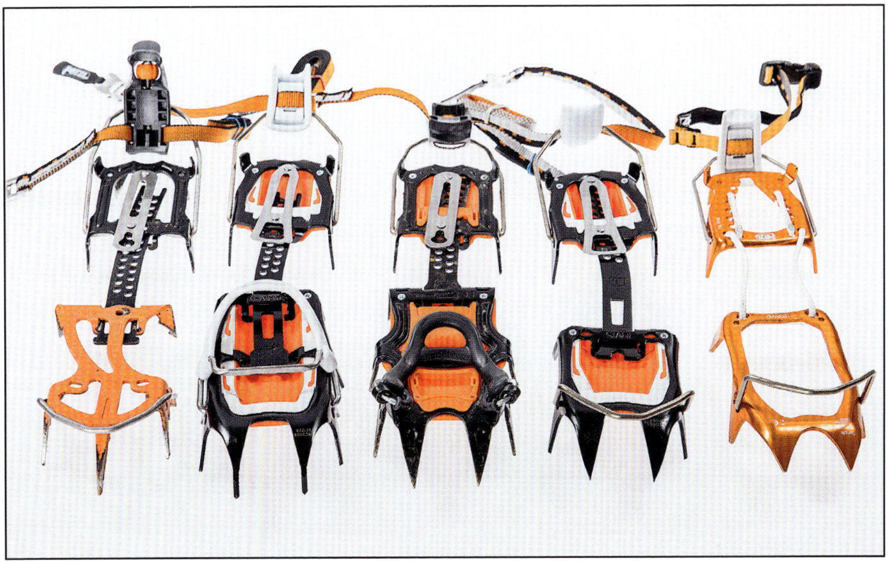

不同使用领域的冰爪

EN 893和UIAA标准153

爪齿长度	最小2 cm
爪齿数量	最少8个（其中至少有6个垂直爪齿）
前齿强度（多于一个的情况下）	1.5 kN
前齿强度（单齿）	2.0 kN
立齿强度	1.2 kN
爪齿的形变	永久形变小于7 mm
绑带强度（脚趾和后跟绑带）	1 kN
连接部分（固定）	1 kN
连接闭合	1 kN
纵向框架强度	3 kN

应用

在攀爬陡峭冰壁时需要使用垂直的前齿——至于使用单齿还是双齿取决于个人喜好。重要的是第二行爪齿向前，以便保持稳定，防止攀登者向下或侧边滑落。由于力量需要直接从脚传递到前齿，所以有必要使用一双有脚趾捆绑带和卡杆的较硬的冰爪。前齿的长度和脚趾捆绑带最好是可以调节的，因为在穿有脚趾捆绑带的冰爪时，不同的鞋底厚度会导致前齿向前移动的距离不同。阻雪板会带来一定程度的安全，尤其是穿冰爪行走时。高山穿越，尤其是登山，适宜使用带卡式固定和卡杆的冰爪。即使鞋较软，它也能够提供

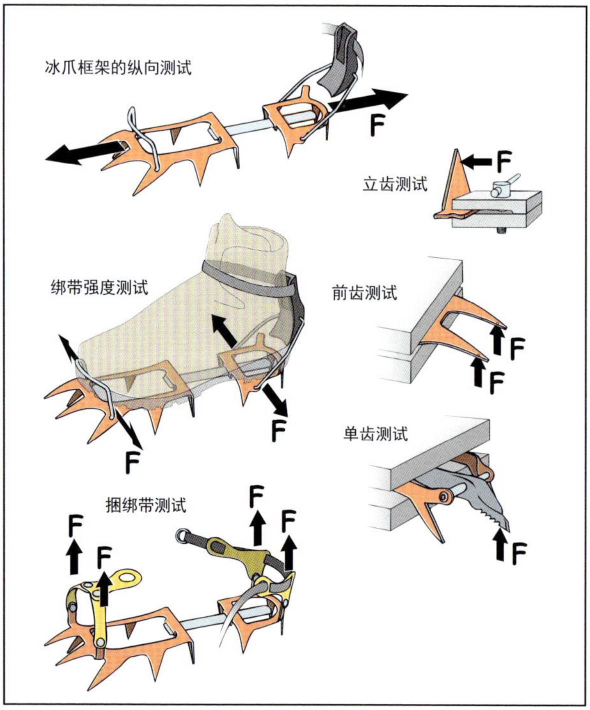

按照欧洲标准对冰爪的测试

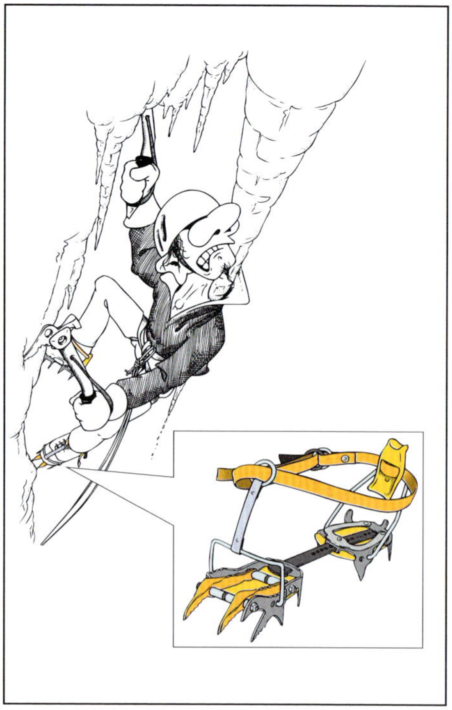

攀爬陡峭冰壁的冰爪特征，脚趾绑带、卡杆和直立前齿及直立的第二行爪齿

牢固的抓力，并且可以轻松穿脱。根据应用领域第二行爪齿可以向前或垂直向下。简易冰爪被当作是紧急情况下使用的冰爪，尤其是在光滑的冰面，多用于攀爬坚硬的雪山、徒步穿越或高山滑雪。由于这类地形通常适应软底的鞋（部分不适合），所以最好选用带绑带固定，或绑带和卡式固定结合的冰爪。

钛金属和铝制冰爪仅限于在光滑的雪面上使用。特别是铝合金很容易达到极限，并且这两种金属都会很快变钝，因此它们只适合用攀登坚硬的雪面。

雪地攀登装备(EN 13089)

雪地攀登装备也叫冰镐或冰斧，用于在陡峭冰面移动，以及攀冰时在雪地上设置固定点，即插入式固定点。

根据标准，冰镐分为基础冰镐（类型1）和技术冰镐（类型2）。基础冰镐普遍用于雪地和冰上。技术冰镐用于攀登垂直冰面或岩壁，并在装备上标注“T”。

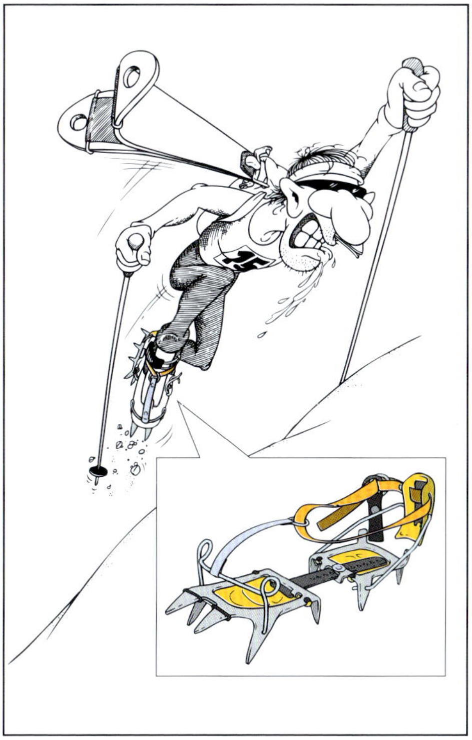

左上图：重要的安全增益——阻雪板

左下图：适于高山攀登的冰爪特征——卡式固定、卡杆、阻雪板和经典的前齿

右图：铝制登山冰爪适于坚硬的雪山

EN 13089 和 UIAA标准 152

冰镐	类型1	类型2
镐柄强度（T型镐尖受力）	2.5 kN	2.5 kN
垂直方向强度（镐柄受力）	0.6 kN	0.9 kN
垂直方向强度（镐尖受力）	2.5 kN	4.0 kN
未打磨镐尖的侧边强度	42 Nm	60 Nm
标志	T	无标志

（该标准在排印过程中进行了修订）

此外，国际登山联合会标准要求冰镐上配有腕带或一个可以固定腕带的孔。这个孔的直径须为7 mm，位于镐柄的上半部分或铲头上。此外，所有T型冰镐的腕带强度要达到2 kN。

应用

考虑到现代攀冰的发展，标准也在不断地及时更新。镐柄断裂事件很少发生。同样的，镐尖断裂也极少发生。T型镐头（根据标准为类型2）主要用于攀爬混合路线。

冰镐的强度测试

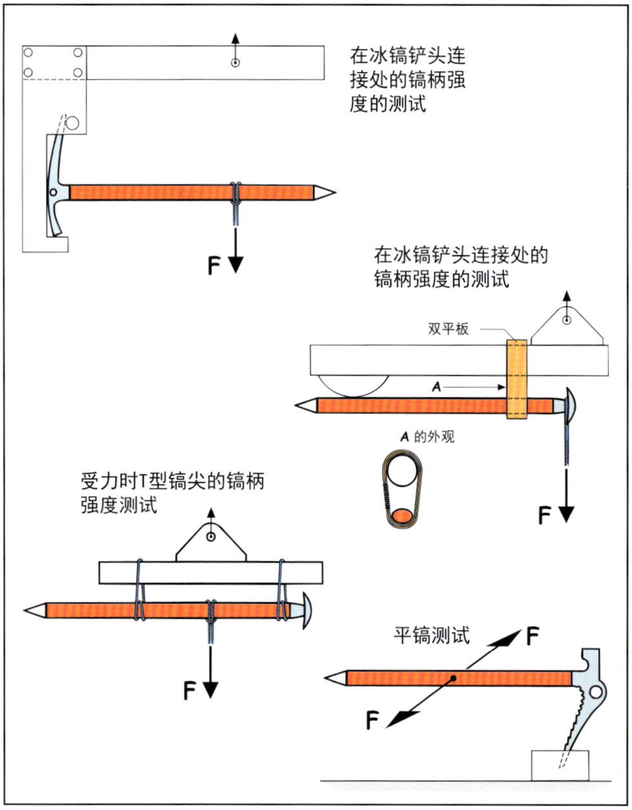

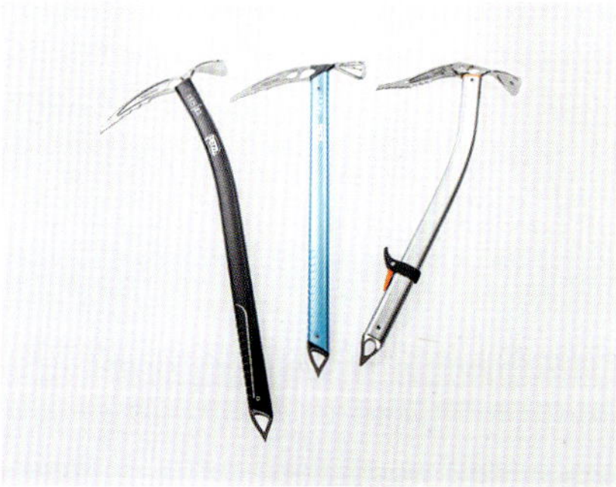

从左到右依次为经典高山攀登冰镐、简易滑雪冰镐和技术领攀冰镐

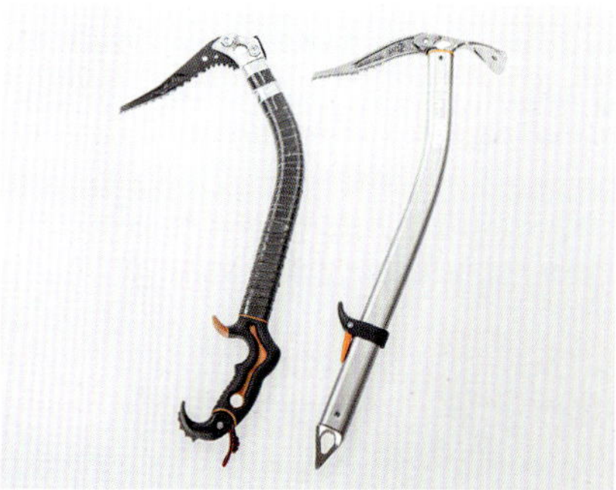

用于陡峭冰面的冰雪工具（冰镐）

巨大的力一般作用于镐尖。大多不带“T”标记（按标准也叫类型1）的较钝的镐尖无法打入冰面，无法满足攀冰的要求。

更换镐尖是攀登陡峭冰壁的标准操作。镐尖断裂可以很快修复，或者通过更换打磨过的新镐尖。注意，无需额外的工具即可快速更换镐尖。

尽管与锋利镐尖相比，钝镐尖在坚实的冰面上会造成更大的劈裂，但它在钩点方面有明显的优点。此外，镐尖打磨也很重要。根据应用领域不同，要预先进行准备工作，以便把劈裂效果最小化，实现在陡峭冰壁和岩壁上钩点。

抛光和磨平去刺可以有效地应对镐尖断裂问题。此外，钢的质量也在很大程度上影响镐尖的强度。太硬的钢易断裂，太软的钢易弯曲，所以选用适中的钢材很重要。就镐尖的形状而言，攀冰通常使用有负切角的凹形镐尖（香蕉镐尖），有时也使用锋利镐尖。如果需要镐尖固定（例如在踩踏稳定时），推荐使用有正切角和明显楔形的凸形镐尖。

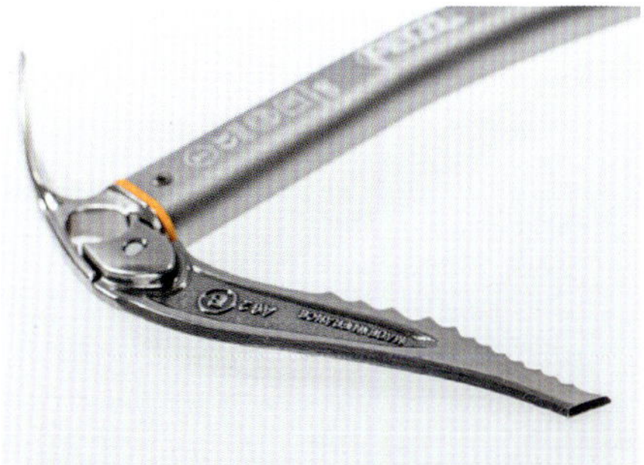

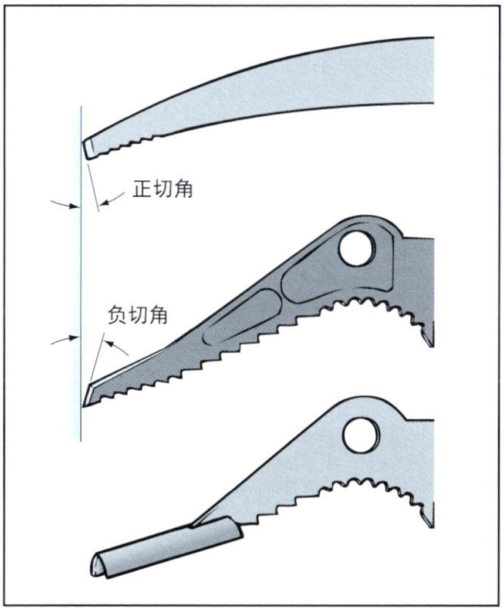

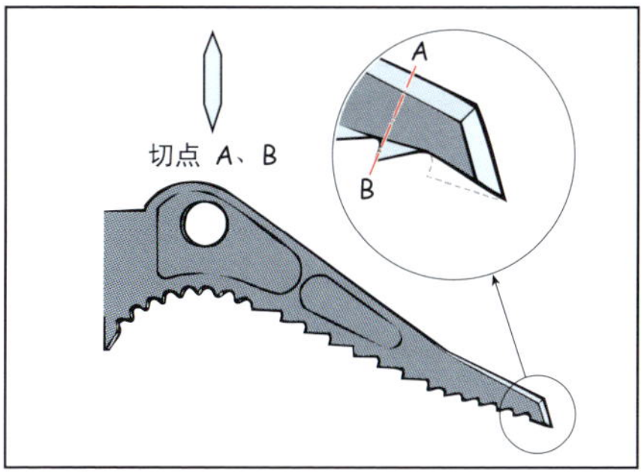

左上图：带楔形钝头和正切角度的经典劈裂镐尖

左中图：现代领攀冰镐——镐尖微曲，带负切角度的经典镐尖形状

左下图：为防止镐尖断裂对齿根进行磨光去刺

右上图：根据应用领域不同的镐尖类型和切角

右下图：正确地调整镐尖很重要

在高山攀登和滑雪中，传统冰镐是最佳的设备。作为辅助攀登工具，尤其作为冰山上的固定点（T形镐尖），冰镐的长度应为50~80 cm。冰镐应适合于搭建固定点（镐柄固定点技术）。铝制镐尖不适合这种情况，因为它们容易断裂，在冰雪中无法“抓牢”。

冰锥（EN 568）

从Marwa攀冰螺旋钉到冰钩、冰锥和现代曲柄冰锥，冰面上固定点的负载能力成倍增加。如今在大部分情况下用旋入冰锥，在很少情况下（极低温度）会使用锤入冰锥。

冰雪的质量对冰锥的稳定性至关重要。如果冰质良好，冰锥的设定角度和螺纹长度决定其强度。可以根据材料的不同（钢、铝合金或钛）和它们是否配备了曲柄来区分类型。自从冰锥开始大量使用，就出现了带有曲柄的可快速设定的型号。

EN 568 和 UIAA标准 151

- 径向拉出强度需大于10 kN。
- 轴向拉出强度需大于5 kN。
- 主锁孔的宽度需大于15 mm。
- 最多把冰锥转动10圈后，在接下来的转动中要保证螺纹完全咬合冰层。

根据国际登山联合会标准，冰锥螺钉在径向上要能承受9 kN的力。

应用

在无腕带的情况下，最可靠的是在攀爬位置上设置完好的曲柄冰锥。传统的冰锥没有曲柄，设置起来更加费力。并且攀登者无法单手在攀登位置上放置钝头冰锥。

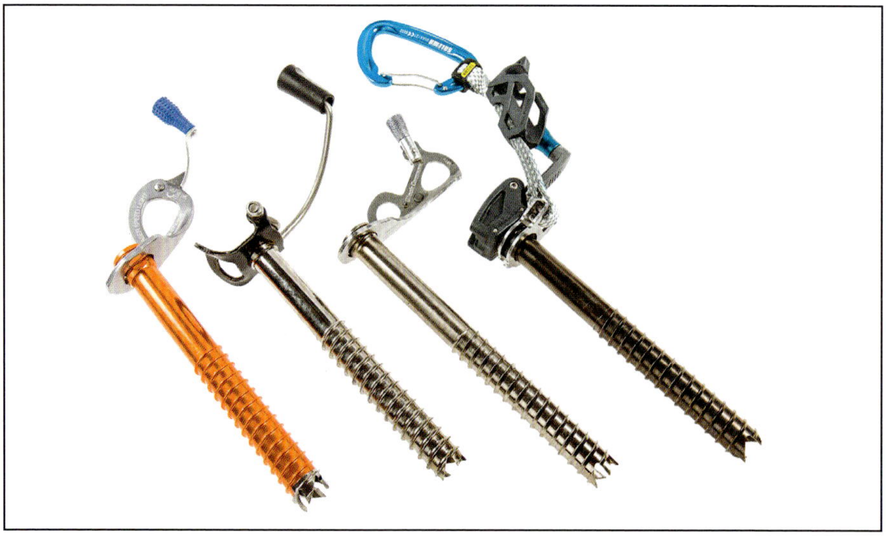

从左到右依次为冰锥、钛螺钉和两个现代曲柄冰锥

研究表明，按钝角放置螺钉比按90°角或锐角放置提供的强度更大，且适用于良好的水冰。在直壁冰中，以钝角和90°角放置的螺钉效果几乎相同，且比以锐角放置的螺钉效果更好。对于非常“粗糙”的冰或极端压力融化的情况，放置条件可能有所不同。最佳的度数是从垂直角度到冰面有10°~15°的偏差。就强度而言，在紧实的瀑布冰中，当拉出长度为16 cm，强度为23 kN的冰锥时，冰锥也只有轻微的形变，但固定在拉动装置上的挂片会失效。即使是长度为10 cm的短冰锥，拉出强度也为10 kN。要留意非常粗糙的冰面：这里的强度极不稳定。

铝合金或钛会快速变钝，表面也变得粗糙，这也是这类冰锥很难拧上的原因。最佳的选择是打磨过的（尤其是磨光滑的）带曲柄的钢制冰锥，长度通常为10~22 cm，非常容易拧入，并且具有极好的强度。

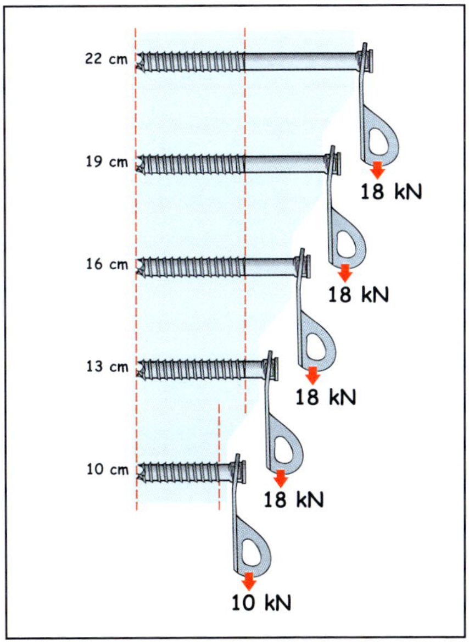

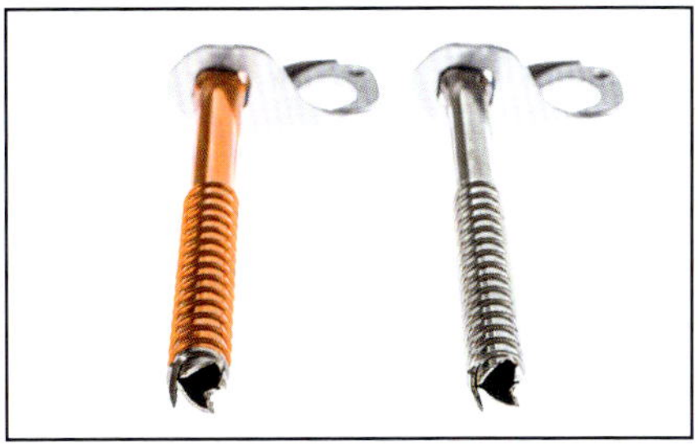

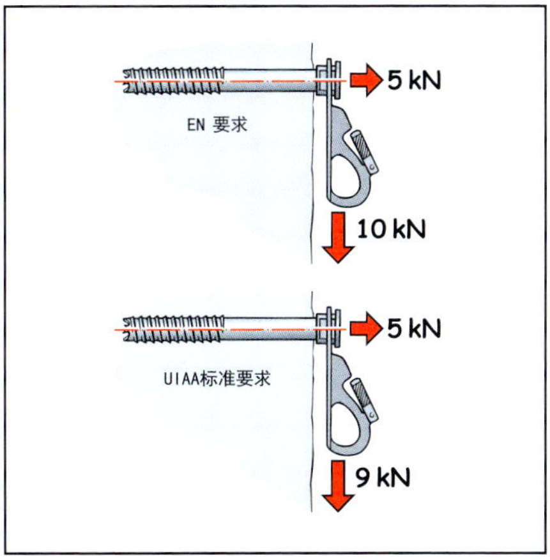

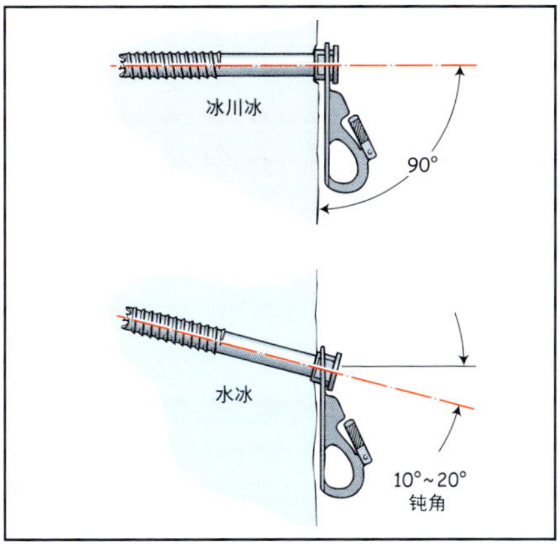

左上图：在良好水冰中的平均拉出强度。最重要的不是螺钉长度，而是螺纹长度

左下图：极好的螺钉，全长13 cm

右上图：EN和UIAA标准

右下图：在良好的水冰中按钝角放置会产生较大强度

罗申

这套丛书全面介绍了德国登山和攀岩的技术和经验，对我国登山和攀岩爱好者而言，是一套很好的、可以学习和借鉴的读物。

——两次登顶珠穆朗玛峰的高级教练

厉国伟

他山之石，可以攻玉！这套丛书对我国攀岩运动的发展有很好的借鉴意义。愿读者在科学、安全、环保的前提下亲近自然、走进雪山、乐享人生！

——中国登山协会副秘书长、国家体育总局登山运动管理中心攀岩部主任、亚洲攀岩理事会竞赛主任

邓军文

这套丛书由嘿森林（北京）体育科技股份有限公司集中引进，丛书对攀岩装备、安全、心理、技术等方面进行了详实的介绍，是攀岩教师、教练员、爱好者不可多得的读物，对从事户外运动的人有极大的帮助。

——我国早期推广普及攀岩运动的大学教师、中国地质大学（北京）体育部副教授

丁祥华

德国登山协会（DAV）多年来大力普及推广攀岩运动，积累了丰富的经验，这套丛书作为其重要成果值得我们学习借鉴。

——第一届全国攀岩锦标赛冠军、国家级教练、国家体育总局登山运动管理中心开发部主任